# 陈氏两兄弟

陈廷一 著

人民东方出版传媒
東方出版社

**图书在版编目（CIP）数据**

陈氏两兄弟 / 陈廷一 著 . —北京：东方出版社，2019.7

（百年人物）

ISBN 978-7-5207-1033-6

Ⅰ . ①陈…　Ⅱ . ①陈…　Ⅲ . ①陈果夫（1892—1951）—传记

②陈立夫（1900—2001）—传记　Ⅳ . ① K827=7

中国版本图书馆 CIP 数据核字（2019）第 100095 号

**陈氏两兄弟**

（CHENSHI LIANGXIONGDI）

**作　　者：**陈廷一

**责任编辑：**李　烨　谭路星

**出　　版：**东方出版社

**发　　行：**人民东方出版传媒有限公司

**地　　址：**北京市朝阳区西坝河北里 51 号

**邮政编码：**100028

**印　　刷：**北京楠萍印刷有限公司

**版　　次：**2019 年 7 月第 1 版

**印　　次：**2019 年 7 月第 1 次印刷

**开　　本：**640 毫米 ×940 毫米　1/16

**印　　张：**19.75

**字　　数：**256 千字

**书　　号：**ISBN 978-7-5207-1033-6

**定　　价：**45.00 元

**发行电话：**（010）85924663　85924644　85924641

序　言

# 百年中国，百年梦想

2016年11月12日是伟大的民族英雄、伟大的爱国主义者、中国民主革命的伟大先驱孙中山先生诞辰150周年纪念日。为缅怀孙中山先生为民族独立、社会进步、人民幸福所建立的历史功勋，学习、继承和发扬孙中山先生的爱国思想、革命意志和进取精神，巩固和发展海内外中华儿女的大团结，巩固和发展最广泛的爱国统一战线，维护两岸关系和平发展，共同推进祖国和平统一大业，最大限度地把全民族的力量凝聚起来，致力于实现“两个一百年”奋斗目标和中华民族伟大复兴的中国梦，中国人民政治协商会议第十二届全国委员会常务委员会决定届时举行隆重的纪念活动。人民东方出版集团潘少平先生策划了纪念孙中山诞辰150周年的“百年中国传记丛书”，我看很好，有重大纪念意义。

细看了一下目录，其中不少书目是我在任上的畅销书、获奖书。比如孙中山的传记《共和之路：孙中山传》曾获得首届华侨文学纪实类最佳作品奖，同时亦获新闻出版总署的畅销书奖；还有“宋氏三姊妹”的书，值得一提的是《宋庆龄传》，是当年青岛出版社的名牌看家书，一印再印，最多一年6次重印，社会效益和经济效益都是相当可观的。许世友的书一直占据着畅销书的排行榜，可谓是中国青年出版社的看家书，印数达百万册之多。此书也得到了刘白羽、王愿坚、唐达成等老作家，以及李德生、杨成武、王首道、罗应怀等老将军的首肯。还有很多书目，我都有印象。大浪淘沙，把好的，或者说闪光的出版物传承下来，变成经典，是时代赋予现代出版的使命。因此我愿意为此丛书作序。尤其是百年中国要实现百年梦想，是一笔不可忽视的精神财富。中国百年梦想，不仅仅是经济指标，还有精神指标和文化指标等。

再者，这套丛书的作者陈廷一先生，也是我多年的老朋友，他今年已近七旬，仍笔耕不辍，应该说这是他一生的写作精华，抑或心血。他已经出版 108 部书（含修订重版）。2015 年 9 月获得上海吉尼斯传记类书最多纪录，用他夫人的话说："一生笔耕苦作乐，留下藏书任评说。"我很欣赏陈廷一的笔耕精神和他惊人的毅力，他正像一头黄牛，马不停蹄地写作，已留下 3700 多万字的纸质出版物，这是何等的壮观！2015 年 10 月 26 日，13 家文化（文学）单位在中国现代文学馆联合举办他的百部书纪念座谈会，也是对他笔耕精神的最大褒扬。2016 年又出版这套"百年中国传记丛书"，正如他自己所说："这十六书倾注了自己一生心血，紧追时代脚步，紧扣时代主旋，囊括自己写作路上的中国梦、图强梦、复兴梦。"我相信这是他的真心话。他写作梦的实现，也是中华民族复兴梦的雏形，因此这套"百年中国传记丛书"，应该是对伟人孙中山 150 周年诞辰最好的纪念、最好的礼物、最好的天时。用"机遇给有准备的人"来形容，最为贴切不过了。

是为序。

于友先

2016 年 2 月　北京

# 目　录

第一章

# 家族揭秘

# 丝绸之路东口有个陈家院

中国丝绸，世界闻名。

丝绸之路起于西汉。它是东方文明的象征，也为西方人所倾慕。

爱美之心，人皆有之。美丽的丝绸，精美如画，薄如蝉翼，曾是西方人翘首以求的珍贵之物，于是便有了绵延万里的丝绸之路，便有了车水马龙，便有了盛世的繁荣。

且说在丝绸之路的东口有个湖州市，这湖州市位于浙江省北部，离风景秀丽的杭州仅有八十公里。上有天堂下有苏杭，这里湖光山色，帆樯出没，鱼跳龙门，青竹翠绿，阡陌交织，风景秀美。南有莫干山、天目山，北有太湖水相映，依山近湖，山围水转，钟灵毓秀，像一幅丝锦的山水画。

这里人杰地灵。在民国历史上，小小的湖州，一大批国民党要员从这里走出。他们是国民党中央执行委员会常务委员会主席、浙江省政府主席张静江；国民党教育部长、交通部长、行政院及考试院副院长朱家骅；国民党中央常委、宣传部长戴季陶；国民党财政部次长钱新之；国民党中统局局长徐恩曾等，在陈果夫、陈立夫的周围组成了真正的“蒋家王朝陈家党”。

湖州物产丰富，尤以丝绸和湖笔两大特产最为出名，名扬遐迩，一直是丝绸之路上的抢手货。据说丝绸之路上的丝绸，湖州占半边天下；湖州的丝绸，陈家又占半边天下。

被称为“丝绸之府”的湖州，有个陈家宅。这陈家宅一色的陈姓。世代做着丝绸生意，人称“湖州丝绸第一家”。

陈家迁至湖州定居最早可以追溯到陈镇，相传他已经是遏父的儿子满的第 87 世孙了，陈镇就是湖州陈氏东林支的始祖。传到第 17

世陈应恪（字敬山），迁居湖州府城内，住在学前街的谷诒堂。湖州这个地方盛产蚕丝，陈家借特有的缫丝技术才逐渐发达起来，慢慢成为当地的望族。《湖州府志·教义传》称赞陈氏“以孝义受钦于乡里”。到第24世陈绚时，发展到鼎盛时期。陈绚因为热心地方公益事业——修桥铺路，湖州府曾赠以“圣门狷者之流”及“矜式乡闾”的匾额，以示纪念，并留名天下。

好景不长，1851年太平天国革命爆发，迅速影响到江浙一带。在太平天国革命的冲击下，身为当地富豪的陈家，家道败落了。

1864年，太平天国革命失败，战乱结束。第25世陈延佑为人勤俭谦和，生意蒸蒸日上，又红火起来。没过多长时间，家道复兴如初，又成湖州望族，远近闻名。业兴子旺，家道更加殷实。

应该说，陈家真正的显赫当属二陈（陈果夫、陈立夫）的父辈，父辈为二陈打下了牢牢的根基。陈延佑共有三个儿子，长子陈其业，字勤士，他是陈果夫、陈立夫的父亲。次子陈其美，字英士。三子陈其采，字蔼士。

后人说，三子三只虎，称雄江浙州。

## 陈氏三兄弟

有人说陈家坟地风水好，不出帝王也出将相。你看他坟前有修竹，后有龙脉；左有溪水环绕，右有青山作背。我们说，与其说陈家风水好，不如说陈家家法严，教子有方。在陈家的家谱中有真言相告：“教人以学，教人以诚，教人以仕。”

实际这三条，还逃不出传统的樊篱，只是“万般皆下品，唯有读书高”的翻版而已。三个孩子出生后，信奉“教人以学”的陈延佑，统统把孩子赶到学堂里去。陈氏家人渐渐发现，三个孩子虽说是一奶同胞，可个性迥异。老大陈其业、老三陈其采更像爸爸，传统本分。所不同的是老三的脑子比老大还要灵活，生就是读书的料；老二陈其美，聪明活泼，爱动不爱静，板凳坐不住，成绩不如老大和老三，是爸爸常常训斥的对象。

一生只求奉献不求索取的陈延佑，直到大病一场后，才改变了他的初衷。这年陈其业刚满 20 岁，陈其美 15 岁，陈其采 11 岁。

有一天，他急急地把三位下学的公子唤到床前，吩咐道："教人以学。原指望你们能学多高，爸爸就供你们多高；你们能走多远，爸爸就送你们多远。现在不行了，爸爸的身体一天不如一天。爸爸的丝绸事业是从先祖那里继承下来的。我们陈家的丝绸家业从汉唐开始，到今天已有千余年的历史了，卖房卖地，不能断家业灭香火。以前我没有多考虑，现在我不得不考虑了。我想你们哥仨，谁来继承这份家业？只要一人。你们先说说？"

因为事急，三兄弟都没有准备，你看我，我看你，谁都一时难以表态。长子陈其业说："我听爸爸的，爸爸说让谁继承谁就继承呗！"

爸爸咳嗽了一声，说："要说继承就得弃学啊，你们都愿意吗？"

三子陈其采说："只要爸爸说了，我看没问题。""好，我就说啦。"爸爸看了二子陈其美一眼，说："老二，我看你就跟爸爸吧。"

二子陈其美道："爸爸，你看我能行吗？"

"能行。"爸爸斩钉截铁地回答。

陈其美耸耸肩说："要说行我也行。可是话说过来，上有大哥顶着，下有小弟等着，我老二想捞这个美差也轮不上啊，爸爸你说是不是？"

"你是不想干？"爸爸一针见血。

"不，我是说轮不上。"

"轮上轮不上，还不是我说了算。"爸爸说到这里有点生气。

这时，长子陈其业说话了，“爸爸，不行就让我跟你吧。”

爸爸十分生气地说：“谁跟我都没问题，关键要看你们的成绩。你们都把年底的成绩单给我统统拿来，谁排后谁下学。”这一下，陈其美傻眼了，情知自己不如人，于是就说，“大哥，小弟，你们都不要拿了，爸爸说了，我就依了。爸爸，你该笑了吧？”

“你早说这话，爸爸早就笑了。”

就这样陈其美改变了自己的人生轨道——“读书—科举—做官”。这一夜，陈其美哭了，痛心疾首地哭了，小弟陈其采来劝他，他反倒开导小弟说，二哥没实现的愿望全靠小弟了。小弟陈其采提出来要到日本求学，陈其美当即表示支持，并给了他极大的鼓励。

花开三朵，先表一枝。

先说大哥陈其业，开始走上爸爸为自己设计的路，好景不长，他读书的劲头也不足了。因为他目睹了清政府的腐败无能。1894 年，中日甲午战争的爆发，堂堂的中华帝国竟输给了东瀛小国。他为清政府感到羞耻。于是身为秀才的他淡漠了纳官取仕之路，心灰意冷回到湖州，早早结婚生子（他即是陈果夫、陈立夫的父亲）继承家业，经营丝绸。

陈其业回家继承家业，也解放了老二陈其美。陈其美才得以又有了外出求学的机会。

再说陈其业回家，他对政治虽不感兴趣，却对公共利益的事颇有兴趣，做了很多好事。

——那一年大水，不少人家绝收，他却拿出了自己的积攒，帮助穷人度过了青黄不接的三春。患难见真情，人们一下记住了他的名字。

——为了抵制洋货在中国的倾销，他带领当地人走上街头宣传，呼喊口号。同时他又用自己学到的知识，改良蚕丝，提高品质，与洋货竞争，使湖州丝绸上了一个档次。

——修订陈氏宗谱，他不但亲自出马，还为10人开了工钱。

——城隍庙年久失修，由他出钱，其他出人出力，破庙重露峥嵘。

——为了减少当地洪涝灾害，他又倡导乡民走出家门，疏通河流，大修水利。

……

所有这些，都深得民心和民意。在当地有民谣为证：

湖州有个陈老大
不做秀才做管家
公益事业他留心
修桥铺路干得欢

若不是他有两个“政治明星”儿子陈果夫、陈立夫，陈其业充其量只是湖州的一位开明绅士。可是在“政治明星”的光环下，原本不想做官的陈其业又有了做官的瘾：

——1931年，蒋介石在铲除自己的邪恶势力对头后，召开国民大会公决，陈其业一下子当选为国民议会代表，主持浙江省的蚕丝、水利、典库工作。一时，权倾一方。

——1937年7月7日，卢沟桥事变拉开了全国抗战的序幕。由于日寇占领了江浙一带，国民党政府西迁入川。陈其业被迫携家跟随“二陈”（陈立夫、陈果夫）到达陪都，又走鸿运，官升三级，当年就当选为国民参政员；后又当选为国民大会代表，担任全国商联会常务理事，之后再任全国工商会执行主席。

国民党兵败大陆后，面对共产党的隆隆炮声，蒋家王朝即将瓦解，自己的辉煌和拥有将烟消云散，80岁高龄的陈其业哭了，哭得十分伤心，后经二陈的再三劝说，“共军攻势十分强大，不走就要当炮灰”。陈其业害怕了，跟随二陈，追从老蒋仓皇出逃到台岛。

台岛在陈其业眼里，又称孤岛。再加上这时二陈的权落，陈其业本身就思乡尤重，故乡虽隔大海相望，却不能回归。这成了陈其业的一块心病。陈其业忧郁成疾，最后病入膏肓，担心葬不到家乡却变成了残酷的现实。这是 1961 的事，陈其业享年 91 岁。

陈其业死后，蒋介石念其恩德，明令褒扬，其实也是歌功颂德，盖棺定论：

> 综其生平，其与人也恕，其律己也严，其宅心也厚，其治事也勤；盖诚存乎心，而仁显于外，故能表率子弟，成功成仁，睦辑乡里，以尊以亲，终甘澹泊，以乐天年。

## 陈其采威镇上海滩

应该说，真正让湖州陈家声名大振的当数二哥陈其美，而陈其美的成功得益于三弟陈其采的相助。三弟陈其采在三兄弟中最早崭露头角。

且说陈其采沿着父辈指引的路——“读书—科举—做官”走下去，到 16 岁那年，他中了头名秀才。

这时的中国，已衰落下来，昔日我们祖先发明的火药装入了列强的炮膛，我们祖先发明的指南针也装入了列强入侵我国的战舰，列强的炮火轰开了中国的大门，顷刻间中国成了列强的殖民地。

19 世纪后的中国，国力衰微，宛如一头气喘吁吁的老牛被西方近代发达工业国家的蒸汽机远远甩在历史的后头。

国将不国的乌云，笼罩在中国的上空，不愿做亡国奴的惊雷，不时地回荡，震撼着人们的心灵。陈其采中得头名秀才的第二年，日本发动侵略中国的甲午战争，以中国大败收场。接着是《马关条约》的签订，台湾割让日本，中国东部沿海地带也几乎放弃，巨款赔偿迫使清廷大借外债，江浙一带内陆也被迫向列强开放。凡此等等。面对清廷的软弱无能，少年陈其采和其他同学一样举起了拳头：国家这般受欺，百姓遭难，我们要奋起，洗雪国耻，重振国威。

于是陈其采不再满足于文字的学习，在二哥陈其美支持下，陈其采报考了留日军校学习。按照二哥的说法："要抵抗外国列强，武备不可缓。"

一个晨曦满天的早晨，在二哥陈其美的金钱支持下，19 岁的陈其采踏上了东瀛日本的求学道路。与他同去的还有吴锡冰、许葆英和舒厚德。

开船了。陈其采站在船头，向送行的二哥陈其美使劲地挥手。

陈其美挥手应道："船上风大，回舱去吧，小弟。"

在日本军校，陈其采最忘不了的是陈其美讲给他听的两个动人的故事：一是民族英雄岳飞精忠报国的故事；一是民族英雄文天祥为国分忧的故事。就是这两个故事让陈其采永记心中，激励他学习，时刻记住自己与别人不一样。闲散时，别人游山玩水、会亲访友，他却如饥似渴地苦学。腊梅开放，喜鹊登枝，苦去甜来，1902 年，他以第一名的优异成绩毕业于日本士官学校。

回国后，有志的陈其采却去了湖南。在中国近代史上，湖南成为革命的大本营。因此陈其采的选择不是没有道理。在湖南陈其采创办了湖南武备学堂，任总教习，不久又荣升标统。在此期间，他又与孙中山领导的革命接上了头，暗中策划新军反叛，配合孙中山密谋推翻清廷统治。此后陈其采一发不可收拾，成为民主革命的骨干分子。1907 年奉命调南京任第九镇参谋，后因剿匪有功，升中枢军咨府第三厅长，掌理全国新军及调度事宜，并一度兼任保定军校监督及主办秋操。后来他衣锦还乡，在湖州广传佳话。

不幸的是他参加革命党之事终为清政府获悉，在清政府捉拿他之前，南下奔沪，任驻沪新军统带，统率驻沪新军，负责维护地方治安。

陈其采在上海活动期间，做过一件以后对上海革命党人影响非常大的事情，那就是和上海的帮会建立了非常融洽的关系。

且说上海滩，以青帮、洪帮力量最大。青帮与洪帮比，青帮又强于洪帮。

再说这青帮，又称“清帮”“安清帮”，是近代重要秘密会社之一，明代罗祖教的支流。最初分布在密云、山东一带，后由北沿运河向南发展到江浙一带。从清初康雍至嘉道年间，其成员大都为运输工人，主要为清政府承办漕运，也有其他手工业工人，是以运输工人为主体的下层社会的秘密团体。它按辈分收徒，长期在运河漕运中保持封建行帮的地位。它要求其成员相互“帮丧助婚，济困扶危”，从而团结了广大粮船水手。后因漕粮改由海运，粮船水手大多失业，流为游民，便“密行贩盐，或以偷税为业”，出没于皖北、江北，逐渐转向太湖流域广大腹地，旋又向上海发展，成为以贩私盐为主体的游民团体。

上海青帮的龙头老大，当时为人见人怕的范高头。一听这名字就让人生畏，范高头就是高人一头。再说这青帮老大的龙椅不是谁都能坐的，说破了得有一定的本事。干仗首先得自身武艺强。在上海滩这地盘，他是一场场“真枪实弹”考验出来的。胜者为王，败者为寇。

青帮范高头，本是盐枭出身，在“白癞痢”去世后，接任了青帮老大。上海有名的流氓头子黄金荣、李超五、刘福彪、潘玉卿都是他的手下，号称“四庭柱”，又称“四大金刚”。不说范高头功夫如何，一听他的手下，也让人冒汗，抑或毛骨悚然。

据说这范高头长得五大三粗，打谷场子的石磙他能抱起围围场跑三圈。遇到打架斗殴的事，他一人顶十人。人高马大，手大臂长，像老鹰抓小鸡似的，一个一个地收拾，而且是不紧不慢。此人脑门上长着一个肥肥的肉瘤，就像头上还长着一个小脑袋，因此他便得一个“高头”的雅号，而且这雅号广为流传，久而久之，竟取代了他的真实名字。在上海滩，妇女哄孩子睡觉，常说“伢子伢子快睡吧，高头来了侬打他”！

这青帮、洪帮在上海滩都有自己的地盘，不过这地盘也有大小之分。地盘也是根据自己的实力划分，就像动物世界里的动物一样原始。

应该说这地盘是他们自己抽打油水的地盘，也是他们赖以生存的地盘。这些流氓们一方面向自己地盘内的店铺、妓院和烟馆抽头，获取经济利益；另一方面也负担一定的义务，出面交涉和打架，保护自己地盘内的店铺、妓院和烟馆等不受其他流氓帮派的欺负和滋扰。对任何一个帮派来说，不能保护自己地盘内的店铺、妓院和烟馆等，都被认为是相当丢脸的事。丢脸的事是不能干的，这是一条“法律”。干了没面子的事，你的龙头老大的交椅就坐不成。在帮派内部，这也是一种弱肉强食之争。

再说陈其采和范高头素不相识，更谈不上有什么交情，他们二人攀上交情，完全出于偶然。就在陈其采走马上任时，上海滩发生一件让范高头丢面子的事。

话说范高头的一个手下“高徒”，名叫芮德宝，一天在城隍庙巡逻，当巡逻到一个名叫“绿波廊”的点心店里时，见到一个英国人在死命地殴打女招待，女招待在地上来回打滚，发出尖厉的求救声……

这是英国租界，芮德宝虽然是流氓出身，但对洋人轻易还是不敢招惹的，所以走上前去轻声劝解：“不要打了！不要打了！”

“你是干什么吃的，关你屁事！”英国人破口大骂。

芮德宝也动了情，提高了声音：“不要打人！”

“你给我滚蛋！”英国人说完就将拳头对准了芮德宝，一拳下去，脸上戴上了“红花”。

“你敢打人?”

“打的就是你这种人!”

“好吧，我让你来打!”芮德宝劝架不成，反而也挨了打，愤急之下，忘了洋人是招惹不得的这回事，不顾后果，将当流氓善于打架斗殴的本事全拿了出来，左一拳右一脚，脸上、身上，只要对方没有防备的地方，都是他出击的地方，直打得英国人头昏脑胀，鼻青脸肿，跪地求情：爷爷，我是孙子，我知错要改!

恰在这时，一队英人巡逻队过来，见到这一场面，不分青红皂白就把范高头的徒弟芮德宝抓了起来，遂向清廷起诉，状告芮德宝胆大包天，竟敢在光天化日之下殴打英国人，按当时清政府和列强所签订的不平等条约规定，芮德宝应由英国领事馆审讯。

这一下，引火烧身——出了范高头难以摆平的麻烦。范高头作为青帮老大保护不了自己的弟子，显然是件十分没面子的事情。

清政府得罪不起洋人，范高头也没有敢跟租界当局抗衡的力量，看来范高头这个跟头是栽定了。范高头急得抓耳挠腮，不到半天，两腮肿得老高，牙疼病也犯了。

不料想，正当范高头急得要跳楼之际，人不该死有人救，这时，陈其采出于正义，站了出来。作为主管一方治安的他，主动将官司揽到自己的手里，首先巧妙地将芮德宝劫了过来。英国领事馆向他要求引渡芮德宝，有正义感的陈其采断然拒绝了英国领事馆的要求，说：“这是中国的领土，我们中国政府有权利也有能力审理此案!”

“芮德宝是打人凶手!”

陈其采道：“树有根，水有源，一切都要弄个水落石出!”

“好! 咱们走着瞧!”

后来，英国领事见要挟不成，遂找人调停。结果，以英国人赔礼道歉，承担经济损失为结束。

话说芮德宝被陈其采放出的那天，范高头虽为青帮老大，一生意气用事，对有爱国心正义感的陈其采也感激涕零，于是掂着酒肉，带着喽啰，坐着大轿，故意在英租界转了个圈儿，来到陈其采的府中，设宴感激陈其采，并要求与陈其采当面结交生死弟兄。有酒同饮，有福同享，有难同当。

两炷香插上，八支蜡烛点亮，二人义结金兰，跪在红地毯上，举杯邀天敬地，同发誓言。

且说这一结拜，不但让陈其采在上海滩站住了脚，也为尔后的二哥陈其美，小侄陈果夫、陈立夫在上海的辉煌打下了根基。尤其是陈其美后来在上海成为“沪军大都督”，军政大权一手在握，光宗耀祖。

同时，更应该看到，在黑暗的旧中国、民国两朝政府的初期在上海有了立足之地，使民主革命与帮会力量有了融合，抑或说借助。

后来，范高头在陈其采的策动下，带领青帮到外滩公园门口，在“华人与狗不得入内”的牌子面前，呼口号，搞静坐，直到收起牌子为止。这也成为上海人的美谈。

1911 年辛亥革命爆发。

元旦那天 11 点整，载送孙中山赴南京就任临时大总统的专列花车在礼炮和欢呼声中徐徐离开了上海。孙中山端坐在靠窗的座位上凝视着窗外，笑逐颜开。而陈其采作为大总统的贴身警卫，守卫在孙中山的左右。孙中山出任大总统后，陈其采被任用为总统府咨议。孙中山将大总统让给袁世凯后，一朝天子一朝臣，陈其采离开了总统府，到家乡湖州创办自己的经武学堂。其事外扬，被袁世凯知道，下令查封了经武学堂。于是陈其采就过起了隐士生活。直到 1927 年，蒋介石在上海发动“四一二”大屠杀，成立了独裁统治的国民政府，陈其采才成为蒋介石的教父，历任浙江省财政厅厅长、浙江海关监督、江苏省财政厅厅长、导淮委员会副委员长等职。1930 年，南京国民政府筹创超然主计制度，陈其采任筹备委员会主任。

## 陈其美争任“沪军大都督”

陈其美虽说天生聪明伶俐，可是到了读书时却不知用功，在老爹陈延佑的眼里，他是个不争气的孩子。后来实践证明，恰恰是这个最不争气的陈其美，在陈氏三兄弟中声名最为显赫。

由于父命在上，陈其美15岁就下海学经商，断了做官的路，开始他还想不通，时间一长，经商一有门道，也就没有了情绪。由于战乱，丝绸生意越来越不好做。经商路坎坎坷坷，一干就是11年，从15岁干到26岁。26岁那年秋天，一个落霞的傍晚，陈其美和帮工正在家门口装蚕茧送到城东加工。一位大嫂抱着孩子慌慌张张地向陈其美报告：“他二叔，他三叔回来了！”

陈其美正干得满头大汗，忙停下手中的活计，问：“是其采吗？”

“是！”

“在哪儿？”

那大嫂向前方努努嘴说：“那不过来了吗！”

陈其美向前方看去，只见一队人马前呼后拥，中间有一匹雪白马，马背上立着一位青年军官，头戴冠翎，一身戎装，佩戴肩章，饰有黄穗，脚蹬马靴，腰挎马刀，英俊潇洒。左右两旁有一个班的兵力相护，浩浩荡荡向这边走来。

陈其美愣住了，他不相信眼前的事实，这岂能是三弟？当年三弟外出求学时，那是一个扬沙蔽日的傍晚，三弟穿得很单薄，嘴唇冻得发紫，浑身打战，是他把三弟送到船上的。如今的三弟，一身戎装，衣锦还乡。这事实令他难以置信。

“二叔，还不快去迎接！”不知是谁喊了一句。

陈其美这才挪动了脚步，慌慌张张赶了几步，前方的马队已奔了过来，陈其采看到了二哥陈其美，忙翻身下马，跪地向二哥行礼。陈其美不知如何是好，忙扶起三弟说：“快回家吧！”

回到家中，双亲已经过世，陈其采拜见了大哥大嫂，也见了小侄果夫，那时候立夫还没出生。

“快喊三叔！”大嫂哄着孩子道。

果夫才两岁，怯生生的，躲在妈妈身后，两眼偷偷望着陌生人，就是不喊叔叔。

这时，年轻的陈其采22岁，已出任驻沪新军统带，一派神气。陈其美顿感到兄弟间差异之大，犹如一个在天，一个在地。因此他发誓要改变这种状况，也只有步陈其采的后尘。特别是听了三弟讲到的日本的富国强民之道，更使他坚信留学就要去日本。家中有大哥大嫂，也使他出国留学有了可能。听了陈其美要留学的想法，第一个站起来支持的就是大嫂何氏，别看她文化不高，却跟潮流：“二弟，只要能出去，你就去吧！不要像大哥那样没出息。”

三弟陈其采也当即表态，只要二哥愿意留学日本，我还有点关系，完全可以帮忙。就这样定了。陈其采回国的第二年8月，即为二哥办理了全部的出国留学手续。于是陈其美东渡扶桑，先入警监学校，后入东斌军事学校。

当陈其美在东京就学时，孙中山的同盟会刚刚在东京成立不久，为壮声势，正在街头散发广告，招兵买马。这一天，陈其美上街买袜子，与散发传单的孙中山不期而遇，促使他加入了同盟会，从而改变了他的人生轨迹。

1907年，正是辛亥革命胜利的前夜，同盟会下的革命党人异常活跃，仅在这一年就发生了多起武装起义。它们是：

5月，陈涌波在潮州发起黄冈起义；

6月，邓子瑜在惠州七女湖起义；

7 月 6 日，徐锡麟刺杀安徽巡抚恩铭，在安庆宣布起义；

7 月 15 日，秋瑾在浙江绍兴就义；

9 月，王和顺发动广西钦州、廉州、防城起义；

12 月，黄明堂发动镇南关起义。

在清政府的残酷镇压下，这些武装起义皆以失败而告终。但孙中山等同盟会领导人意志更坚，又派留学日本的革命党人回国参加起义。1908 年春，陈其美在未读完东斌学校课程的情况下，报名回国，肩负起反清的革命重任。

这年，也是光绪三十四年，不到 3 岁的溥仪皇帝继位，由其父醇亲王载沣摄政，朝政日非，人心思变。陈其美认为革命时机已到，决定在他的家乡浙江发动新的起义。

陈其美回到上海后，先在黄陂路德福里 1 号安顿下来。在这里他设立了革命机关，取名为“天宝客栈”，实为掩人耳目，暗为联络革命党人。

由于三弟陈其采与青帮的特殊关系，他也与青帮取得了联系，称兄道弟，打得十分火热，并成了青帮中的“小老大”，其辈分比黄金荣还高一辈。

为谋事起义，陈其美团结一切可以团结的人，每天都在天宝客栈开会，或接待来访者。

万事俱备，只欠东风。正在陈其美完成举事计划时，他意想不到的事发生了——有朋友出卖了他。

这天，陈其美有事外出，谁知清兵便包围了天宝客栈，没有抓获陈其美，反而把天宝客栈给封了。陈其美回来时，清兵还在搜查，他机灵地退了出去。一位站岗的清兵问他是什么人？他回答说，找家猫的。清兵信以为真。于是他便拔腿撤了出来，要不危险就大了。

陈其美并没有就此罢休。

成功之门为有准备的人开放着。

陈其美为了积蓄力量，等待时机，他一方面创办报纸，宣传革命，一方面创办精武学校。为训练造就一批革命军事人才，他走村串户，亲自登门拜访，挑选革命优秀人才 50 人，学习拳术、械斗、军事。毕业后，这 50 人到各地再组织同样性质的学校，每人教授 50 人。陈其美认为，照此下去，不到 10 年，即可练成数十万甚至百余万体格强健并具有军事学知识的青年，成为革命军的中坚。

另外，为扩大革命队伍，他又发展了一大批同盟会会员。在这期间，他冒着酷暑调解宁波、奉化渔民械斗事件。从此奉化的渔民与同盟会建立了友谊，以后又组织敢死队参加陈其美领导的武装起义。

1911 年 10 月 10 日，湖北革命党人打响了推翻清王朝的枪声。黑夜中的武昌城炮声隆隆，杀声连天。衣衫各异的民军挥动十八星旗高呼“共和”，从各个角落，潮涌一般，会聚一起，直到江岸。起义大军以迅雷不及掩耳之势，在两三天内先后攻占了武昌、汉阳、汉口三镇。革命首先在武汉取得了胜利。在武昌起义的影响下，湖南、陕西、山西、云南、江西等省相继独立。陈其美知道这些消息之后，兴奋异常，立即策划江浙和上海的武装起义。在很短的时间内，陈其美领导的上海义军，就把战旗插在了江南制造总局，接着宣布上海光复，陈其美名副其实地成了沪军大都督。孙中山也发来了贺电：“为吾党建者，于沪上握东南之锁钥，其功甚大。”

应该说，上海光复的意义仅次于武昌起义。有言道，江浙一带好比一国，占领江浙，等于全国。其意义不同寻常。

接着中华民国成立，孙中山在南京宣誓就任临时大总统。陈其美当数中华民国的开国元勋。

然而，就在人们弹冠欢呼民国成立之际，躲在阴暗角落中的袁世凯向孙中山新生政权发起了攻击，不久，辛亥革命之果被袁世凯窃取。

接着，欢呼变成了游行示威，和平变成了打仗。

孙中山发起了“二次革命”，陈其美争当先锋，举旗讨袁，自任上海讨袁总司令。上海之争，打得日月暗淡，最终寡不敌众，陈其美受伤，战争失败。霎时间，上海的大街小巷，贴满了捉拿陈其美，赏金5万的海报。

一时间，英雄变成了狗熊。

陈其美由鲜花簇拥变成清兵捉拿的囚犯，这对他刺激很大，于是他变压力为动力，誓与袁贼势不两立。他一方面调将，将在日本军校学习的结盟之友蒋介石调回国内，联系商团；另一方面联系青帮，借助一切可以借助的力量，再次向上海的清兵发起了进攻。不过这次进攻，他着实吸取了上次作战的经验教训，集中兵力打薄弱之敌，硬打变成巧打，再次控制了上海。

控制上海后，由于领导起义的各革命团体互不统属，因而造成了混乱，领导人之间很快便陷入争权夺利之中。领导起义的核心人物是李燮和和陈其美两人，于是这两人马上成为竞争沪军都督一职的对手。

这一天，推举沪军都督的大会在上海城小东门的旧式五开间高大平房海防厅内举行。海防厅内外，人流如潮。进门处，由肩背步枪的十个卫兵，分列两排站岗警戒；厅内正面会场上空悬挂着“沪军都督推选大会”的红色字条，整个会场庄严肃穆。

下午2时整，鼓敲一阵，陈其美身穿学生装到达会场，前后跟着陈其美的把兄、青帮老大范高头的徒弟，号称“四庭柱”之一的刘福彪率领的几十名敢死队队员，一个个膀大腰圆，威风凛凛。刘福彪跟着陈其美走入会场，敢死队员们则留在了厅外。

陈其美进场后，一阵鼓鸣，李燮和骑着高头大马也进了会场，腰悬佩刀，背后跟的是几十名商团团员，一个个凶神恶煞。

两军到齐，陈其美与李燮和分别抽签，然后演讲。

结果李燮和抽得上签，先上台演讲。台下掌声雷动。

李燮和演讲结束，陈其美上台演讲，自然也是掌声雷动。

两人演讲后，推举都督的会议不久便陷入对峙的局面。且说商团代表以李燮和“军事学识渊博，指挥上海光复任重功高”为由，提议李燮和出任都督。而同盟会和会党方面则坚决不同意，他们推荐陈其美为都督。

你声高我声更高。争执之中，黄郛拔出了手枪，声称是陈其美先进入上海制造局，立下第一功。这时在场的商团军官也拔出了手枪，称陈其美进制造局后即被拘捕，后来是李燮和指挥全党和商团攻下制造局的。双方争论不休，大有火并的气势。这时刘福彪高举手榴弹，突然大声吆喝：“攻打制造局，陈先生吃了那么大的苦头，都督非选陈先生不可，否则我手榴弹一甩，大家同归于尽”！对方见势不好，软了下来，陈其美被推为沪军都督。李燮和在争夺都督中失败，又不愿受陈其美的指挥，一怒之下，跑到吴淞，自任吴淞军政分府总司令。后来清兵反攻时，李燮和又投降了清军，一起攻打陈其美。陈其美腹背受敌，很快就兵败如山倒，最后逃到了日本。

二次革命失败后，孙中山总结经验教训，认为失败原因主要有三条，一是内部意见不一，众说纷纭，各自为政，行动不一；二是协同不周，纪律不严；三是党性不强，立场不坚。还有一些，主要是三条。陈其美也同意孙中山的“振作精神，提高党性，加强纪律”的意见。在陈其美的大力支持下，孙中山于 1914 年 7 月在日本成立了中华革命党，孙中山自任总理。陈其美任职仅次于总理的总务部长。

在革命党人诸巨头中，和黄兴、宋教仁、汪精卫、胡汉民等人相比，陈其美的资历是比较浅的，他参加同盟会的时间比这些人都晚。陈其美之所以取得较高的地位，一方面是由于他在辛亥革命后坚决支持孙中山，但更重要的是陈其美机智、能干和敢干，是个难得的人才。

## “小脚”何母传奇

在陈氏家族里，还应该值得一提的是小脚何氏，她是陈其业之妻，陈果夫、陈立夫之母。陈其美、陈其采对她特别尊重，人说老嫂比母。

这小脚何氏，读书不多，也是大家闺秀，人长得不高，可称得上江南小家碧玉，容貌娟秀，两只眼睛很大，透着机灵和聪颖。18岁嫁到陈家，与夫君陈其业恩恩爱爱。当年媳妇当年孩，当年就生下了陈果夫。这小果夫长得人见人爱，取了他们夫妇各自的优点，五官端正，口方鼻直，大大眼睛，白白净净。

小果夫出生百日，就抽了个龙凤签，喜得全家庆贺一番。尤其是老祖母更是喜不胜收，见人便说，逢人就夸。

小果夫的出生给家里增添了生气和欢乐。祖母亲不够，父亲乐呵呵。这培养教育果夫的任务就落到了母亲何氏那里。你别看何氏与人和和气气，从不高声说话，可是管起孩子来可厉害啦。她崇尚“棍头出孝子”的千年古训，动不动就对孩子动武。她要打起孩子来，孩子不求饶她是不放棍的。陈果夫后来回忆说：“我们的母亲是非常慈爱的，我们对她始终怀着依恋和感激的情绪，而在这依恋感激的成分中间，我们更抱着一种敬畏的心理。”

再说这个家庭也是一个开放的家庭。二叔、三叔在外面做事，出过国留过洋，他们回到家里，常把外面的新鲜事讲给小果夫听，比如洋人在中国横行霸道、中国人如何抵抗？还有拒俄运动、抑制美货运动。从叔叔的口中，他平生第一次听到了“孙中山”“共和”“救国”等全新的名词。

有一年，在湖南武备学堂任职的三叔陈其采回到家乡，讲了自己办的学堂如何如何好，讲得小果夫怦然心动，坚决要跟三叔去湖南求学。父亲不同意，二叔不同意，祖母更不同意，都说他人小不能去。唯有母亲深明大义，何氏支持他。于是在母亲的支持下，他小小年纪就去了湖南求学。从此下定了以武救国的决心。

在湖南的学习中，他和同学常去岳麓山登高望远。有一天，他看到一个女道人在山间凿石，石花四溅，女道人的手上都震裂了口子，出了血。陈果夫上前便问：“凿石何用?”女道人讲，她要凿成一个大大的洞，敬奉道家始祖李耳。陈果夫感叹道，你这样做驴年马月才能实现呢！女道人讲，用不了多少时间。陈果夫摇摇头走开了。

且说陈果夫在武备学校学习了 3 年，光阴似箭，毕业这年秋天，枫叶正红，陈果夫携同学故地重游，兴致极高。岳麓山上的天像孩子的脸说变就变，刚刚还是朗朗晴日，突然飘来一块黑云，顿时电闪雷鸣，大雨倾盆。他们先躲在树下，片刻树也成了雨的海洋，正在这时，一位女道人出现眼前：“客人到洞内吧!”

陈果夫眼睛一亮，这不是当年那位凿石开洞的女道人吗？随即跟着进了石洞。石洞口小肚大，里面分外宽敞。高高的神台上供着老子李耳的塑像，那是女道人心中的向往。女道人凿石成洞的事一直萦绕在他的脑海，这时他又想起了母亲讲的“只要有恒心，铁棒磨成针”的故事，他佩服女道人的恒心。这件事给陈果夫启示很大：做任何事都要有决心、恒心，只要有决心、恒心，心想就能事成。

后来，陈果夫成为旧中国“四大家族”的代表之一，想必均与母亲的教育以及这件事情有关。有言道，好母亲不用声高，一言能点破天机。

第二章

# 书生意气

# 风华正茂时

辛亥革命胜利后，陈果夫正在南京陆军第四中学读书。且说陆军第四中学也是一所革命的学校。陈其美多次策划江苏起义就是以此为据点。他把侄子送到这里读书也是因为这层关系。武昌城头的枪声响彻云霄，革命的洪流一丈高过一丈，为响应武昌的枪声，四中的学生跃跃欲试，摩拳擦掌，其中包括陈果夫。应该说他是四中的学生领袖，有一定的号召力。再说四中学生在陈果夫的领导下，已像干柴浇上了汽油，只待有人点燃。

恰在此时，从上海来了一位点火人，他不是别人，正是陈果夫的二叔陈其美。

为策应武昌起义，陈其美专程赴南京策划南京起义。于是陈果夫受二叔之命，将陆军四中的同盟会员联合起来，成立了四中同盟会分部，受南京同盟会总部指挥。

黑夜笼罩着四中，四中在黑夜中不眠。

陈其美在教室里开着动员会，讲解着全国的革命形势，同学们一个个义愤填膺，有的写血书，有的写誓言，有的写保证。

陈果夫带领新入会的学生宣誓：

我等加入同盟会，立下革命志愿，愿为革命献身。如今正是革命良机，我等愿追随陈先生，争取南京光复，即使肝脑涂地，也在所不惜……

那低沉有力的宣誓声在教室内徘徊，在宣誓人的心头长驻，化作杀敌的战火，突破这黑夜里的黎明。一连几天，动员会、联络会越开越大。

## 第二章
## 书生意气

世上没有不透风的墙。

一个黑影在教室前闪过，四中学生的革命活动引起了清军的注意。

风云突变。清军加强了对陆军四中的防范，枪口对准了手无寸铁的学生，一场挖地三尺的大搜查开始了……面对这突如其来的情况，陈果夫也没有了主意，此时二叔已回上海，于是他与两个好友连夜赶到上海，面见陈其美，得到指示。

当时，陈其美为策应武昌起义，奔波江浙一带，风餐露宿，胃病复发，他刚吃下药，他的义弟蒋介石就推门而进：大哥，是你找我？陈其美点点头，示意他到身前坐下。蒋介石坐稳后，陈其美问，杭州方面的起义准备得怎么样啦？蒋介石见陈其美的脸色蜡黄，不忍心地说："大哥，今天你脸色不好，我改期再汇报吧"。"不——"，陈其美坚定不移地说。

话说蒋介石正要汇报，陈果夫推门进来。

这是陈果夫第一次见到蒋介石。

陈其美忙向蒋介石介绍道："这是我的大侄陈果夫，现就读于南京陆军四中，正在南京组织义举活动。今后你要多多帮助他。"

蒋介石打量了一番陈果夫，高条条的个头，白白净净，一表人才，道："与我那经国儿差不多高。"

陈其美接着又说："果夫侄，这就是我给你哥俩常讲的义弟蒋介石。在日本留学时，我和他，还有黄郛，是真正的桃园三结义，生死与共。今后他也是你的叔叔啦，快给叔叔敬礼！"

这时，陈果夫双脚一并，右手抬起，向蒋介石敬了个标准的军礼。

"这个侄儿我收下了！"蒋介石哈哈地笑了，笑得是那样开心。

事后，陈果夫回忆这次见面说："蒋先生威仪稳重的风度，使我第一次所产生的印象非常深刻。”

撇下陈其美不讲，陈果夫留给蒋介石的印象是，大大方方，一表人才。这为他们以后的合作设下了深层的铺垫。有人说陈果夫的政治辉煌是站在父辈的肩上摘取的。笔者认为此话理应不假。

## 武汉保卫战中的陈果夫

在上海，陈其美听了陈果夫等的汇报，遂又与黄兴做了研究，认为南京起义由于清军防范过严，可以推延。然而当务之急是武汉形势吃紧，需派兵力支援。陈果夫主动请缨，陈其美心想也是一个锻炼他的机会，便对侄儿说："你可以去，但要小心从事，我顺便给黄兴说一下，另外，我再写封信给孙武，让他接待你。"

"叔叔想得周到，小侄谢谢了。"陈果夫在上海没待几天，便从上海坐船，逆流而上转赴武汉，参加武汉保卫战。

再说武汉方面。自从武昌起义爆发后，清政府如坐火山，武汉一天夺不回来，紫禁城的摄政王就一天不能入睡，因为武汉影响到全国。于是他命令袁世凯出兵拿下武汉，事不宜迟，越快越好。且说袁世凯的清兵进攻汉口，双方已经对峙了三天三夜。此时武汉，硝烟弥漫，炮火隆隆。义军奋勇抵抗，死伤无数，汉口岌岌可危。

汉口形势吃紧。

汉口丢失将危及武汉三镇。一旦作为全国革命中心的武汉失守，全国难以举义响应。

为保卫武汉，一批一批的革命战士开赴武汉。

为保卫武汉，一批一批的有志青年赶到武汉。

在这些青年中，就包括陈果夫。

陈果夫到达武汉，是在一个风沙扬起的中午。他一下船，就听到一阵隆隆的炮声。其中一发走火的炮弹就落在码头的左前方，在水中爆炸，扬起冲天水柱。

陈果夫并不害怕，他出了码头，按照指点，左拐右转，找到了义军总指挥部，见到了孙武，遂把叔叔的信件递给了他，孙武审视了一下陈果夫，道："个子不矮，就是有点瘦！炮弹能扛得动吗？"

"没问题！"陈果夫回答。

"汉口要失守了，你就去汉阳吧？"

"好，什么时候去？"

"马上他们那里就来人了，让他们领着你去。"

"是，司令。"

不一会儿，汉阳方面的一位摩托通讯员赶了过来，取完文件，顺便把陈果夫捎回。在汉阳民军司令部里，陈果夫被安排到炮兵阵地当扛炮手。对于一个学生兵来说，扛炮手是一个力气活。陈果夫干得十分卖力，随叫随到。每发炮弹 30 多公斤，而陈果夫体重还不足 50 公斤，所以扛一发炮弹或装一发炮弹对他来说，都是费很大力气的，有时要使出吃奶的劲。再加上战事吃紧，本来扛不动的活给扛起了。渐渐地他感到头重脚轻，两眼直冒金花。当他扛到第 106 发时，他的身子开始发抖，第 107 发炮弹还没有上膛，他的两腿已经支持不住，顷刻倒了下来，不省人事。当他醒过来的时候，发现自己不是在战场上，而是在后方医院里。随后他又跑到战场上，这时，义军们见清军的炮火猛烈，前沿阵地已被突破，不少人抱头鼠窜。他大声喊道："不能当逃兵！"人们并不理会他。他捡起一支丢弃的步枪，哗地一下子弹上了膛，对着空中放了三枪，说："谁要逃跑我就开枪了！"这一下，还真好使。义军们算是稳定了下来。就这样，陈果夫带领义军坚持了三天三夜，黄兴司令来到汉阳前方阵地视察工作，发现初出茅庐的陈果夫是个人才，立刻颁令嘉奖，官升三级，任命他为营座。在陈果夫的指挥下，他们又坚持了七天七夜，掩护从汉口撤退下来的人员。

11月23日中午，清兵已经发动第十九次进攻，炮火异常猛烈，义军已弹尽粮绝，不得不往后退。汉阳危在旦夕。陈果夫将来自南京陆军中学的100多名学生集中起来，组成敢死队，人在阵地在，誓与阵地共存亡。在敌人的猛烈的炮火下，不少学生献出了年轻的生命。不久汉阳失守，陈果夫随军撤回武昌。

武昌东湖宾馆。

军政府召开紧急会议。

会上，黄兴建议放弃武昌，顺流而下，去攻南京。然而多数人认为武昌是首义之地，应死守。共进会领导人张振开拔出战刀，声称："敢言放弃武昌者斩！"会议最终决定坚守武昌。黄兴会后便乘船离开了武汉。陈果夫也认为黄兴所言有理，既然武昌难保，不如光复南京，来个围魏救赵。因此，他随后也离汉东下。

当陈果夫顺江东下时，南京已在沪军与江苏等民军的联合攻击下光复。于是他直抵上海，找到二叔陈其美，希望参加一些实际工作。

此时，由于汉口、汉阳失守，很多革命党人纷纷东下云集上海。于是陈其美安排陈果夫负责接待这些革命党人。他工作认真，态度和蔼，热情周到地给他们解决生活和工作问题。这一耐心细致的工作，赢得了来沪革命党人的普遍好感。

## 梦断留学路

1912年的元旦。

上海车站，一辆饰有旗帜和鲜花的临时大总统专列，在礼炮和欢呼声中，徐徐地离开上海。

## 第二章
## 书生意气

当专用花车拉响汽笛，平稳地驶进南京下关车站时，已经是傍晚5时了。这时，停泊在离下关不远的长江江面的中外军舰齐鸣礼炮21响，隆隆的炮声揭开了共和国诞生的序幕。下关车站更是人山人海，军乐大作，欢迎的民众早早等候在车站内，高呼“中华民国万岁”“大总统万岁”。车站外面，乃至整个南京城，到处张灯结彩。中国人民在欢庆一个新纪元的到来。

陈果夫、陈立夫兄弟俩也夹在这欢迎的人群中，目睹了大总统孙中山的风采。

就在孙中山就职仪式后不几天，幸运的陈果夫在二叔陈其美的引荐下，正式与大总统谋面，亲自聆听了领袖的教诲，更激发了他的革命热情。眼下，大清江山垮台了，共和新立，取而代之的将是一个人人平等的民主国家。拿什么去奉献这个可爱的国家呢？陈果夫激动得夜不能寐。于是，他半夜起来，伏案写道：“总统正和一位廖君谈话，用广东话，我听不懂。但他慈祥而又沉着的态度，使我肃然起敬……”不久他亲自听了总统精彩的演讲，他又写道：总统“对世界各种社会主义分析批评，至为详尽。他演讲的姿态、声调，非常动人”，给我“留下的印象，永远没有淡忘”。

与此同时，人们由于过度地沉浸于民国临时政府创建的喜悦之中，革命党内部产生了盲目乐观的情绪，以为可以刀枪入库，马放南山了。于是经营实业、留学深造的风气复兴。陈果夫受此感染，也心如鹿撞，不能自已。当他从报上得知湖州同乡张静江先生正在组织学生赴法勤工俭学的消息后，立即找到张静江，表达了极欲加盟的愿望，张先生慨然允诺。不料，一到北京陈果夫就病倒了，经协和医院的医生检查，确诊为肺病。这样一来，非但法国去不成，连四中的学业也无以为继。这时的陈果夫情绪最低落。

有一天，二叔陈其美开导他，有病就医，不要低沉。不说还好，一说陈果夫就大哭起来，边哭边诉说：“命运之神为何这般不公？跟我一般大的人都走了3年了，我这一次又一次地受挫，真不想活了。”

二叔告诉他：“你这是什么话？留学的大门没关死，只是你这豆芽菜的身体不行。我看不行就到日本去看病。看好了病，法国我们还不去了呢，我们就去美国！”

“真的，二叔？”陈果夫破涕而笑。

“二叔什么时候说过假话呢！”

就这样，陈果夫东渡扶桑寻医问药。

1913年3月29日清晨，陈果夫乘坐的“春日丸”从上海驶出，经过两天两夜的航行，31日早晨抵达日本长崎，下午乘火车向东京进发。当时车船票价都极便宜，船价二等舱每人不过19元，从长崎到东京的头等车，亦只37.7元。

4月1日赶到名古屋，在金君鹤侪寓所下榻，3日下午继续前进，当日抵达东京。

中间休息一天，5日陈果夫早早地出现在东京杏云堂医院门口，这是一家有名的医院。在挂号门诊前的长长队伍中，他是第一名，可见他求诊心切。挂了号，他是由该院院长亲自诊察，断为肺病，当即开药方，打了一种反应针，嘱咐过几天再去看。

为了确诊病情，11日陈果夫又由好友李浩生陪同到帝国大学教授木村德卫博士处诊治，木村看法与杏云堂不同，即肺病地位亦有出入，因此反对杏云堂打针办法，木村仅说身体比较弱，嘱三日后再去。第二次复诊，继言除体弱之外并没有什么病，只要多游历，不难复原，这话对他产生了力量，胆子为之一壮。从此他很安心地游览东京、京都、大阪各地，参观了不少工厂。因陈果夫学过3个月的日文，学会了几句普通用语，买物时只能讲讲价钱，必要时再请一位日本人做翻译，陪同游览，所以到处参观，并没有感觉到不便。在日本两个多月后，陈果夫启程回到国内。

正当他高高兴兴出国留学时，一件意想不到的事发生了——党国元老宋教仁遇刺身亡。且说这宋教仁，武昌起义爆发后离沪赴汉，协助湖北军政府办理外交，起草《鄂州临时约法》。旋即到南京，筹建中央临时政府。1912 年 1 月南京政府成立，任法制院院长。4 月临时政府北迁，任农林总长，不久辞职。8 月联合统一共和党等几个小党派将同盟会改组为国民党，被选为理事，并代理理事长。1913 年初在长沙、武汉、上海、南京等地先后发表竞选演讲，主张成立责任内阁，制定民主宪法，反对袁世凯专权，深为袁世凯所忌。3 月国会召开前夕，20 日晚他从上海搭车北上，被袁世凯派人刺杀于沪宁车站，22 日身亡。

孙中山、陈其美为此事决定讨袁，开始了二次革命。正是用人之秋，在二叔的说服下，陈果夫的留美求学计划赶不上变化，再次搁浅。

后来，国民党二次革命失败，第一次世界大战又将爆发，再加上二叔的遇害身亡，与宋教仁是同一下场，彻底粉碎了陈果夫的留学梦想。

陈果夫痛苦极了，他在《生活回忆》中写道："经过三次失败，心里不免烦闷。后来，遇到许多留学回国的亲友，感觉到他们到外国去了几年，并不是都有了不起的收获。因此我的心里又起了一些变化，就是：要求学问，并不一定要留学，只要自己肯用心研究，或留心事物，也一样可以长进。"当然，"一个人做到老，学到老。能够到国外去一趟，求一点学问回来，自然是好事，但留学是留学，总不能为留学而老死在外国。我的留学机会虽然一一消失了，我的读书兴趣却并没有因此降低。我自己相信：只要这样继续不断地学，活着一天，就学一天，比那远涉重洋，耗费大量金钱，去外国大学求得一纸文凭，或加上一个外国博士头衔，要实际得多。"

后来，陈果夫靠着自己的刻苦，学有所成，事有所成，这也是人们公认的。

# 幸运的陈立夫

在求学的路上，与多灾多难的哥哥陈果夫相比，陈立夫则是够幸运的。

在哥哥陈果夫开始入学时，他们的父辈是在流浪中寻找革命的路，而在陈立夫入学时，他们的二叔陈其美已是驻沪的大都督了，陈其美把妻母子侄接到了上海，享受都市人的文明。应该说陈立夫是最大的受益者。他一到上海，正是就学年龄，便入学湖州旅沪公学堂补习新潮英语。尔后，他的兴趣与长辈人的要求，突然间发生了翻天覆地的变化——他把目光转向了新奇的机械制造。

二叔找他谈心，问他为什么对机械制造感了兴趣？他说机械制造变化多端，很有意思。二叔又问以前咱们家也没有学机械的，你是怎样迷上的？陈立夫道，那是我参观了舅舅的丝绸厂后迷上的。那天，我去外公家，处处觉得新鲜，墙上挂着油画，柜里支着猎枪，还有很大的穿衣镜，照得出我的全身。还有比这更新鲜的是，舅舅是大经理，他领我参观了他的大工厂。一进门，马达轰鸣，一台台丝绸机，能织出地上的绿草，天上的飞鸟和白云，神秘极了，我便不由自主地对机器发生了兴趣。尤其是对那些活动的机器设备，觉得好奇。

由于迷上了机械，最后影响了他的中考志愿的报考，他有意选择了南洋路矿学校。

选择路矿学校等于选择荒野，选择郊外，选择艰苦。这无疑对父辈来说，都是不允许的。父母请二叔、三叔来做说服工作。他们采取车轮大战，这个说完那个讲，你方唱罢我登场，最后通牒也下了，陈立夫就是不听，同时还有一大堆的道理，这样父母亲也就认了。

陈立夫上中学的时候，家境已经中落。正如陈立夫所说："我在读中学的这段时间里，家中的经济大不如前，二叔在 1913 年的起义失败后，即转入地下革命工作。三叔那时在银行服务，不但要负担自己的家计，子女学费，还需负担二婶、我和姐姐们的生活，那时我的学费是由大哥支付的，但一般的交通车费由三叔付给。我见家中的经济短绌，就从不主动向三叔开口要钱，因此每天我总是很早起床，走好几里路去上学。"这段时间，陈立夫读书也特别刻苦，否则就觉得对不起大哥、三叔。结果，在 4 年的学习中，陈立夫拿了七张奖状，每门"平均都在九十五分以上，数学成绩尤其优异，经常都是满分"，这很让父亲、大哥和三叔开心。

4 年后的 1917 年，陈立夫要从路矿学校中专毕业了，是选择上大学还是就业，当时父母的意见是，家境不好，还是早就业为好，三叔通过关系在京沪铁路局为侄儿寻到一份检票员的工作。"燕雀安知鸿鹄之志"，这时的陈立夫对谁也没讲，向朋友借了两块钱，偷偷报考了学费低的北洋大学，这所大学在天津。

张榜那天，父母让他上班报到，他却在半路上偷偷跑去看榜。

张榜是在复旦校园里，那天榜前人山人海，密不透风。陈立夫个儿矮，一是挤不进去，二是在外圈看不到，急得他团团转。他心生一计，左边有棵大树，何不上树去看呢？说时急那时快，他抱起树干，"噌噌"几下爬上了树冠，然后骑在树杈上，静静地观看。当年北洋大学在上海招生共计 45 名。陈立夫排在 44 名。陈立夫从第一名往下看，看了一半，不见自己的名字，他的心直往下掉，看了 2/3 还不见自己的名字，他心想完了，正在他没信心的时候，"陈立夫"的名字在他眼前一亮，第 44 名，倒数第二。我中了！他一高兴，两手一拍，身体失去了平衡，差一点从树上掉下来，多亏他死死地抓住了一根树枝，身子悬在了半空中，众人围过来，把他搭救下来。

“我中了！”一场惊险还使他念念不忘中榜的喜事。

接着他跑到果夫那里，首先将这个喜讯告诉了兄长。陈果夫特别高兴，自己没实现的理想让弟弟给实现了。他又以最快的速度告诉了家父。家父却不一样，他高兴表达的方法是责备，责备立夫，不该不和他商量，不该在外借钱。当陈立夫见到家父这封迟到的责备信时，愧疚地流下了眼泪。

使陈立夫十分尴尬的是，大学考取了，却拿不起足够的学费、生活费和路费。收到通知书的那天，平时活跃的三叔却一言不发，因为他确实无能为力了。陈立夫十分心酸，在接到家父来信的不久，他回到了阔别已久的湖州，想不到竟亲历了一幕十分感人的场面，面对这场面，他激动得哭了。正如陈立夫在回忆录中写道：

“就在我对茫茫前途苦恼万分的时候，父亲把我喊去，交给我二十五块大洋，并恳切地对我说：‘这些钱是我多年的积蓄，也是我皆尽所能给你的学费，从今以后，一切就要靠你自己了。’接过钱，我不禁潸然而泣，一方面是感激父亲爱子之情，一方面又不禁忧虑着自己今后要如何克服困难。这二十五块大洋，实在无法维持一年的生活费用，幸好我自己有既定的目标，也有百折不挠的毅力，我相信终可以一步一步地去克服困难的。果然就在我整装准备经上海去天津入学之时，二婶母、四姨母和其他的少数至亲，都分别或多或少地给了我些钱，助我做入学费用，家兄也给了我十块，还鼓励我好好读书，专心求学，他会设法资助我。我满怀感激与希望之心，坐上三等舱的甲板（价格最便宜的位置），驶入天津。那一天，风浪很大，寒风刺骨，但是不能挫我雄志。”

就这样，陈立夫终于从上海来到祖国的北方，跨进了北洋大学那高高的校门。

且说北洋大学是我国最早的工科大学，1895 年由汉冶萍公司总裁盛宣怀创立，以土木、冶金、采矿等专业闻名全国。来这里任教的，除了国内的学界巨子外，美国人居多，他们习惯用英语上课。学生嘛，各个省区的都有，听起来南腔北调，各式乡音；吃起来，东甜西酸，各式口味，掺杂在一起，大学就像一个浓缩的小社会。大家的生活也特别丰富多彩，吃的有“以米食为主的南方伙”，有“以面食为主的北方伙”；玩的有网球、篮球、足球、跳高、赛跑、武术等，这些活动陈立夫都饶有兴趣，尤其偏爱网球，还经常代表班级参加校里的比赛。当然，给他印象最深的，还是这里的教学，要求十分严格，每年的期末考试只要有一门功课不及格就要退学。相反，学业优秀的，成绩总平均在 85 分以上的，可以享受减免学费的优待。陈立夫珍惜荣誉，更期望享受奖励的待遇，以减轻家庭的负担。因此在校期间，他学习特别努力，连续好几个学期都得到了奖励。

## “五四运动”中的陈立夫

陈立夫入学的第二年，正赶上“五四运动”爆发。

由于天津、北京只有一箭之遥，北大的学生代表亲自到北洋大学演讲，宣传新思想，很快北洋大学的“火”也点了起来。学生们开始罢课，上街游行，“打倒帝国主义”“打倒封建主义”的口号声震天响。在学生的带领下，天津市民也行动了起来，投入这场革命之中。

陈立夫的文章写得好，被校委会召去编校报和简报。当时血气方刚的陈立夫也把同学们的信任当动力，既当记者又当编辑，每天都加班到夜里 1 点。尤其是他采写的文章，文笔优美，事理生动，讽刺辛辣，常有一帮女性“追星族”。因此五四运动中的陈立夫，以文发家，名震北洋，一时传为佳话。

应该说反封建的局限，似乎并没有影响陈立夫对反帝口号的全面接受，他深有感触地说："当时，我觉得最重要的事，就是打倒帝国主义，而五四运动的发生，也就是为了打倒日本帝国主义，才会有全国人民的愤愤不平。中国既为第一次世界大战的参战盟国，何以还要受到割让山东半岛的不平等待遇，就在群情激愤、爱国情绪高涨之中，国民都期盼着参加巴黎和会的代表有所表现，据理力争；但列强诸国，却弃正义真理于不顾，彼此相互勾结，狼狈为奸，纷纷帮助日本说话，"因此，在和会期间，"国人的情绪鼎沸，一面支持着我们参加和会的代表，为争取国家利益而努力；一面则在国内对日本实施经济制裁，由童子军出动，到处劝导民众不购买日货"。对这些自发的爱国举动，陈立夫深表赞赏，热情地称颂"五四运动无疑是促进中国争取独立、平等的导火线，其后不平等条约的废除，都是从这次运动开始的"。显然，经过五四运动的洗礼，陈立夫对苏俄革命的向往，对帝国主义的憎厌，以及对传统文化解不开的情绪，汇聚在一起，共同成为他爱国思想的发源，正像他在回忆录中所述："这个暑期我对孙中山先生的主义、思想，并没有很深刻的认识，倒是有感于当时的国情和列强的侵害，我倒很向往共产主义所说的一套。"总之，五四运动在为民族新生突破坚冰的时候，从更广泛的意义上哺育了一大批有爱国思想的热血青年，陈立夫也是其中的一员。

虽说这次运动持续的时间有限，但对青年学生思想上的影响是巨大的，陈立夫归结为三点：一是苏俄革命思想；二是反帝意识；三是爱国主义精神。他在回忆录中说："五四时期，我对新文化运动的作品非常有兴趣，因为在校编报的关系，所以阅读的书籍甚为广泛。如《新青年》《新思潮》等刊物，以及有关俄国革命和共产主义的书籍等，无不爱看。当时一般青年，思想多少有点左倾，我亦不例外，苏俄抵抗帝国主义的书籍，文笔生动，使人羡慕，我相信许多青年人读了，都会觉得我们为什么不可从苏俄革命学习到一些反帝的新经验呢？"至于"五四"反封建的一面，陈立夫有许多保留，他说:“五四运动最响亮的口号是‘打倒孔家店’，对于这种激进的反传统方式，我甚不以为然。因为我熟读经书，觉得并不怎样不好，在我的想法，腐败的传统，是必须革除和创新，但认为旧传统一无是处，应该一起打倒，这毕竟是过分情绪化，而非出自理智的行为的。我深信完全否定自己传统文化的价值，一味模仿西洋或俄国的作品，未必就能使我们国家强盛，所以我一直认为‘打倒孔家店’，如果只是一句宣传口号，旨在唤起民族的觉醒，则尚无不可，如果是用以全盘否定传统的文化，则是矫枉过正，流于偏失了。”①

倘若，再对两兄弟的思想启蒙作一番比较，那么，陈果夫受辛亥革命的刺激大一些，陈立夫受五四运动的影响多一些，因此在人生道路的选择上，哥哥对民众革命的热衷，要明显地强于弟弟；弟弟对文化意义上的自主意识，要略高于哥哥，这恐怕也是两兄弟价值取向上的一个重要差异。这些差异也影响着后来兄弟俩的从政风格。

1923 年，陈立夫经过 5 年的大学生活，以优异的学习成绩结束了在北洋大学的学习，考入了美国匹兹堡大学的煤矿工程系。

出国是在一个朝霞灿烂的早晨，他与他的同学们搭乘“杰克逊总统”号轮船从天津启程。起锚的沉闷的汽笛声，打破清晨的寂静。陈立夫胸怀实业救国和科学兴国之志，把志向定在更远方，也许不被父母理解，但是父母终会理解儿子的。因此在送行的队伍中他看不到父母的身影。

匹兹堡大学是全美的著名大学，以钢铁和煤矿为重点专业，闻名全国。它坐落在钢铁工业和采煤中心的匹兹堡市。负责采矿工程系的教授是勃莱克，勃莱克教授学识渊博，经验丰富，听他讲课是一种享受，陈立夫曾以恩师相称。据说在他就任民国教育部长时，访问过美国，曾与恩师勃莱克相聚回忆以前。

---

① 《陈立夫回忆录·成败之鉴》第 27~28 页。

在匹兹堡大学就读的日子，陈立夫为了减轻家庭负担，还要搞一些勤工俭学。比如他每星期要到中国餐馆洗碗刷盘，到矿山实习兼做一些体力劳动，再挣上一些钱，加上少量的助学金，日子不宽绰，还算将就。1924 年的夏天，他就顺利地拿到了硕士学位。同时他撰写的硕士论文《中国煤矿业的机械化与电气化》，憧憬了中国的未来，指出了中国的道路，是一篇很有见地的论文，受到导师和留学生的称颂。陈立夫以丰富翔实的史料，行云流水般的文字，几近一气呵成地叙说和论证了中国的昨天、今天和明天。全文透着一位有志青年报效祖国的拳拳之心。用陈立夫的话来说："当我在写硕士学位论文的时候，仔细地看了总理的实业计划暨建国方略，钦佩不已，真正合乎我的志愿了。"

学业结束后，他以学习的眼光游历美国的大好河山，参观了许多现代化的工厂和农场，尤其是著名的福特汽车厂，一分钟就能出产一辆汽车。但见全程流水线操作，工人不多，十分紧张，分工之细，生产之速，效益之高，让陈立夫看得目瞪口呆。然后再想想祖国的落后，更激发了他建设祖国、报效祖国的决心。他在回忆录中写道："眼见异邦的建设和发展，益感返国献身革命和参与国家建设的重要，我和几位好友如曾养甫、吴南轩、艾伟、徐恩曾、吴保丰、叶秀峰等人，经常在一起计划着学成返国的事，我们都充满了热忱和抱负。"

陈立夫还清楚地记得，那是一个中秋赏月的时候，身在异国，大家自动坐在一起，不知是谁吟诗一首：床前明月光，疑是地上霜。举头望明月，低头思故乡。触发了大家的伤感，大学合着节拍，眼含热泪，一遍又一遍地吟诵。片刻间，那寒窗苦读的艰辛，壮志未酬的宏图，异国他乡的孤寂，以及种种关于国家和民族的被人欺凌，全都化成了汩汩泪水，流了出来。这感人的一幕，直到陈立夫晚年还经常提起。

第三章

# 果夫“革命”

# 繁华落地见真伪

宋教仁被袁世凯所杀，举国愤怒，孙中山迅速回国，联络全党人士，举旗反袁，再次起义。名曰“二次革命”。二次革命中，孙中山命陈其美为先锋，先是拿下上海。陈其美担任上海讨袁大军的司令。孙中山发令，他立即响应。义旗一举，呼啦啦招来队队人马。这天，他把从东京归来的侄儿陈果夫招来：“如今国难当头，那求学留学的路，你就跟我先放放再说，一切服从大局，先随我举事革命。”

陈果夫听后道：“二叔，有什么适合小侄做的，你只管吩咐！昨夜我也想好了，那学我是不上啦。”

“这就对了！”大司令赞道，“上海举事，你的任务是迅速招募一批军校的学生，组成一支可以拿枪参战的队伍，配合我的行动。”

“是！司令。”陈果夫已进入角色，第一次称叔叔为司令还觉得有些拗口。

接着陈其美又道：“有关经济事项，可找张静江商量，有关军事事项可找蒋介石商量。事情很急，你马上准备吧！”

陈其美下了逐客令，陈果夫匆匆离去，又有人上前听令。

当晚，陈果夫便找了在南京第四陆军学校的好友“大任”。“大任”名叫任洪峰，因为人高马大，在同学中鹤立鸡群，还有点“二杆子不怕死”的精神，故称“大任”。在任家吃了饭，他们便连夜搞了个计划，拉出了一个 200 人的花名册，组建成奋勇军。任洪峰任司令，陈果夫任副司令。然后分头行动。

陈果夫离开任家已是三星正南，月色正浓，人们睡意正浓。上海举事在一周后的清晨打响。

奋勇军奋勇当先，首先发难。

三发绿色信号弹腾空。

上海的龙华制造局顿时成了枪声的世界、炮声的海洋。在枪炮火力的支持下，奋勇军战士一个个奋勇当先，利用夜色，很快包围了制造局，又是一阵激战，奋勇军在陈果夫的果断指挥下，与钮锡生率领的松军相互掩护推进，很快将红旗插在了龙华制造局。

初战告捷。陈果夫掩饰不住内心的高兴。这时，他望望天空，东方微微发亮，接着命令奋勇军协助沪军向高昌庙制造局进攻，攻而不克，伤亡惨重，欲罢不能，遂撤到吴淞口。不料，原来保持中立的海军发生突变，倒向北洋政府，向讨袁军开战。吴淞口外，海军舰队大量集结，舰上猛烈的炮火向吴淞炮台压过来。奋勇军抵挡不住，许多人阵亡。陈果夫见状不好，不得不率部退到闸北待援。

祸不单行。此时的英帝国主义也站到了袁世凯一边。英租界当局与袁军勾结，派兵越界，趁奋勇军立足未稳，子弹还没有得到补充之际，把他们的枪都缴了。上海最终完全为袁军所控制。上海举事失败了。各地的二次革命也先后受挫。

二次革命失败后，大多数革命党人和人民群众士气低落，情绪消沉。许多原来意志坚定的革命党人也改变态度，闭口不谈革命。唯有孙中山、黄兴、陈其美等革命党领袖，不甘屈服，决定重整旗鼓，继续举起讨袁大旗。陈果夫也没有退缩，他积极协助叔叔陈其美在上海开展秘密革命活动。

全国讨袁失败后，到处是一片白色恐怖。袁世凯下令缉拿孙中山、黄兴、陈其美等革命党领袖，通缉令到处皆是，使他们无处躲藏，不得不流亡日本。

白色恐怖笼罩着大上海，大上海在白色恐怖下显得格外阴森。

一时间，警车齐鸣，到处抓人捕人。他们已对陈其美的故乡湖州进行了大规模的搜查，还抓走了陈的乡亲。并且扬言道：如果不交出陈其美，三天抬棺收尸！陈果夫之父陈其业为此事特意跑到上海找到儿子，让他赶快离开上海，到外面避避风声。陈果夫在上海举事中表现突出，此时也受到了当局的跟踪。可是陈果夫没有听从父亲的规劝，坚持留在了上海，真正表现出一位革命党人的视死如归精神。

陈果夫在逆境中生存，真正感觉到世态炎凉，人心莫测。他亲眼看到有的人退缩、有的人消沉、有的人叛变。一天黄昏，他外出执行任务，突然发现被人跟踪了，此人不是别人，正是他在南京陆军四中要好的同学小六子，后投靠了袁世凯。起初陈果夫未曾知道该同学已成为袁世凯的密探，并与他寒暄了几句，离开后发现他始终尾随着自己，鬼鬼祟祟。陈果夫见势不好，刚好一辆电车从身边经过，陈果夫灵机一动，跳上了飞驰的电车，等电车驶出一站后，才跳了下来，巧妙地脱离了危险。后来，陈果夫每每想到这件事就感到后怕不已。

形势突变，繁华落地见真伪。

陈果夫在回忆中记述了他种种不幸的遭遇。他讲："二次革命失败后，我住在亲戚家里，有一天，主人竟向我下逐客令了。我因此立刻搬出他家。这个主人平时向人家说他和陈氏叔侄如此接近，一到我们失败，他又说亲戚关系非常远，平时很少来往的。有一位朋友，平时和我来往很密切，这个时候我去看他，他自己在家里说，已搬走了，我的声音他是听得出的！他的声音我也是听惯的。不过没有见到面而已。还有一位朋友，他在总司令部工作，那时我们和他常接近。失败之后，他就不敢和我见面了。有一天，我在电车上遇见他，他竟不顾，立即向外走，到站即跳下车了。还有一位，是我和黼章叔介绍给二叔在工商部工作的，因此就阔了。那时他到上海来，住在新旅社。我见他进房间，我问茶房此人是否自北京来的，茶房说是的，而且指着水板说就是姓某名某，因此我和黼章叔命茶房将名片送进去，哪知他就不认我们了，他对茶房说，我不认识此二人，这个人后来做了军阀的走狗。十六年以后，又认识我了，并且又想做大官了。这种情形，我脑筋里常常要回忆。人情就是这样的变幻莫测。”①

然而，更让陈果夫寒心的是发生在身边的背叛。他清楚地记得二叔陈其美临去日本前，曾把自己和那位任洪峰同学找来，叮嘱他们一定要处理好“死者之抚恤，伤者之治疗，生者之遣散”的善后事宜，交代说：“奋勇军为革命做出了贡献，从人性观点上我们也要对得起他们。将来革命成功时，总不能让人家指着脊梁说我们过河拆桥吧。”陈果夫记住了二叔的话，认真负责地履行着诺言。可他发现任洪峰同学，整日嘀嘀咕咕，怨言不断。有一次，任洪峰从张静江那里支了7000元，说是带往南京、宜兴等地运动军队所用，结果一去不返，杳无音信。所有的善后工作都落到了陈果夫一人肩上，要多难，就有多难，他完全凭着高度的责任感，才勉强完成了任务。没有钱，就四处筹措；蒋介石拨的款子花光了，就取出二叔给的垫上；再不够用，他把看医生的医药费也投了进去，最后因为疲累和耽误诊治大病了一场。

在那雪压枝头的日子里，陈果夫隔窗遥望着那倚墙盛开的腊梅，他想着二叔临别时的话：“暂时的失败不足介意。先胖不算胖，后胖压倒炕。我们还会打过来的，两年后我们叔侄相见。”他想冬天过去了，春天还会远吗？他盼着春天的日子，春天是他们叔侄相会的日子。

## “肇和之役”中的陈果夫

1915年春天，蜜蜂飞来了，花开了，阳光明媚。

① 陈果夫《杂著·随笔》，详见《陈果夫全集》第10集第39页。

熬过冬天的陈果夫终于迎来了二叔陈其美。

他们相见是在一个深夜。叔侄二人有说不完的话。

陈果夫问，二叔，这次回来不走了吧？二叔回答，不走了，不仅不走，还要打一仗。陈果夫问，打什么仗？二叔回答，要在海上打仗。停靠在黄浦江里的肇和、应瑞两舰舰长，我们已经做通了工作，他们表示愿意响应我们的起义，与袁世凯的北洋政府一刀两断，争取自由。

陈果夫问，让我做什么工作？二叔说，你就做联络工作吧。

起义的准备工作在进行，起义的时间在策划。

可就在这时，陈果夫向二叔报告说，据侦察得知，北洋政府好像听到了什么风声，决定将停靠在黄浦江里的肇和、应瑞两舰调出。

陈其美问要调到哪里去？陈果夫说不知道。

陈其美踱着步，这个消息不啻是个炸雷。他清楚地知道，为了策划这次海军起义，他动了多少脑筋，去年他密遣杨虎去卧底，好不容易说服了两位舰长大人。如今煮熟的鸭子要飞，一切要付之东流，他岂能坐视不管呢？于是他下定决心，决定提前起义。命令陈果夫快去通知前方两舰，只是时间提前两天，一切按预案执行。

且说起义这天，“肇和”舰接到命令，人员全部到位，而“应瑞”号则不然。由于受巡捕干涉，有近一半的士兵不能上舰。事情紧急，怎么办？陈其美当即下令，将滞留在岸上的分散士兵招集起来，租小船送上军舰，又因江面浪大和戒严未能成功。

凌晨三点，“肇和”号在事先不知“应瑞”号不能起航的情况下，按时打响了第一炮，长长的榴弹炮在夜空中画着弧形飞向敌阵。陆上的革命党人，看到信号弹，听到炮声，纷纷响应。他们按计划向海关大楼、电报局、巡捕局等要害机关进攻。枪弹、炮弹在空中交织，织成一幅壮丽的夜景。

## 第三章
## 果夫“革命”

“肇和”号打了半天，得不到“应瑞”号的支持，不敢贸然前进，正在纳闷间，敌军的大炮发言了，炮声更是猛烈异常，一下子压住了义军的火力。

这时，陆上的革命军在敌人的炮火下，伤亡惨重。同时又得不到“肇和”和“应瑞”号的火力支援，只得步步后退。

再说“肇和”舰得不到“应瑞”号的支援，左翼受到敌舰的攻击，一发发炮弹落在“肇和”舰的前方、左右，激起了巨大的浪柱。

海上“肇和”号危机！

陆上革命军危机！

面对危机，一个调整部署的紧急会议在渔阳里 5 号——陈其美寓所召开。

陈其美主持会议。

参加者为蒋介石、邵元冲、杨沧白、吴礼卿、陈果夫等革命党负责人。他们都是独当一面的人物。

“嘭！嘭！嘭！”会议正进行到一半时，楼下传来了敲门声。

坐在外面的陈果夫站了起来，忙赶去下楼开门，刚到门前，还没容开门，门已被踢开，哗啦啦进来了五六个巡捕，吆五喝六的，把枪口对准了陈果夫的脑门。

“你们要干什么？”陈果夫理直气壮。

“我们是来搜查革命党的！”

“我们这里没有革命党！”陈果夫边回答边想，一定要拖住这帮巡捕，不能让他们上楼搜。于是，他故意拖延时间地问：“你们看我像不像革命党？”

“少说废话！”

“长官怎么骂人呀？”

“我不但骂人，我还要打人呢！”

“你打！你敢打！”陈果夫挑逗道。

于是长官一记耳光打在了陈果夫脸上，陈忙大声喊起来：巡捕打人啦——巡捕打人啦——，陈果夫还嫌声音不大，怕楼上听不到，又故意摔板凳打桌椅。时间不觉过去了十多分钟。楼上闻声有异，又见巡捕追着捉人，立即停止开会，纷纷越窗跳入凉台，越房而逃。

此时，陈果夫已经筋疲力尽，被一巡捕揿在桌子上，不能动弹。其他巡捕上楼去搜，不料扑了个空，毫无所得。陈果夫也趁机挣脱了巡捕，逃到院外，溜之大吉。于是，一场灾祸，由于陈果夫的机变而烟消云散。

同志们得到了保护，而渔阳里革命指挥机关却遭到了破坏，使本来就十分困难的局面再次恶化。陈其美决定雇佣船只，登上“肇和”舰，力争从海上杀出一条生路。主意刚刚拿定，有人报告说：“‘肇和’已被炮火击中，人亡舰没。”原来，袁世凯通过淞沪守军，用重金收买了“应瑞”“通济”两舰的头头脑脑，只要炮口对准“肇和”，黄金万两，人人有份。结果，“肇和”腹背受敌，外援无望。逃不及的起义官兵，全部罹难，使初兴的革命热潮再次降到冰点。

陈果夫也曾一度感到心灰意冷。二叔把他唤到跟前，很有信心地道：“革命事业，失败不足怕，我们应该检讨得失，及时再起，必有成功的一天。革命党人不可颓废；意志消沉，则永远不会有成。所以我们今后仍旧要积极进行，革命的成功不过是时间问题罢了。”

听了二叔的话，陈果夫再次振奋起精神，投入反袁的新的工作中去了。

## 陈其美中弹身亡，蒋介石舍命收尸

“肇和”起义失败后，陈其美、蒋介石、陈果夫等人再次逃往日本。在那里总结教训得失。找出失败原因有四点。哪四点？一是说革命军并没有同时占有"应瑞"、"通济"两舰，致"肇和"有孤立之势，而遂遭两舰攻击。二是说担任陆上各方面攻击之敢死队等，武器只有手枪、炸弹，不能与正式军队之枪械相抵抗。三是说总部机关被破坏后，各方联络中断。四是说陆军方面不能确实响应，是因为陆上无根据地凭借。

通过总结教训后，也对这次起义的意义作了正确的估计：起义虽然失败，但是影响深远。不仅影响到全国，也影响到世界。在国内可以打破袁世凯种种欺骗性的宣传，纠正袁世凯兵力能够镇压全国的错误，同时在本党中间，也因此重新鼓舞起各同志的勇气，在各处做种种发难的准备。

经过全面整顿，如果说昔日的逃亡者个个颓唐，则今日组织健全，纪律严明，人心一致，同仇敌忾。无疑又成了一只"下山虎"，令窃国大盗袁世凯大为不安。

再说，身登龙椅、黄袍未加身的袁世凯，自"肇和"举事后，得知中华革命党在东京东山再起之信息，当夜就失眠了，这无疑是他实现皇帝梦的一大障碍。于是连忙召集大臣密谋一番，既然武力鞭长莫及，最好的办法就是金钱收买、分化瓦解。方针既定，派谁去做这件事？他想到了蒋士立，此人与革命党关系甚密，又是自己的亲信，是个"两栖"人物，万无一失。于是召来蒋士立，面授机宜一番，当场送款50万，作为这次的活动经费。蒋士立见钱眼开，也是表现自己的好机会，向主子表白一阵，翌日便登船去了日本。

在驻日公使陆宗舆的配合下，一幕诱人上钩的"把戏"上演了。

不多日子，一则新闻就在革命党内部传开了：袁世凯派员携重金来日，为留日人员办好事：一是资助回国，予以政治地位；二是在国外休养，予以优裕生活费；三是资助留学，为国公派。即日起，凡留日人员均可任意选择登记。

这一招真灵，果然有人上钩报名，愿意回国做官。

革命党内部对此认识不一，莫衷一是。

有阴谋就有反阴谋。孙中山、陈其美及时召开会议，研究防范对策。湖南籍年轻党员吴先梅主张以牙还牙，先斩掉魔爪——蒋士立再说。

“杀掉蒋士立！”大家立即赞成，称绝称妙。

暗杀蒋士立，是在一个大雨滂沱的夜晚。

这天雨大，蒋士立没有外出宣传，只身一人在屋内，起草电函给国内袁大总统，申请邀功请赏之事。恰在此时，急促的电话铃响了。蒋士立操起听筒：“啊，是吴先生，外面大雨倾盆，有什么事啊？”

“上次见面后，我已做了工作。我手上现有一份关于革命党的机密要件，趁雨夜，想给你送去。为防意外，我就不上楼了。你在宅门等候！我10分钟内到达面交。”

“那好。”蒋士立正做升官梦，也没多想，就答应了对方。尔后，草草将信画了句号，便匆匆下楼等候。

果然，10分钟内一个冒雨举伞的不速之客在幽暗的灯光下出现了，渐渐地向宅门走来。

“你好，蒋兄！”

“你好，吴先生。”

“文件我已带来。”

“那好。”

吴先梅佯装从手提包内取文件，结果取出了手枪，黑色的枪口对准了蒋士立：“我是革命党，明年的今日是你的周年！”

蒋士立一时目瞪口呆。

“啪！啪！啪！”吴先梅手疾眼快，对准蒋士立连开三枪，蒋应声倒地。

吴先梅收枪而走。

袁世凯得知此事，大为遗憾："我牙疼！"速叫人送来镇痛药。

魔爪被斩，党心大快。

接着，作为中华革命军总司令的孙中山，为扩大战果，又令陈其美赴上海，成立中华革命军东南军部；令居正赴青岛成立东北军部；令胡汉民赴广州，成立西南军部；令于右任赴陕西，成立西北军部；令夏重民、胡汉贤去加拿大，组织华侨讨袁敢死队，机关设在域多利埠新民国报社，还在加拿大阿尔伯塔省会埃德蒙顿成立军事社，训练队伍。报名参加的有500多人，孙中山得力副官马湘就是在这时参加革命队伍的。后来华侨讨袁敢死队又奉孙中山电召，在团长夏重民的率领下，开往日本横滨。经过五个月的训练，调到山东潍县周村，归中华革命军东北军部指挥，准备进攻济南。至1915年冬末，中华革命党除部分党员在南洋筹饷外，多数党员已潜入国内各省组织中华革命军分部，进行联络策动工作，讨袁战火开始蔓延全国各省。

革命党人在国内一些城市四处出击，举行暴动、暗杀抑或策动兵变等，使袁世凯的地方军政爪牙如坐针毡，惶恐不安。

陈其美在上海积极组织讨袁活动引起袁世凯及其爪牙的刻骨仇恨，他决定以牙还牙，于是，一场暗杀陈其美的阴谋开始了。

其实，从"宋（教仁）案"以来，袁世凯一直不断派人跟踪陈其美，前后共派了六七批人。陈其美的弟弟陈其采，接到北京一个朋友的来信，说袁世凯忌恨陈其美比忌恨孙中山、黄兴还要厉害。嘱托陈其采赶紧转告陈其美，行动务必十分秘密谨慎。恰在这时，陈其美办事极不顺利，经济也越来越困难，各方面的事情又十分繁忙，日夜难得休息，心情既不好，身体也越来越坏，形容枯槁，疲惫不堪。当他看到革命事业面临重重困难，护国运动各派蜂起，而上海的反袁斗争进展缓慢，心里十分焦急，他决心不惜冒一切风险也要搞到发动起义的一笔经费。这就使在上海的刺客们有了可乘之机。

土匪出身的张宗昌，原是陈其美的部下，后倒戈投靠冯国璋的门下。此人了解到陈其美的困境后，忙收买会党分子程子安，暗杀陈其美，事成后有重赏。

暗杀必须知底。程子安一伙得知陈其美眼下经费紧缺，就设计组织了一个鸿丰煤矿公司，来引诱陈其美上钩。程子安设法找到革命党人王介凡，又通过王介凡找到陈其美手下一个亲信李海秋，让李去向陈其美游说：鸿丰煤矿公司有一块矿地，要向日商中日实业公司抵押借一笔款子，日商要求有人担保，鸿丰公司希望陈其美作保，借到款子后，以 4/10（20 万元）帮助陈作革命经费。陈其美虽然觉得这件事有点不太妥当，但当时经费紧缺，正苦于没有办法，既然有此机会，就想冒险试试，便答应可以作保。李海秋就同陈其美约定了日期。很多革命同志也劝说陈不要去，可能有诈。陈其美说，没钱什么事也干不成，不如冒险一下。

5 月 18 日下午，陈其美按时到萨坡赛路 14 号赴约。与此同时，袁世凯收买的凶手们，秘密地张开了罪恶之网，里里外外进行着周密的布置。程子安召集了一帮凶手，王殿章、王润章、王子连、潘甫庭等拿了手枪、石灰包分布在萨坡赛路 14 号周围的马路上，随时准备袭击。李海秋是这里的熟人，负责带路。程子安、王介凡、许国霖及一个日本人分乘马车前去与陈其美见面。杜福生租借了汽车、马车在门外等候，以便行刺后迅速逃跑。李海秋既是这里的常客，又按约定前来，门卫没有戒备。李海秋把许国霖带进来之后，就去请陈其美。陈其美随即下楼在客厅与客人相见，刚刚坐定，准备谈正事的时候，李海秋突然推说合同底稿忘了带来，必须亲自去取，说完就匆匆忙忙离席走了。陈知事情不好，正要退出，两个凶手冲了进来，拔出手枪齐向陈其美头部射击。陈其美连中几枪，倒地身亡。时年38岁。

陈其美遇刺后，孙中山丧失了一个得力的助手。他悲痛异常，但局势非常紧张，又不能亲临祭奠，更增添了孙中山先生的无限伤感。

陈其美是孙中山领导的中国旧民主主义革命时期的资产阶级革命家。他在辛亥革命中建立了卓越的功勋，在捍卫共和制、反对洪宪帝制复辟的英勇斗争中献出了生命。陈其美在世仅仅38个春秋，在那祖国多灾多难、风云变幻的年代，他没有通过追求改良主义而走上革命道路，可谓善始；没有走向革命的反面而成为光荣的烈士，可谓善终。

陈其美殉难后，因慑于袁世凯的淫威，一时间无人敢去认领尸体。唯独结义之弟蒋介石狂奔现场，抚尸痛哭，随即又冒险将义兄的遗体送往蒲石路（今长乐路）家中入殓，并亲自撰写悼文：“悲乎哀哉，而今而后，教我勖我，抚我爱我，同安同危，同甘共苦。而同心同德者，殆无其人矣。”

为陈送葬时，蒋介石哭得很痛。有人曾出一言：“英士与介石不枉兄弟一场。”

1916年11月20日，孙中山为陈其美国葬《致各总长各议员函》中充分肯定了陈其美：“平生事功，艰苦卓绝，百折不挠，卒以身殉，死义甚烈。”

陈其美的去世，使孙中山失去了一只臂膀，使蒋介石失去了恩师，使陈果夫、陈立夫失去了父辈。“孙陈情结”、“蒋陈情结”自然不自然地也会传染给下一代，让陈果夫、陈立夫兄弟两人从中受益不小，得到许多精神上的补充和慰藉。因此，蒋介石与陈果夫、陈立夫的关系也非常起来，用两兄弟的口吻表述：公开场合里，他们称蒋介石为“蒋先生”；私下的场合里，则叫他“蒋三叔”。

# 想当作家的陈果夫一夜暴富

陈其美死后葬在湖州城南的岘山。岘山风景秀丽，气候宜人。

山上有一碧浪湖，清澈见底，游鱼如织，历历可数。传说是七仙女洗澡的地方。在碧浪湖边，埋葬了二叔，也埋葬了陈果夫革命的前程。于是陈果夫也追随二叔回到了家乡湖州碧浪湖边。为纪念二叔，也为抒发自己的志向，陈果夫创办了一份儿童乐园的文艺刊物，取名《碧浪》。

应该说，二叔死后这个时期，陈果夫最为闲适。

20 多岁，应该是多梦的季节。作家之梦在他心中骚动。陈果夫拿起了笔，凭着文学的触角和幻想，他奋笔写起了童话和小说。因此，《碧浪》也成了他许多文章的发表阵地。他也常常向别人约稿，往往稿子来了他不满意，还不如自己的水平高，还不如自己动手来得快。在这个时期，他文思泉涌，写了不少的好小说，后来收录于王夫凡主编的《果夫小说集》里。从这本集子里，不难看出陈果夫的文学天才。有人说如果陈果夫不从政，应该说是一位成绩斐然的小说家。在国民党的将领中，由作家到政治家，陈果夫当数第一人。

光阴似箭，转眼到 1918 年的春天，杨柳吐絮，玉兰飘香。

陈果夫收到了上海方面的来信。信是岳父大人朱五楼来的，岳父大人在上海的金融界工作，有点名气。他看到女婿闲适在家，时间长了，会生长出不好的心情来。因此他再三写信，催陈果夫到上海在金融界找碗饭吃，抑或继承自己的衣钵。

陈果夫看了这封信笑了。他心想，岳父大人第一封来信是去年初，说工作已找好，催他快去。事隔半年，又来了一信，说考虑不好不要去。又过了半年，正是手中这封信，必须是三天内报到，不然他就不认这个女婿。这次陈果夫不敢怠慢了，他知道岳父已经动怒了。他与爱妻草草收拾一下就上船了。

上船那天，天空飘着小雨点，打在脸上，湿润润的。小雨下了两天，他们到上海时，小雨还是在不停地下。心急如火的岳父大人迎接了他们。

岳父问陈果夫，你是喜欢在上面工作还是在下面？陈果夫没有及时回答。岳父又道，在上面银行门面大，待遇好，锻炼也大，名利双收。要在下面钱庄，薪水低不说，工作也辛苦。好了，话我都说到家了，你自己做主吧。然而陈果夫却不是这样看的，他认为上面银行的制度和运作方式，“自己可以看书研究”，而自己缺少的是实践。他明确表示要到下面钱庄工作。他把学问放在第一，赚钱放在其次。朱五楼一听就惊呆了，当然他读不懂陈果夫的心，但已说了让女婿自己选，也就不好再添其他口舌。

就这样陈果夫便进入下面的晋安钱庄任助理信房。所谓助理信房，主要是帮助信房处理各种与钱庄有业务关系的信件。陈果夫做事不声张，天生就有一股勤奋钻研的恒心，再加上他能揣摩主子的心思，很受主子推崇，主子也爱用心教他。凭着这种精神，他很快掌握了本职业务，而且还干得得心应手。三个月后，信房先生生病死了，一时找不到合适的人选，暂让陈果夫代理。干了一阵，经理们见他完全胜任，便打消了另聘高人的念头。原来的信房先生，是经理同乡，月薪 32 元。陈果夫半路出家，月薪只有 8 元。现在他一身兼两职，薪水却分文未加。后来，做得实在吃不消了，请求增加人手，经理表面答应，拖着不办，累得陈果夫病倒了。朱五楼看不过去，出面找经理说话，总算加了 4 元薪水。

钱庄里的人员比不上银行，大多是学徒出身，文化水平不高，沾染的恶习不少，吃喝嫖赌样样在行。陈果夫严于律己，不管同事们如何引诱，他一概不予答应。但他也不愿得罪这些小人，只得经常接受他们的差遣，干些分外之事。好在他有学习的渴望，趁此机会多了解钱庄内部的运作方式，再看一些有关银行或经济学方面的书籍，眼光也宽了。一天，他突然发现一条挣钱的路。他异常激动，连夜找到蒋三叔（蒋介石），不吐不快："三叔，我发现一条投机挣大钱的路。"

蒋介石问："什么事让你这么高兴？"

"做洋钿生意可赚钱？"

"你是听说的还是……"

陈果夫回答："我是潜心研究的，同时又有人有了可靠的实践。我们要做，是第二个实践者。"

"你说吧，你找我是什么意思？"

陈果夫道："我想找三叔借钱？"

蒋介石说："你只知道挣钱，那赔了钱呢？"

"借钱还钱，赔钱也要还钱。这天经地义。"

"那你借多少？"

陈果夫把巴掌翻了一翻，说："三叔，就借 1000 块吧。"

"好，1000 块就 1000 块。"

且说陈果夫拿到款子，连同自己已有的积蓄，看准了全部投了进去，不出一天，洋钿直线上涨，到了第三周，陈果夫见势已到，果断出手，钱来了，除还去蒋三叔等人本钱后，他还多挣了 600 多两银子。

这对于靠薪水生存的陈果夫来说，真谓一夜暴富。有了钱，就等于成了富人。陈果夫也当了一次富人。他体会更多的是：穷在闹市无人问，富在深山有远亲。当然，陈果夫也救济了不少朋友和穷人。九牛拔一毛，他仍然是富人。

## 证券交易初试身手

一天清晨，陈果夫正在信房里写信，蒋介石走了过来，陈果夫停下笔来：三叔是贵客上门，找我有事？蒋介石回答，你说对了，找你是有事。请你跟我出去一趟，我们单独谈。陈果夫问，什么事这么神秘？蒋介石说，一会儿你就知道了。

他们找到了一家僻静的茶馆坐下来，首先蒋介石向陈果夫通报了孙中山的“革命党人要经商”的最新指示。原来，孙中山分析了革命屡起屡败的原因，一个重要的原因就是没有强大的经济基础做后盾。为此，作为革命领袖的孙中山奔波于国内外，其主要精力是筹备资金。历次起义的教训告诉他，革命精神与金钱比较，他更是缺少金钱。时值上海刚刚兴起交易所行当，孙中山认为交易所买空卖空，本钱不大，获利多多，今后革命经费应由华侨们捐款转移到自己兴办实体企业。比如像交易所等行当。在孙中山的指示下，江浙大财阀虞洽卿已经示范创办了上海证券物品交易所。戴季陶、张静江，包括蒋介石也都入了股。虞洽卿为董事长，常务理事 6 人，理事 17 人，监察人为周骏，此人是蒋介石的老师。

陈果夫听后扑哧笑了，道：“什么孙总理的指示啊，蒋叔，看来你是奔我的钱袋来了。”

蒋介石也笑了：“你说对了，你袋里没钱我还不来哩！”

陈果夫想了想，说：“我只问一句话，三叔，这生意你做不做？”他知道三叔的精明，更相信三叔的判断力。他相信三叔更胜于相信自己。

“能挣钱的事，我怎么不做呢？”蒋介石回答：“上海证券物品交易所那里已有了我的股份。”

陈果夫听后又笑了，笑得那样灿烂："为革命，你做我也跟！"

就这样，在晋安钱庄做事的陈果夫，本与上海证券交易所无大干系，但在蒋介石的游说下，也卷进了交易所的事务中来。

陈果夫事后有这么一段回忆：

"在民国九年的秋天，总理命令本党同志在上海筹设证券物品交易所。蒋先生把这件事告知了我，并且要我研究这问题，我因此特地到日本人办的上海取引所参观了两次。不久，蒋先生就要我和朱守梅（孔扬）兄及周枕琴（骏彦）先生、赵林士先生等商量，组织第 54 号经纪人号，名茂新，做棉花、证券两种生意。因为我比较内行，推我做经理，守梅兄做协理。我就写信到秦皇岛去，邀希曾弟回上海，做代理人。我们这一个号子布置妥当，恰巧交易所筹备就绪，于是一面开幕，一面开张，我的商业经验又转入了一个新的阶段。"

且说"茂新"开市的第一天，很不顺利。第一天就亏本 1700 多元。这下可把陈果夫急坏了。因为茂新号只有朱守梅的 2000 元股本和陈果夫从晋安钱庄借用的 1000 两银子，现在一下子就赔了 1000 多元，那以后生意还怎么做呢？

经过总结经验，主要是用错了代理人。于是陈果夫重新安排人事，决定以后小心行事，稳扎稳打，一步一步地来。这样，"茂新"号才从小到大，由弱到强，慢慢地站稳了脚跟。

"茂新"前景看好，陈果夫便辞去了晋安钱庄的职务，把精力全部投入交易所生意上，亲自拟定了"茂新"号的四条店规：一不作弊；二不随便拉客人；三不劝客人做多；四是洁身自好。要求职员认真执行。

陈果夫为了调动职员的积极性，决定重新调整职员的生活费。同时向股东会提出，将红利的分派额部分酌情予以增加。如此一来，职员便比较能定下心来工作，而不再为自己斤斤计较了。"茂新"在陈果夫的经营下，日渐兴隆。陈果夫见有钱可挣，又和蒋介石集合朋友，发展一家“鼎新”号子，自己兼任协助，排在第四号，专门经营棉纱、金银生意。这一来，一门之内，可做花纱、金银、证券等大生意，营业更加畅旺了。这一期间，陈果夫经纪号子大约每年做了几万万元的交易，佣金收入总在20万元以上。陈果夫的生意最兴隆的时候，股市价已由最初的30元涨到150元，到年底达到220元，翻了7倍还多。

交易所是个投机行当，买空卖空，充满了冒险与残酷。而陈果夫在这个投机行当里居然如鱼得水，生意越做越大，真可谓投机有门。经营证券交易所的成功，不仅使陈果夫个人能支持在上海高昂的生活费用，也不仅能支持在天津北洋大学读书的陈立夫，而且也多次资助了孙中山的护法革命运动。由此，他与未来民国的“新贵”蒋介石，也结成了知己。

随着交易兴隆，蒋介石也打了个经济翻身仗，他也获利多多，先后娶妻（姚怡诚）纳妾（陈洁如），又在上海、奉化购置两处寓所。为光宗耀祖，他还扩充了祖宅，兴建了门牌，倡办了家乡小学。

于是这两个上海滩上的暴发户，在共同利益的驱使下，虽是叔侄关系，又有了兄弟一层的关系。蒋介石在陈果夫身上看到了陈其美的影子。

蒋介石的母亲去世，孙中山写来了祭文。蒋母下葬时，陈果夫亲去溪口的雪窦山，代表孙中山，宣读了祭文，令蒋介石感激涕零。

另外，蒋介石的爱子蒋经国在上海求学时，完全托付给陈果夫，包括零花钱都可以向哥哥取要，不必客气。

股市有风险。

正在生意兴隆，高兴点钱的时候，1922年初春刚过，交易所风云突变，股市行情一个劲儿地下跌，又从220元跌到100元；从100元跌到30元。30元是本钱，且说还在跌落，又从30元跌落到20

元。最后没办法，陈果夫只得抛出，一下子他成了个欠债的穷光蛋！也就是说，陈果夫在这场投机生意中最终还是赔了 60 万元左右。

陈果夫每每想到这乍枯乍荣、暴贫暴富的日子，他不禁扼腕而叹："那真好比一场春梦啊！"然则，作为陈果夫人生道路的一部分，对他的将来发展，意义不俗。

第四章

# 崭露头角

# 蒋介石向陈果夫发来了电报……

1924 年暮春的一天。

美丽富饶的珠江长洲鸟岛上，黄埔军校就坐落在山坡上。

山坡上，身着黄灰色军装的学员们在进行操炮演习。

操场上，学员们在操练拼刺，精神抖擞，响亮的口令声一阵阵传来……

山下军校的军械库，整箱整箱的枪械堆积如山。

孙中山、胡汉民、汪精卫在蒋介石、廖仲恺、鲍罗廷的陪同下巡视。

孙中山问："扣押下来的商团枪械都在这里吗？"

廖仲恺点点头道："有 9000 多支长短枪，30 多万发子弹。"

蒋介石补充说："还有机关枪，是最新式的德国出品。"他打开一个木箱，从尚未拆开油纸的轻机关枪中取出一挺，展示给孙中山等人……

孙中山沉默。

胡汉民说："陈廉伯要求无条件地把这些枪械发还给商团，否则就要实行总罢市！"

汪精卫插言："英国领事也正式出面干涉。声言如果商团受到攻击，英国海军将立即采取行动，后果将是十分严重的。"

孙中山满腔愤懑地说："我国革命，历来遭到帝国主义列强的反对和扼杀。很明显，这次干涉，就是针对改组国民党而来的！仲恺、介石，军校要做好应变的准备。"

蒋介石道："商团胆敢捣乱，我们坚决镇压！"

胡汉民不无惊诧："军校学员的战斗力如何？都是进校才两三个

月的娃娃兵!”

廖仲恺笑笑:“展堂，别忘了执信生前曾经说过，‘有主义的兵’是可以以一当十的!”

鲍罗廷不断颔首，表示赞许。

他们扭过头去，从学员们演习操炮的山坡那边传来了隆隆的爆炸声……

接着他们来到军官餐厅。

一排排长餐桌前坐满了军官。其中有几名苏俄教官。

孙中山一行走入，全场肃然起立。

这就是当时的黄埔军校写真。

孙中山视察完军校后，向陪同他的蒋介石校长微微一笑道:“白手起家办军校，同志们劳苦功高!”

说起军校建立，那是孙中山在第二次革命开始时就想到了，所以他一到广州，在中国国民党第一次代表大会召开期间，就提出“仿照苏联模式，建立黄埔军校”，遂开始筹建。因为蒋介石毕业日本军校，是孙中山的第一个筹备人选。

蒋介石接受这个任务时，忙得团团转，他心想，打仗还是父子兵。他急需帮手，能独当一面的帮手，而且还不是一人，他脑海中浮现出许许多多的人影，而排在第一位的就是那个叫自己“三叔”的陈果夫。这个年轻人是南京陆军四中毕业，令他刮目相看。于是他连夜写了封信，信发出后，他又觉得慢，于是他发了封电报，催促陈果夫来羊城报到。

陈果夫当时就在上海为父亲陈其业跑医院看病。接到这封电报，他十分犹豫，主要是父亲的病情还没有得到有效控制。一是他离不开，二是去南方他没有一点思想准备。同时，他也不清楚南方那里发生了什么事情，电报文字简洁，没有说明。就在接到电报的第二天，他又接到了蒋介石的亲笔信，信上写得清楚，三叔办军校，需要他帮忙。

接着陈果夫给蒋介石回了封长信，主要声明了他愿意帮助三叔完成宏志，感谢三叔的信任，同时也表明了父病在身，稍候几日，即可启程。

## 出手不凡

不日后，陈果夫出现在羊城街头的时候，羊城的空中下着淅淅沥沥的小雨。蒋介石热情接待了这位来自上海、不是亲侄胜于亲侄的陈果夫。交给了他三项在蒋介石看来均是十分棘手难办的事情。陈果夫出手不凡，三件事样样出色。这为陈果夫日后官运走红打下了基础。

且说第一件事是为军校采购物资。主要是军服 500 套，还有一些办公用品。当时广州市的风气不好，物价上涨，再加上军校开办经费紧张，所以蒋介石决定由陈果夫在上海采购军服。这样可以节省 1/3 的经费。

陈果夫立即回到上海，凭他在上海的多年闯荡，货比三家，很快找到了一家质量好价格优惠的服装厂。正式订了 500 套呢制服、呢大衣、皮鞋、帽子、皮件及衬衣。半个月交货，正式报关，交由转运公司起运。

谁知接揽生意的服装厂老板为了巴结客户，在每件服装的内口袋上方缝一条白布。恰恰是老板的这一“画蛇添足”，给报关检验带来了麻烦。海关认定是军服，不能起运，全部扣留。任凭陈果夫如何解释，海关的长官还是不通融。第二天，陈果夫请到上海证券交易所的老板虞洽卿先生从中帮助，看在虞先生的面子上，经过十多天的交涉，陈果夫急得满嘴是泡，总算是把扣留的 500 套军服等收回。不过束腰皮带、枪带、刀鞘三样东西，海关认为是军用品，必须充公。陈果夫不干，虞先生对他说："不要争了，这点东西作为酬谢关员吧，不要追究下去了。"所以陈果夫也不再吵吵了，自认晦气罢了。

可是军服等收了回来，仍然不准出关，这使陈果夫感觉困难，再次发起急来。眼看再要推迟，就要真正耽误军校的到货时间，陈果夫心急如火。他几番向海关监督公署商讨，都以无功而返。最后他问了一位同学的朋友，告诉他说："有一路可通，不过要你自己去想办法，官家是绝对不能通融的。"

陈果夫听了此话，心想这一定是黑社会的公司。于是四处打探，果然有这么一家公司，专门从事偷税和包运货物，并且运费较正式报关起运还便宜。在黄埔江边，一个高门台的地方，陈果夫找到了这家公司总裁。总裁戴着墨镜，说话不着调门，给陈果夫印象是不像个好人。陈果夫不敢贸然把全部货交他托运。他留个心眼，只作少量托运，试探真假。结果少量托运的货物不几日就到了广州。于是他工作便大胆起来，遂将这批货物送到指定地点，而且计算起来，比正式办法发送还便宜数百元钱。

后来，黄埔军校所用的军装皮件、办公用品以及教导团第一、二团全部的棉衣、军毯等等，均在上海制办，都是交那家公司负责装运。有了这次经验，陈果夫才明白北京政府时代海关上的弊端重重，与那个公司，实在是声气相连的，不但关员与公司相通，就是码头工人、轮船买办、水手，也是一个鼻孔出气的。有一次，他们的货物正在上船的时候，被一位新任的外籍关员看见，抓住了人。但因为外籍关员人少，毕竟被环境所同化了。还有一次，在码头上被巡捕发觉查出，正要把人货扣留的时候，忽然两个流氓在旁边打起架来，这巡捕就前去劝解，等到事毕，再找那个夫役，早已偷运过去了。所以他们虽在北京政府托王亮畴设法弄了几张护照来，仍未利用。

通过采买一事，陈果夫得到了千锤百炼，认识了社会，完成了任务，得到了蒋校长的称赞。

陈果夫在采买的过程中，广州蒋校长又发出了第二项指令，黄埔军校决定成立教导队，开始招兵。陈果夫奉总理委任为招兵委员之一，并主持招生其事。陈果夫说："到民国十三年底，校长转来一张总理委任状，要我与赵澄志、刘祖汉三人为招兵委员，并由校长指定要我主持其事。那是为黄埔一、二两个团教导队征募的。校长要我们在江、浙、皖三省招募新兵。我对此全系外行，所以校长陆续派了陆福廷、戴任、王震南、王伯群、胡公冕、陈乐亭、周少游诸先生来帮助。新兵的来源，最重要的地方为温州、金华和徐州三处。当时总理曾打电报给卢永祥，请他从旁帮助。卢表面虽是答应，暗中却破坏。这时齐燮元和卢永祥两人发生冲突，卢永祥也正在招募新兵。我们有一批从金华招来的新兵，有 100 多名，经过杭州，被卢永祥发觉扣留，意欲留自己用，虽经我方交涉放行，结果到了上海北站，仍被他们用电报逼回来，回到杭州，就下令解散。这批新兵，来自金华，身上又没有钱，进退不得，后被他骗入营去。还有自徐州招来的兵，也被齐燮元、张宗昌先后截留。更有由内地送来的时候，半途被其他招兵机关高价收买，或被诱骗过去的也不少。到了上海以后，除了每人发给一张船票和几角零用钱外，另外又分发了些席子、罐头、酱菜，规定几个人合用，才派押运上船送往广州。因张毅、张贞、洪兆麟、范石生等部队，也在各方面招兵，因此，经过厦门、汕头、香港，一路上又有被他们诱骗过去的。这种损失，也很可观。当时我们认为徐州来的新兵最好，因为有不少还拖着辫子，最原始的乡下人，和上海附近所招的不同。处州、金华招来的兵，也还不错。温州的兵好闹事，不安分，住在旅馆里，上下码头时，闹了不知多少次。校长接连来电，命令我们不要招收内地的土匪，而有些招兵的人，平时爱护家乡的，往往要招些土匪出来，还有些小包头儿，就近招些流氓棍徒充数。在这次招兵中，便可以看出各式各样的人心。招来的兵，有些是来骗钱的，有些是被人用法子骗来的。招兵的人，有被人骗了的，也有因公牺牲的。论成绩则以陈乐亭招来的金华兵、卢仲英招来的金华、杭州、上海（在上海失业的浙江人）各地的兵为最多。王震南招来的台州及嵊县兵，赵澄志招来的处州兵，数目虽小，大半勇敢稳健。陆福廷的苏北、皖北的兵，亦多可取。戴任与胡公冕的温州兵则好坏不等。王伯群因所托非人，未招一人，反而赔了一笔钱。有一个叫孙良的，从前曾在方振武部队里当过几年排长，在校长面前，自告奋勇，情愿到上海来做招募的事情。留在上海两个月，未见募到一人，催了他几次，自觉无颜，只好自己领了一张士兵乘船的票偷偷地回到广州，后来当了连长。校长东征的时候，派他在前线作战，因未奉命令，擅自退却，遂被枪毙，他是实行连坐法中第一个被正法者。还有一件事……就是我们有一批在杭州以西金、衢、严等处招兵的人，在孙传芳进占杭州之后，被捉了去，孙传芳为给人下马威起见，就把其中张亮、张式球、腾志云、张得胜四人枪毙，这是因公牺牲的人，值得我们纪念的。周少游、戴任二位先生早已去世，他们当时的努力也是应该纪念的。自民国十四年春到民国十五年 4 月底，我移交给杨啸天办理时为止，总计所招的新兵，约四千多人。自招来之地起运至广州为止，连各种费用及损失在内，平均每人计费 21 元数角。这算是黄埔部队里的基本兵，与黄埔学生官长合起来说，也就是统一中国的基本的队伍。”

后来，蒋校长又两次催要战马，陈果夫也成了名副其实的“马贩子”，不畏千辛万苦，先寻找伯乐，然后由伯乐相马，共贩了两批，共计 86 匹好马由上海运到了广州前线。

蒋校长交代要办的第三件大事就是在江浙一带罗致人才。

且说广东革命政府初创，奇缺军官、军医、无线电通信和其他技术人才。蒋介石电命陈果夫代为罗致。并和陈果夫开玩笑地说："今后你就是军校驻上海办事处的长官，我有什么事你就给我办什么事!"说是简单办起来难。这事不像采买军品，不像招兵买马那么简单，着实让陈果夫大伤脑筋，他在回忆录中亲笔写道：

"关于无线电人才，当时北京政府之下，颇有些与我相识的，不过很不容易找。有个姓朱的，我跑去找他六次，还是因为嫌路太远不肯去"，以致忙活了半天，一个也没有找到。"军医经多方设法，才找到了四个"。另外，还"找到一个自言在沈阳兵工厂会制造迫击炮的人，送他去了广州，居然帮我们在三个月内造出了一百尊迫击炮"。后来，"又找到一个制造飞机的"，结果中途被别的工厂挖走。在蒋介石的授意下，陈果夫试着给在美国攻读矿业硕士的弟弟陈立夫也去了信，说国家正是用人之秋，要求弟弟学成归国。"至于军官，经各方介绍成功的，共有二十余人"。数量不算多，但对新生的革命政权来说，称得上雪中送炭，正逢其时。

由于陈果夫工作努力，任务完成得相当出色，他受到了广东国民政府的赞赏。1926 年 1 月，国民党二大召开，陈果夫作为国民党新生代的翘楚，被选为第二届中央监察委员，开始进入政治中枢，时年 34 岁。3 月，他奉召南下抵革命策源地广州任职。上海方面的招兵工作，移交给杨天啸接任。

## 陈立夫的从政选择

1925 年 3 月 12 日，孙中山在北京协和医院病逝。广东革命政府处在群龙无首的状态。汪精卫与蒋介石貌合神离；汪精卫与胡汉民反目成仇，派仗已打到了国民党的最高层。汪、蒋、胡身为国府主席、军队首脑、党内元老，为什么不能、也不愿在主义的旗帜下，在党的既定纲领下，求同存异，一致对外呢？问题就出在主义和纲领上，他们对后孙中山时代国民党的政治方向、国民革命的目标，以及联俄、联共、扶助农工的三大政策，在理解和实施方面出现了偏差。

这一天的清晨，三辆黑色轿车从广州市百子路蒋介石的东山寓所驶出，风驰电掣般地驶进快车道，下了快车道，径向海关码头驶去。

这前车开道，后车保镖，中间车坐着主人蒋介石和他新任的机要秘书陈立夫。

说起新贵陈立夫，他是刚报到上班不足一个月。早在兄长陈果夫在上海为蒋校长罗致人才的时候，陈立夫还在美国大学求学，与兄长不同的是，他走的是科学救国的道。后来在兄长的催促下，陈立夫回了国，令蒋介石和陈果夫失望的是，他没有听劝，而去了一家中兴煤矿公司做了一名矿业工程师。

他血气方刚，口吐“狂言”，大有干出一番事业的雄心壮志。于是立即走马上任，全身心地投入到他所喜爱的专业工作中去。然而他错了，很快他发现公司的环境和研究条件与匹兹堡大学简直是天地之别，英雄无用武之地。这时，先前达到沸点的他一下子降到了冰点，他彻底失望了。作为长兄，陈果夫看了出来，及时进行点拨。这时，陈果夫又与蒋介石通了信，要求蒋三叔出面做工作十有九成。当时蒋介石求贤若渴，非常高兴，他也正要培植自己的势力。陈立夫是自己盟兄之侄，又是高才生。于是蒋介石直接给陈立夫去电，希望他速来广州供职。

陈立夫接电后，对蒋三叔欣赏自己是个人才，颇感高兴。但是他对自己从中学到大学所学的矿冶专业还是有所顾忌的。考虑再三，陈立夫以措辞婉转的口气，回电谢绝了蒋三叔。

蒋介石看了回电，哈哈笑了：“别人找工作，都是人求我，这次却是我求人。”于是他再次发了封急电：

“现在是需要你革命的时候，还开什么矿？要开矿，可开采革命之矿！”

这次陈立夫不敢轻易回绝了。对于蒋介石对自己如此信任，很是感动，再加上在中兴煤矿的工作也不尽如人意，而哥哥陈果夫从中敲边鼓，陈立夫动摇了。年底，陈立夫拿着陈果夫写给蒋介石的信，离开上海去广州投靠蒋介石。

此时蒋介石已身居要职。他是广东国民政府军事委员会的8名委员之一，同时又被任命为国民革命军第一军军长、黄埔陆军军官学校校长、广州市卫戍司令、长洲要塞司令长官。大权在握，蒋介石日益加紧了对国民革命政府领导权的篡夺。他悉心培植自己的私人势力，把一切忠于他的奴才走卒都网罗在其周围，逐渐形成以他为中心的右派力量。陈立夫的到来，令蒋介石喜出望外，他手下需要陈立夫这样出洋镀过金的青年。

在随便问了陈立夫一些国外留学的情况后，蒋介石问起了他到广州来有何打算。陈立夫说：“我没有学过军事，不能投身行伍，只希望做点文职工作。”

蒋介石满口答应了他的请求，当即安排他为黄埔军校校长办公室机要秘书。跟随在蒋介石的身边，参与机密事宜。

陈立夫刚来一个月，蒋介石已看出了喝过洋墨水的人就是不一样，他悟性高，环境适应得快，情况来得及时，提出的建议也与众不同。此时，坐在轿车后方的陈立夫，想对蒋介石劝说点什么，一看到坐在前排的蒋介石双目紧闭，在思索着什么，欲言又止。

陈立夫望望窗外，过了珠宝金店，就要到码头了，如果再不劝说主子就没有时间了。陈立夫便打破沉默，试探性地问蒋介石：“看来非要去上海不成吗？”

蒋介石是一脸的深沉，听到陈立夫的问话，反问道：“啊，你有什么高见?”

陈立夫不紧不慢地打开了话匣子，娓娓道来:

“校长，我认为离开广州去上海不妥。为什么要避开呢?国民政府的8个军中，第一军有三个师，实力最强，掌握在校长手中。其他各军虽对校长有些怨言，但谅他们也不敢轻举妄动。更何况校长兼任广州卫戍司令，守卫广州的部队还掌握在手中，为什么要放弃呢?”

“汪（精卫）主席虽然也想整整校长，但他有点书生气，胆子不够大。汪主席不是想用王懋功师长来推倒校长吗?可前些日子，校长以‘图谋不轨’的罪名，撤掉其师长职务，并将他押送上海，汪主席不也是无话可说吗?还有，苏联顾问也不可怕，那个季山嘉总顾问不是不同意校长的北伐策略吗?可校长向汪精卫提出免去季山嘉总顾问的职务，季山嘉不也是表示愿意辞职吗?”

“共产党人虽然唱高调，颇能煽动民心。但他们那个总书记陈独秀却很好对付。只要控制他，共产党就好应付了。”

“校长，你不要太心慈手软了。我们有兵为什么不干呢?为什么要成他人俎上之鱼肉呢?”

陈立夫的一番话，句句都点在了蒋介石的心坎上。是啊，蒋介石又何尝想离开广州呢?但是不离开广州，又该怎样动手呢?蒋介石又陷入了沉思之中。

陈立夫见蒋介石并无什么话要说，心中很有点不安，看来蒋介石并没有听从自己的劝阻。难道他真的下定了决心要离开广州吗?陈立夫也在思考着。

“嘎——”的一声，车停在了码头上。蒋介石的侍卫官从外面打开了车门，请蒋介石下车。谁知蒋介石仍坐着不动，侍卫官还不知怎么回事，一路沉默的蒋介石忽然开了腔，命令司机调头往回开。开出了一站地，蒋介石长叹一声，又嘱咐司机返回码头。陈立夫一听急了，顾不得自己的身份，放大嗓门儿说道："我们走了，总理交给校长的任务将由谁来承担呢？"

蒋介石听罢想了又想，终于下定决心，对司机说："开回东山公馆！"

到了公馆，蒋介石独个儿上楼，将自己关在屋里，过了好长一段时间，才听里面传出重物砸地板上的声音，紧接着蒋介石一声大喝："干了！"这时，守候在楼下的陈立夫一阵轻松，心里说不出痛快，倏地想起京剧《甘露寺》里的一段唱词："劝千岁杀字休出口"，他想，我这次可是"劝千岁杀字要出口了"。许多年以后，每每回顾起这段往事，陈立夫总觉得自己在关键时刻，帮助蒋介石完成了一次历史性的选择，他说："如今回想起来，蒋公当时考虑走与不走，可说各居一半，当其踌躇犹豫间，经我一问，乃使其不走之决心，顿形加强。"这件事，乍看虽小，但影响却极深远，由此"种下了杀机"，否则，"民国十五年以后我国历史岂不将要重写？"①

蒋介石要动手了。

接着蒋介石找到其心腹王柏龄，或策划在暗室，或多次纠集党徒召开秘密会议，陈立夫作为机要秘书也参加了会议。

为了替自己的反革命行动找借口，蒋介石指示手下四处造谣：

"共产党要暴动，推翻国民政府，组织工农政府。"

"汪精卫、王懋功都加入了共产党，共产党准备倒蒋，正在黄埔军校查账，说蒋介石贪污。"

"有人要把蒋介石、陈立夫等劫往海参崴，为他们二人前往苏联的护照都准备好了。"

"国民政府准备宣布共产，所有私人财产都要没收。"

---

① 陈立夫著，《北伐前余曾协助蒋公作了一次历史性的重要决定》，《传记文学》第 41 卷第 3 期，第 32 页。

诸如此类的谣言使得广州市民人心惶惶。

一切准备完毕之后，蒋介石决定从“中山舰”动手。

为什么要从“中山舰”动手？这有一段缘由。原来“中山舰”舰长李之龙是共产党员。他在任海军局政治部主任期间，曾查处过蒋介石的盟兄弟、虎门要塞司令陈肇英走私的活动，颇伤蒋介石的面子。更何况，李之龙后又被提拔为海军局代理局长，不论从哪一方面来看，打击李之龙都有利于蒋介石的野心膨胀。

3 月 18 日，蒋介石指使其亲信、黄埔军校驻省办事处主任欧阳格传达他的命令：

“着即通知海军局速派得力兵舰两艘，开赴黄埔，听候差遣。”

李之龙接到命令后，遂用笔写了两张命令，分别交宝璧舰舰长、中山舰代理舰长，命令立即将舰只开赴黄埔，听候蒋校长调遣。

19 日上午，宝璧舰、中山舰先后抵达黄埔。当中山舰开到黄埔之时，蒋介石即大耍无赖，矢口否认，声称：“并无调遣该舰之命令”，中山舰“无故移动”是“不法行动”，“显然是共党阴谋暴动”。

这天晚上，蒋介石又召开紧急会议，商量办法。陈立夫参加了这个秘密会议，极力鼓动蒋介石不要错失良机，应立即采取行动，对共产党实行突然袭击。有人怕舆论谴责，陈立夫立即驳斥，认为不必顾忌。在陈立夫的鼓动下，蒋介石再次痛下决心，“今日若无决心，岂能挽救本党？”

20 日凌晨，蒋介石派人抓走仍在睡梦之中的李之龙。随后又调动大批军队和警察，断绝广州市内交通，实行戒严，扣留中山舰及其他海军舰只，包围苏联顾问的办事处及住所，监视苏联顾问。拘捕黄埔军校及第一军第二师中的共产党员 40 多人。同时蒋介石还密令何应钦将驻防潮汕的第一军中的共产党员全部逮捕，并取消第一军的党代表制度，汪精卫的住宅也被蒋介石派兵“保护”起来。

由于共产国际的指示错误，由于陈独秀的右倾思想，“中山舰事件”之后，蒋介石很快达到了自己的目的：国民党中央政治会议做出查办李之龙、季山嘉等苏联顾问回国、共产党员撤出第一军的决议。汪精卫也声称病了，赴外地求医。

“三二〇”中山舰事件，陈立夫自始至终都参与了此事，并在其中担任了极不光彩的角色。如果不是陈立夫劝说蒋介石不要离开广州，断不会有之后的中山舰事件。周恩来后来指出：“张静江、陈立夫都于 1926 年 1 月 2 日回到广州市，同蒋介石进行勾结，挑拨国共关系。这就是 3 月 20 日中山舰事变的原因，也是 3 月 20 日事变以前的政治形势。”

在这件事上陈立夫所表现出来的对蒋介石的忠心，对共产党极端仇视的心理和顽固的反共态度以及在复杂事变中的机警沉着和诡计多端，都深深获得了蒋介石的赞赏。为此蒋介石在日记中写道：“今日方知孤臣孽子操心之危，处境之苦，若非亲历其境者绝非想象所能及其万一也。”北伐开始后，陈立夫被提拔为国民革命军总司令部秘书处秘书兼机要科长。他工作认真负责，凡是蒋介石签发的文件，他总是逐字逐句地从头至尾阅读一遍，然后交监印员盖上大印。他对下属科员管束甚严，每到一地，他总要召集部下训话，要求机要科员精心保管好印章、文件等物品，以免战乱中受损失。

陈立夫的工作作风和态度，令蒋介石刮目相看。不久，蒋介石让他主管整个秘书处的工作，成为蒋介石的心腹。为陈立夫日后飞黄腾达奠定了基础。①

## 陈果夫的“三把火”

“中山舰事件”，让蒋介石反共反人民的嘴脸彻底暴露无遗。早

---

① 李西岳、苏学文著，《陈氏家族全传》，第 112~113 页。

## 第四章
## 崭露头角

在事件前的两个月，周恩来已看出了蒋的反动本质，曾与两广区委书记陈延年一起找鲍罗廷商量，打算将全部共产党员撤出蒋介石的第一军，联合其他非蒋系部队与汪精卫联合成立国共合作的军队，以孤立和打击蒋介石。蒋介石对此当然不会不知道。所以他先下手为强，发动“中山舰事件”，既整肃了他的第一军，又将他的首要政敌汪精卫驱逐出了广州。随后，他装着一副亲苏、联共的嘴脸，为获得苏联顾问和中国共产党的谅解，并不立即导致国共分裂的局面，而是以负荆请罪的姿态，说什么“此事起于仓促，其处置非常，事前未及报告，专擅之罪诚不敢辞”为由，“自请从业处分，以示惩戒而肃纪律”。在这里足可以看出他两面派的嘴脸。

蒋介石虽然爬到了中央执行委员常务委员、国民革命军总司令，在党内一跃成为仅次于汪精卫的第二号人物。这时他也清楚地知道，孙中山去世后，党内党外群龙无首，党内有党，党外有派，千奇百怪。表面上你好我好，其实生活中到处有激流险滩。如果说他的野心稍稍有所表示，那将是众矢之的。蒋介石明白自己年轻，当朝元老很多，论资本，他得往后排，这也是人贵有知之明，蒋介石的聪明也就在这里。所以他采取掩护的手段，把其“右派”的嘴脸、“野心”的尾巴好好地掩护一番。一时间，蒋介石的行为迷惑了不少人，包括共产党的高级干部们。以至于后来在国民党中执委第二次全会上，抛出了他精心策划的《整理党务案》。在通过时，共产党员还为其美言，热烈鼓掌。殊不知这个《整理党务案》的核心之核心，就是通过“纯洁组织”为名，达到排斥共产党为实。由于蒋介石事先准备得充分，又有一个冠冕堂皇的说法，提案是在“一切革命势力合作原则万岁”的口号下发布的，它有很大的欺骗性。

“二次全会”开了 8 天，蒋介石不仅仅是通过了他的《整理党务案》，而且又使他成为国共两党联席会议的代表，免去了谭平山、林祖涵、毛泽东、刘芬的代表职务。同时免去了毛泽东国民党中央宣传部（代）部长，任命顾孟余为宣传部部长，任命蒋介石为中央组织部部长。这也是蒋介石最大的收获。全会以后，他更是青云直上，当上了统帅三军的总司令不讲，接着中执委临时全会选举，他又爬上了中央常务委员会主席的宝座。蒋介石借助“中山舰事件”和整理党务，一下子权倾朝野。按照蒋介石的话说，他只不过使了个小小的心计而已，结果收获大大，特别是中央组织部部长的要职，更令他欣喜若狂。

中央组织部是他培植自己势力的园地，一个好汉三个帮，因此他想到了再找一个好帮手。蒋介石首先想到了陈果夫。

组织部人员更换，历来敏感，备受关注和非难。好在陈果夫从上海初来乍到，跟谁都不大熟悉，没有派性，再加上他头上有“陈其美亲侄”的光环，就轻而易举地得到了大家的认可，到中央组织部做了秘书工作。其实上他是“部长第二”，或者说是“二部长”。据陈果夫在《十五年至十七年间从事党务工作之回忆》记载：

“原任组织部部长谭平山，秘书杨匏安，都是共党分子。在这个时期，本党与共党已经开始斗争，我能顺利接手，要追溯到过去两年的情形。自民国十三年（1924 年）本党改组以后，已呈分裂现象，那时我对党务，未加闻问。后来奉蒋先生之命，在沪担任招募及黄埔后方勤务工作，因为职务上需要与各方面接触，纯粹本党同志与跨党分子双方均来问我对党务的意见。我除了答复‘党内不能有党’的主张外，其他什么也没有表示。同时双方都要我登记，我都没有参加，因此，对各方面均无恶感而能达成在上海的重要任务。等到发展组织部秘书以后，多数共产党以为我没有直接办过党务，所以不甚注意。其知我者，也认为我没有参加过任何反共组织，是比较超然的人物。所以到中央党部组织部任秘书职务，毫无阻碍。”

这时陈果夫以貌似“中性”的角色进入国民党中央组织部后，发现党务已经到了严重失控的地步，情势比预想的还要严峻。他说：

“我们的党务，好久无人理问了”，在中央，“秘书处由三个共产党员”把持，可以说，“已经为共产党完全篡夺”。在各省市方面党务“大半为共产党主持”，下层“已无基础可言”，至此，才觉得肩上的担子沉重起来。

万事开头难。

他上任烧的第一把火是，决定先从本部机关着手清退共产党。当时，中央组织部共由 29 人组成，真正属于纯粹的国民党分子的只有 3 人，其余的要么是共产党员，要么是受共产党影响的人，在这种情况下，工作根本无法进入预设的轨道。陈果夫请示了蒋介石，提出用掺沙子的办法增加精明强干的本党同志。蒋介石点头赞成，并让陈找丁惟汾、顾孟余商量人选问题。经过商议，大家一致赞成由段锡朋、王乐平来中组部工作。为了不打草惊蛇，陈果夫事先辞去共产党部员和国民党部员各 1 人，以完成新旧交替。看上去好像一碗水端得很平，其实，无论是质量，还是数量，国民党右派都有很大的进账。

段、王入阁附翼后，陈果夫开始整肃内部，用他自己的话来讲，即“自段、王两人入部相助后，开始办理党员重新登记及调查工作，对部内同志厉行考核”。在进行的过程中，陈果夫巧妙地掌握了两个度：一是不做扎眼的事，不硬性使用反共色彩浓厚的人；二是“自动”辞职留下的空缺，决不用跨党分子。比如有一次，陈果夫对部内考核优秀的两位同志予以晋级提拔，中央党部秘书处秘书、共产党员杨匏安怀疑陈别有用心，出面干预，把这两位同志调往他处，陈马上将本党的郑异、萧铮填上。又如，一位姓谭的共产党部员，因为外厢兼职过多，不能集中精力从事本部工作，陈果夫通过纪律警告的方式对谭施加压力，弄得谭看见陈果夫就十分紧张。有一天，陈通知谭参加一个重要会议，正巧与共产党组织的活动发生冲突，谭没有按时与会，陈就故意把事情弄大，让部里的同志满世界找谭。

一个星期后，谭回到机关，顶不住四面八方的呵斥，只好提交了辞职报告，陈果夫立即照准，同样又以本党人员填上。如此一而再，再而三地反复演试，调离的调离，辞职的辞职，不出半年，原先差不多接近“赤化”的中央组织部，“仅留有共产党员三个，其余的都是纯正的”国民党分子了。

陈果夫用软刀子杀人，完成了组织部的大换血，这一手，连蒋介石也认为干得漂亮、老到，禁不住将谭延闿的评语搬来，连声夸：“果夫有办法。”1926 年 7 月，中国国民党发表《北伐宣言》，蒋介石率领国民革命军北上。临行前，经他提议，由陈果夫接替国民党中央组织部部长一职。这一方面，可以看作是蒋对陈的工作奖赏。

新官上任三把火。陈果夫不知不觉中已烧了一把火，将共产党从中组部里赶走。紧接着的第二把火，就是对下属各级党部进行清理整顿。陈果夫最先注意到广州市党部和广东省党部，一个“内容腐败”，一个两党明争暗斗十分激烈，他通过“视察及指导”的办法插手干预，很快把问题解决了。随后又将广东的经验逐步推广到面上，由国民党中央组织部陆续派出“部内富于工作经验的同志”，赴下级各党部“担任指导工作”。陈果夫把这一经验概括为“穿线”，成功的前提：“第一要能够避开共党的视线，第二要老同志认为他们不偏不倚，而且必须具有忠于国家民族、忠于本党主义、认识共党阴谋、信仰领袖的真诚才行。”

当时具体的分布如下：段锡朋、郑异去江西；萧铮、王宇春、葛武肇奔浙江；郭春涛往西北；陈希豪到上海；贵州有张道藩；北京有吴铸人、董冠贤；甘肃有田昆山；福建有丁超武等等。陈果夫解释这样做的理由是：“上述各地，本党党务均受共党的把持，我们必须派人去，宣传中央意志，使各地同志明了重新登记之必要。”掌握“同志间联络与组织，及和共党斗争的方法”。实际做成的效果，后来被证明是可以接受的。陈果夫自称：“到清党时期，除派到浙江的王宇春被共党利用叛变处死，郭春涛随着冯玉祥不返，可说是用人失当之一憾事外，其他都能达成任务。”也就是说，经过国民党中央组织部的指导以后，各省党部、特别市党部根据《整理党务案》，已把执行委员会中的共产党员有效地控制在1/3以内了。对此，周恩来心情沉重地说：“这样，右派在组织上占了极大的优势，我们在党务方面已毫无地位。陈果夫、陈立夫便利用他们的地位，在各省发展右派”，形势开始朝着不利于共产党的方面恶化了。

陈果夫整理党务的第三把火是办党政训练所，负责培养“合格的”干部人才。此前，国民党的训练机构大多由共产党掌握，培养了一大批忠诚于无产阶级的革命同志。清理整顿党务之后，共产党虽然被逐出了教育领地，但干部匮乏的矛盾并没有解决。陈果夫与当时负责国民党中央工作的张静江等人商议后，决定拟办党政训练所，以解燃眉之急。报告呈递上去不久，国民党中央就批复同意，任命陈果夫为党政训练所所长。经过严格的筛选，陈果夫招收了第一期100名学员，制定了相关的纪律、规章制度以及教学计划，包括蒋介石训话，学习国民党党史、国民党章程等等。然而事与愿违，学生中出现了严重的亲共倾向。陈果夫当机立断，以“思想行为不端”的名义，开除了12个激进的学生，以儆效尤。谁知，反而激起更大的波澜，进而转变为风潮。陈果夫意识到问题的严重性，连忙去广州警察局，请老同学李章达局长帮忙派军警前往压制。李章达不满陈的做法，碍于情面敷衍了事。第二次陈再去求助，李便不予理睬了。陈果夫气急败坏地跑到张静江那里告状，张下令免掉了李章达的局长头衔，才平息了风潮。事后，被开除的学生差不多超过一半，训练所眼看办不下去，只好草草收场。余下的学生分别被派往甘肃、福建、广东、北京、南京等地，其中不少人后来成为反共的中坚力量。

相比前面的“功绩”，这第三把火似乎烧得不够炽亮，好在把住了宁缺毋滥的原则，总算没捅大的娄子。陈果夫总结了经验教训，又重新拟订扩大党政训练所的计划，并先后与国民党的理论专家戴季陶和党务专家丁惟汾共同磋商，把方案提交中常会讨论。后来，这一计划获得通过，党政训练所改称为中央党务学校，后又改称为中央政治学校，最后再改为国立政治大学。想不到最初不显眼的那把火，竟烧出一片偌大的天地，造就了以党务相对军事、与黄埔互为犄角的干部摇篮。从这里毕业的学生，后来大多成为“陈家党”的中基层干部力量。因此，无论从国民党组织建设的角度看问题，还是从派系发展的角度看问题，陈果夫烧的这把火都具有“重大而又深远的意义”。①

## 从“欢迎”到“打倒”

从1926年7月9日起，国民革命军开始北伐，三路大军从广州分别向北挺进，攻无不克，战无不胜，如秋风扫落叶一般，取得节节胜利。且说第一路军击溃吴佩孚的主力，于是年10月10日占领武昌；第二路军歼灭了孙传芳的主力，解放了江西，占领南昌；第三路军主攻福建，于是年12月底，解放全省，攻占福州。接着三路大军，稍作休整，于1927年初，乘胜追击，又陆续占领了浙、皖、苏的大部分地区，形成了攻取杭州、上海，会师南京的目标。这样一下子把革命的风暴推到长江流域，强烈地震撼了帝国主义和封建军阀在中国的统治，但是各种矛盾也都暴露了出来，而且非常尖锐。

在内部关于迁都之争也达到了白炽化。国民党政府做出迁都武汉的决定，并分两批人员先后从广州撤退。第一批于1927年12月中

① 李海生、张敏著，《陈果夫与陈立夫》，第80~83页。

旬到达武汉，并于1927年1月1日宣布办公。第二批人员也开始撤退，路过南昌时被蒋介石扣留，声明不迁都南昌，誓不罢休。蒋介石便带着自己的心腹陈果夫，于1927年1月9日来到武汉，来做说服工作。

这时武汉政府的政治领军人物是鲍罗廷，主要组成人员像宋庆龄、邓演达、陈友仁、徐谦等都属于国民党左派，掌握军权的是唐生智和张发奎，他们支持汪精卫。

应该说这是蒋介石第一次来武汉。

武汉政府各界举行了由30万人参加的盛大欢迎会。

会议在辛亥革命的旧址广场举行。蒋介石身带陈果夫出席了大会，并在会上发表了即兴演说："我第一次踏上这块辛亥革命的红土地的时候，我就被这里的人们革命队伍的情绪感染了，这块神奇的土地也吸引了我，"说到这里，他笑了笑，对身边的陈果夫道，"你是不是也有同感？"

陈果夫道："不光有同感，还有共鸣呢！"

蒋介石正要往下说，台下就有人站起来责问："蒋总司令既然对武汉这么看重，为什么还违抗中央迁都武汉的决定？"

陈果夫看主子蒋介石难以回答，便主动站出来说："今天会议不是这个议题，我愿意下去跟同志们一块讨论。届时欢迎大家提更多的问题来。"

"陈部长，你来回答你们为什么要扣留第二批来武汉的中央委员？"有人又把矛头指向了陈果夫。

陈果夫还是重复那句老话："会议没有这个议题，咱们下去讨论。"

会议主持者马上说："下面请苏联顾问鲍罗廷讲话，大家欢迎！"

鲍罗廷声称革命要依靠人民，没有人民便没有革命，发扬民主，反对独裁，提高党权，简直是不给蒋介石一点面子。尤其是那"独裁"的字眼，虽然话音不高，字字刺在他的心里。

会下，尽管蒋介石做了不少工作，仍遭到了国民党左派的坚决抵制，蒋介石和陈果夫弄了个无功而返。不仅没做通人家的工作，人家倒做通了他的工作。他表面上承认武汉为迁都之地，拥护迁都武汉，但他与鲍罗廷的矛盾却恶化了。他又拿出当年对付季山嘉的手段，在回到南昌以后，于1月19日给武汉联席会议主席徐谦打电话，声称鲍罗廷在武汉间当众侮辱了他，要求撤销鲍罗廷的总顾问职务。为了进一步为最后和苏联摊牌做准备，蒋介石开始攻击苏联，他在南昌总部第13次总理纪念会上说：

“无论哪一国，如其放弃帝国主义政策，能以平等待我中国的时候，那么我们对待他们，如同对苏俄一个样子……若苏俄一旦不以平等待我，像别的帝国主义一样压迫我们的时候，我们也像反对帝国主义一样反对他们。”

接着武汉政府针对蒋介石的独裁分裂行为，在国民党内开展了反对独裁、提高党权的运动。陈果夫与蒋介石遥相呼应反对这场斗争，2月就辞去了中央组织部部长的职务，并声称拒绝参加国民党在武汉的二届三中全会。

1927年3月10日，国民党二届三中全会按时在武汉开幕。武汉街头举行了声势浩大的游行。那场面一点也不比1月份欢迎蒋总司令的场面小。这次他们不再是欢迎了，而是声讨蒋介石了。人们喊出了心中的口号：

“打倒蒋介石！”

“打倒昏庸老朽的张静江！”

“驱逐陈果夫、陈立夫！”

“欢迎汪精卫复职！”

……

局面一下子使以蒋介石为代表的国民党右派处于十分不利的地位。

第四章

崭露头角

# “四一二”大屠杀前后

武汉政府从欢迎到打倒的转变，令蒋介石恼羞成怒。这一夜，蒋介石彻夜难眠，他心想，他不仁我也不义，于是就在国民党二届三中全会在武汉召开的过程中，蒋介石指挥他的下属频频向革命阵营发难：

——3 月 9 日北伐军进占江西的时候，蒋介石唆使爪牙，残杀了江西省总工会委员长陈赞贤，把人头悬在赣州城头。

——3 月 16 日，蒋介石命令段锡朋等强行解散了拥护三大政策的南昌市党部。

——3 月 17 日，蒋介石率部东进九江的第二天，把“九江省党部、总工会、农协、国民新闻社一一捣毁”，杀害 4 名革命党人。工人自卫队奋勇自卫，被蒋介石的卫队镇压。

——3 月 23 日，安庆市召开欢迎蒋介石总司令的大会，蒋介石以每名大洋 4 元的身价，收买流氓组成敢死队，捣毁了安徽省党部、安庆市党部和革命团体。

——3 月 26 日，蒋介石随北伐军占领上海，就密令将“打倒帝国主义”的口号，改成“和平奋斗救国”。向帝国主义表示：“国民革命军是列强各国的好朋友，决不用武力来改变租界的现状。”对于蒋介石的态度，帝国主义列强表示满意，并答应以驻扎在上海的两万兵力帮助蒋发动反革命政变，同时还奉送 3000 万元作为经费。

——4 月 5 日，蒋介石又将上海的左倾部队调离，改派反正的北洋军阀周凤岐二十六军接防。为欺骗共产党人，蒋介石还下令封闭了反共的西山会议派设在上海的国民党中央党部。

——4 月 12 日凌晨，上海还在沉睡的时候，枪声划破了夜空。

荷枪实弹、全副武装的青洪帮流氓，身着蓝色短裤，臂缠“工”字符号，冒充工人，自法租界地出发，向闸北、南市、沪西、虹口等区开进，向那里的工人武装纠察队开枪袭击。工人纠察队猝不及防，仓促应战。事先已在周围埋伏好了的蒋介石反动军队，乘机冲出，以调解“工人内讧”为名，缴获了双方的枪支。上海 2700 名工人武装纠察队就这样被缴了武装。

当天下午，蒋介石的反动军队占领了上海总工会，并把上海帮会流氓组成的“上海工界联合会”改名为“上海工人组织统一委员会”，盘踞总工会会所，并配合反动军队破坏总工会下属的各分会，逮捕共产党员和工人领袖。

与此同时，帝国主义列强也在租界和华界内，疯狂搜捕共产党人和革命群众千余人，送交蒋介石。

面对敌人的疯狂逮杀，上海总工会发出全市总罢工的命令，中午，数万名工人在闸北青云召开大会，控诉蒋介石反革命军队的罪行。会后，工人群众冲向总工会，并夺回了上海总工会会址。南市区的广大群众也举行市民大会，并列队前往龙华北伐军总司令部请愿。当这数十万人的请愿队伍行至宝山路三德里附近时，已接到蒋介石屠杀命令的反动军队立即向手无寸铁的工人群众开枪扫射，当场死伤无数。时值天降大雨，宝山路顿时血流成河……

自 4 月 12 日至 15 日，在这次反革命政变中，上海工人 300 多人被杀，500 多人被捕，5000 多人失踪。一批优秀的工人领袖、共产党员惨遭杀害，如赵世炎、陈延年、汪寿华等。

在蒋介石发动“四一二”反革命政变的同时，广州的反革命军队也在 4 月 15 日向共产党人和革命群众举起了屠刀。除此之外，蒋介石还在南京、无锡、杭州、宁波、福州、厦门、汕头等地屠杀共产党人和革命群众。

4 月 15 日，蒋介石把几名中央执、监委召集在一起开会，并非法做出了只有中央全会才能做出的八项决议：一、以南京为国都；二、取消武汉不合法之中央党部；三、取消武汉国民政府等。4 月 17 日，蒋介石在南京成立国民党中央。次日上午，蒋介石又在江苏省旧议会举行典礼，成立南京国民政府，胡汉民任主席。

蒋介石、陈果夫等发动的“四一二”反革命政变，激起了革命人民的无比愤慨，武汉政府和共产党人对蒋介石的大屠杀表示强烈的抗议。4 月 18 日，武汉国民党中央和国民政府发表声明，表示继续拥护孙中山的三大政策，推进国民革命，怒斥蒋介石等人的反革命罪行，并发布了《免蒋介石本兼各职令》，委任冯玉祥接替蒋介石总司令的职务，并任命唐生智为副总司令。命令指出：“蒋中正屠杀民众，摧残党部，甘心反动，罪恶昭彰。已经中央执行委员会议决，开除党籍，免去本兼各职。着全体将士及革命民众拿解中央，按反革命罪条例惩治。”命令宣布，蒋介石所统辖的第一集团军之第一、第二、第三、第四各方面军及总预备队，统归军事委员会指挥。武汉国民党中央同时宣布开除陈果夫、张静江等人的党籍。

南京政府成立，为使他的政府能披上合法的外衣，蒋介石也需要有人为他摇旗呐喊，这时他想起了陈果夫。在南昌的时候，陈果夫就向蒋介石建议召开中央监察委员会全体会议，建议以国民党党纪制裁共产党。在陈果夫看来，“中央执行委员中多数同情共党，而监察委员则多数为本党忠实同志”。于是，在北伐军进入上海的第二天，陈果夫就被蒋介石派去了上海，在上海之外的国民党中央监察委员会委员也接到了蒋介石发来的赴沪开会的电报。

如今事变结束，他更需要陈果夫出谋划策。

不久，陈果夫、吴稚晖炮制出来的一篇呈文使蒋介石如获至宝，遂名正言顺地对外宣布：

“中国国民党中央委员会，举发共产党连同党内跨党之共产党员等有谋叛之证据……本总司令职司讨伐，以维护地方秩序为要，如有借端扰动，有碍治安者，定当治法。”

蒋介石对陈果夫说：“我们都被武汉政府开除了，如今我们是一条绳上的蚂蚱了。”陈果夫笑笑说：“三叔往哪里指，我就往哪里打！”

第五章

# 效力蒋府

# “复成桥血案”始末

南京政府成立不久，就出现了窝里斗。桂系李宗仁不满意蒋的专制和独裁，开始作梗。与此同时，津浦线上与军阀孙传芳的作战也告失利。蒋介石顶不住党争、战事、内讧三重压力，被迫宣布下野，以退为进。他冷眼旁观一幕幕闹剧，心中的算盘越来越清晰。蒋介石由张群、陈果夫陪同，回到老家溪口省亲，他们登武岭，游剡溪，情寄山水，笑寄帷幄，他们并不满足于失败，议论最多的话题就是如何卷土重来。蒋介石再三叮咛陈果夫，未来的党务你要多考虑，说罢紧攥拳头，意思是要牢牢地控制大权，且不能儿戏。

从溪口回到上海，一天，蒋介石再次把陈果夫、陈立夫叫到跟前，要他们兄弟使出浑身解数，陷南京当局于困境，让那些新贵的军阀们美梦化影。陈氏兄弟满口应允。

当时，沪上正聚集着一批前任的各省市党部官员，因为特委会的排挤，失业的失业，赋闲的赋闲，什么话都敢讲，什么牢骚都敢发，满肚子都是怨气。这些人用不着动员，都会自觉地簇拥在二陈的周围，成为拥蒋运动的生力军。

一个月高星稀的夜晚，陈果夫秉承主子蒋介石的旨意，悄悄地潜回南京党务学校，为反对和推翻西山派的特委会，他连夜找到谷正纲、段锡朋、康泽，成立了秘密行动小组。这一切事情完成后，东方已经报晓。

再说 11 月 20 日。

国民党南京特别市党部正召开党员大会。

这天，党员到会较多。

临近中午，大会表决《拥护特别委员会》的议案时，会议不再沉默。有人站出来，公开反对这个议案的通过，说什么要党还是要派这是个原则问题！我们不能成为西山派的走狗！反对者也哗啦啦地站了出来，说什么这个议案重要，是关系到我们党国的命运的大问题，不通过，谁也别想吃午饭！

一时间，双方剑拔弩张，互不相让。

讨论会变成了对骂会，唇枪舌剑，火药味愈来愈浓。话说这时，一个学生模样的青年，名叫黄杰，他一个鲤鱼打挺，接着一个鹞子翻身，说时迟那时快，他赤脚跳到桌子上，面对众人，历数特委会属非法的种种理由，说到激动处，竟抑制不了激动，振臂高呼起口号来："打倒特别委员会——"不少人也跟着喊叫起来。

一时间会场大乱，惊动了警察局出面，抓走了黄杰等 4 名中央党务学校的学生。作为总务主任陈果夫当然也不干了。翌日，中央党务学校的学生在陈果夫的暗中支持下，举行了声势浩大的游行。他们高举校旗，佩戴校徽，用"打倒特别委员会""还我学生"的口号开道，先赴南京市党部门前，砸毁了门牌。最后迫使当局释放了被捕的 4 名学生。

初战告捷，人人高兴。可陈果夫在给同学们加油，策划一场更大的风暴——初步选定讨唐（生智）祝捷大会那天起事。

11 月 22 日。

预定的祝捷大会如期在复成桥畔的公共体育场举行。

上午 8 时，人们从四面八方向体育场涌来。这里面有工人、有学生、还有市民，黑压压的，大约有三四万人。陈果夫的中央党务学校的学生穿着打扮很特别，他们是一色的灰制服，腰扎一字皮带，人手一根齐眉长棍，他们是 9 时进来的，紧紧地把住了体育场的四个出口。这时四个出口只能进不能出，人群很快把个偌大的体育场塞了个水泄不通。谢持等特委会首脑见事态不妙，急调军警驱散，怎奈人山人海，为时已晚。

接着会议准时开始，谷正纲第一个跳上台发言，极具煽惑力的说辞，把激情的会场演绎到极致。没等主持会议的谢持先生回过神来，谷正纲便开始大呼口号：

“打倒昏庸老朽的西山派！”

“打倒非法的特别委员会！”

……

受鼓动的群众也随声附和，口号声淹没了谢持的声音，谢持见自己的劝说没有效果，接着摘下自己的帽子上下摇晃，人们还是无动于衷。

“游行示威吧——”人群中，不知是谁高喊了一声。随后人们便朝门口涌出。与会人员在谷正纲、段锡朋的带领下开始游行。中央党务学校的学生走在最前面，其他群众按照四人一排尾随其后，队伍浩浩荡荡，绵延数里，极为壮观。

事情到了这般田地，谢持恍然大悟，他随手在秃顶头上抓了两下，心生一计，接着就消失在主席台下。

话说当游行队伍来到复成桥头时，便遭到了军警的阻拦，双方正在僵持之际，只见从桥头堡下，飞出一蒙面男子，朝军警连放冷枪冷弹。军警也不能自制了，端出枪来向游行人群开了枪。郑廷贞、范世林当场毙命。中央党务学校学生袁大煦重伤，抢救无效死亡。轻伤者不计其数。

于是，中央党务学校礼堂由庆祝改成了吊丧会。追悼会后，大家集中到广场，准备抬着袁大煦的遗体，到国民政府门前请愿。国府里主持工作的要员们果然乱了阵脚。不一会儿，在代表的催促下，李烈钧（国府三常委之一）离开办公厅，来到大门外。他望着白布缠身的袁大煦遗体，听着学生们的呼号，心如刀绞，一声长叹，道出了不可言传的隐衷：“老实说，袁同志死在党争！”他的话语刚一落地，行列中便有人质问：“请问李委员，党争是什么意思？难道袁大煦是共产党员吗？如果不是，那么打死袁同志的到底是什么人？又是什么党？”李烈钧没有想到对方有此一问，面色变土，冷汗津津，道：“我老糊涂了，我说错了。”

陈果夫导演的这出戏，赢得了社会的同情和民众的支持，特委会顿时陷入困境。连日来，他们频繁召开谈话会，进行辩解，可是越辩越黑，最后只得在四面楚歌中折冠而去。特委会竟成了国民党史上寿命最短的中央领导机构之一。同时这也为蒋介石重新披挂上台铺平了道路。

## 陈果夫的清党

1928 年新年伊始，蒋介石重新上台，陈果夫被推为中央代理组织部长，陈立夫被推为国民政府建设委员会常务委员兼中央组织部调查科长。这时，蒋介石为了巩固他的政权，再次强调“清党”是当务之急。用他的话说，第一是清党，第二是清党，第三还是清党。清党压倒一切。陈果夫深领主子之意，遂在 2 月南京召开的国民党二届四中全会上极力鼓吹“清党”。

在这次会议上，陈果夫的提案几乎占了会议所有提案的一半，这些提案都是清党，从理论到实践，甚至包含方法、程序都一一作了阐述。

会上陈果夫多次发言，陈述自己的清党观点，他认为，要使清党运动能收到实效。必须与整理党务结合起来，把整理党务作为清党的一个重要内容。为此，他与主子、还有丁惟汾一起拟定了整理党务的提案交大会讨论。为了使清党有法可依，他又与蔡元培等人提出了《制止共产党阴谋案》等。

陈果夫由于在会上的出色表现，被选为中央监察委员、民众训练委员会委员及常委。会后，陈氏两兄弟即着手对国民党各级党部进行整理，他们首先决定从反共分子中选出“精英”人物，作为党务指导员，分派到全国各地去，主持清党。这些党务指导员到各地后，打着整理党务的旗号，将共产党员和国民党左派分子及异己分子统统驱逐，扫地出门，重新组阁，安插二陈的亲信。这样一来，就出现一个现实的问题，国民党极右化了，极右的分子却出现了空缺。

为了解决这个问题，培养一大批新的国民党骨干分子，陈果夫决定在以前党政训练所的基础上，成立一所中央党务学校。他们设想将党务学校办得像黄埔军校一样，成为一所政治学校。为加强领导，蒋介石亲自兼任校长，戴季陶任教育主任，丁惟汾任培训主任，陈果夫为总务主任。这个集领袖、理论家、实干家于一体的领导班子，看似强大，真正主持校务的，只有陈果夫一人。陈果夫认为，“欲造成革命之武力，不可无黄埔；欲推进党务之发展，更不可无一般曾经充分训练之党员，充实各级党部，巩固本党之组织。”

1928 年底，国民党中央宣布进入训政期，为了培养更多的追随者，1929 年 6 月，经国民党中央批准，决定将中央党务学校扩改为中央政治学校，学制四年。蒋介石继续担任校长，另外增设校务委员，陈果夫、陈立夫均当选。不久，陈果夫又取代了丁惟汾，接任教育长。自此，中央政治学校基本上成为二陈的禁脔。

话说这年学校扩改为“中央政治学校”的时候，学校还举行阅兵式。

主席台上，蒋介石一身戎装，威风凛凛。

偌大的操场上，各中队学员列队完毕，八个方块阵营，一拉溜地立在主席台前，十分整齐。此时，各方阵分别向教育长陈果夫列队报告，报告完毕，陈果夫又整理队伍：“稍息！”当他以洪亮的口号声，喊声“立正”的时候，便端起双臂，两脚起跑到主席台前，离蒋介石 3 米远的距离，双手垂下，双脚并拢，向蒋总司令敬礼报告：

“总司令，我校列队完毕，检阅是否开始？报告人陈果夫。”

蒋介石还了一个军礼道：“开始——”

在陈果夫重回队列之中时，音乐响起，检阅开始。一队队方阵，在行进的音乐声中，迈着整齐有序的步伐通过检阅台，问好声、口号声响彻云霄……

后来，这些毕业生都成了蒋介石的反共“剿共”的生力军。

## “中国调统工作的创建者”

在纯洁组织、整顿党务的同时，陈果夫根据主子的建议，对中央组织部进行了调整和改革。改革后的组织部下属七个科，分别是组织科、编审科、党籍科、总务科、军人科、海外科和调查科。明眼人一看便知，这前四个科是固有的建制，后三个是新设的，尤其是这个调查科更为显眼。谁来主持这方面的工作都令人注目。陈果夫已经给蒋介石提出七个人选，蒋介石都一一否定了，原来这个人选早在他的心中，他不是别人，就是陈立夫。就连一奶同胞的兄长陈果夫也感到意外：“他可是学矿业的？”

“任人唯贤。看来，你还是不大了解他。”蒋介石哈哈地笑了。片刻，他又敛着笑，道：“你快把立夫找来，我要当面谈话。”

“是，三叔。”陈果夫这次喊了声三叔，表示了他对蒋介石感谢。

不一会儿，陈立夫气喘吁吁地跑过来：“司令，你找我？”

“是，请坐下。”

陈立夫随便找了一个位置坐下后，蒋介石发话了：“今天我找你，有一重担让你挑！”

“司令，只要我陈立夫挑得动的，你就吩咐吧。”

“组织部的调查科，我任命你为科长！”蒋介石提高了声音。

“谢谢司令栽培。”陈立夫忙道，但他还不知道这调查科是干什么的。蒋介石大概看出了他的心思，忙又解释道：

“这可是个重要的工作。我曾去过苏联，他们的格别乌庞大严密的组织体系令人羡慕，对国家的安全和稳定起了不可替代的作用。”

陈立夫像听天书一样还是直摇头，蒋介石又解释道：“美国的联邦调查局，神通广大。大概你不会陌生吧？”陈立夫点点头。蒋介石继续讲道：

“凡是一个国家，受了外力的侵袭，为求自保，必须有一个健全组织的调统机构，你如果读过《管子》一书，可知道齐国的调统组织的健全，老百姓的一切的一切，政府都得调查得一清二楚，对外更不用说了，故能九合诸侯，一匡天下。说白了，调统其实就是帮助政府洞察内忧外患的耳目，现代人赋予他们的俗称叫特务，官名叫秘密警察。设在组织部门，一是防范共产党的渗透，二是对付党内的反政府势力。”

说得陈立夫眼前一亮：“司令，我懂了，你看我能行吗？”

“能行！”蒋介石一言为定。

陈立夫的担心不是没有道理，自己是文弱书生出身，从没有干过偷鸡摸狗的事情，然而蒋介石对偷鸡摸狗的人偏不选，独选自己这个文弱书生。蒋介石有蒋介石的道理，他是要按照自己的意向改造世界的：“就这样定了，你就上任吧！”

陈立夫从蒋介石办公室走出来的时候，三星已指南方，苍穹很黑又很深。心中的不安并没有因为刚才的谈话而减轻。他在自己的回忆录中很有意思地写道：

“我奉到这个命令，感到我的个性对此颇不适宜，并且对这项工作丝毫没有知识和经验，因为我是学采矿工程的，对物而不对人。”

便急急地找到戴季陶，因为是要好的朋友，一吐为快。戴季陶听完陈立夫的叙说，便有见地地发表个人的意见：“你是一位和善而有智慧的人，做调查工作的人，固然三教九流的人都需要，但是要去管这些人，需要一位慈祥而公正的人，才能管住他们而不出乱子。你看寺庙中两边站的十八尊罗汉，个个都是浓眉怒目三头六臂的，但是中间坐的那位如来佛，却是何等的慈祥雍贵，唯其如此，才能管得住，做得好。所以蒋先生要你去做，就是这个道理，我看你还是从命吧。”

其实，戴季陶巧言令色，真正的用心处，还是帮衬蒋介石。直到抗战爆发后，陈立夫改做教育部长，戴季陶向陈立夫道贺时，才吐出真言：“你能够摆脱调统工作，是你的聪明过人，我当时劝你接受任命，喻之以如来佛之管十八尊罗汉，今竟能安全解脱，真是你的造化，恭喜恭喜。”此为后话。

陈立夫走马上任后，首先遇到的是专门人才短缺。陈立夫所任用的人，按他自己的原话说：“多半是美国留学生，学工程与自然科学或社会科学的，所以调查科开始组织，就是请这些人帮忙、参加，他们中没有一个懂美国 FBI（联邦调查局）或苏联的格别乌类似我们的调统工作的。我们的科分调查和统计两组，一面做，一面学。究竟这些人是受过高等教育而有科学训练的，而这美国科技对付苏俄科技的初步决斗，比较起来，还是我们比较高了一手……我们的工作进行得非常顺利，不久就破获了若干共党秘密机关。”抓捕共产党人 16000 余人，这些“骄人战绩”，深得蒋介石的赞赏。

由于中央组织部调查局的班底都是高学历的留美生，这就使得“中统”（后改名为中国国民党调查统计局）具有鲜明的技术专家的特征。由此波及他的工作方法、工作作风和办事特点等形成了与“军统”别样的风格。后来，“中统”与“军统”统称为蒋家王朝的两大特务组织，他们互为犄角，明争暗斗，除了中统人士自恃白领身份，看不惯军统的粗野狂妄外，“同行冤家路窄”是主要原因，而始作俑者恰恰是他们的主子——蒋介石。

话说一天，中统与军统的“仗”打到了蒋介石那里，双方都有一肚子的怨气。互相指责对方，你抢了我的业务，我端了你的饭碗。蒋介石听后哈哈大笑，然后道：“你们的话我都听懂了，那就是中统和军统只要留一家，让我裁决是吗？”

戴笠点点头称是，陈立夫也点点头：“就看司令裁决了，我们服从！”

蒋介石又笑了，伸出自己的脑袋，问：“你们看我脑袋上有多少只眼睛多少只耳朵？”

“两只眼睛，两只耳朵啊！”

蒋介石道：“这就对了，我的耳目是双的，中统和军统也应该是一对，缺一不可。你们懂吗？我看你们不懂！”

结果陈立夫和戴笠二人弄了个无趣，被主子斥责了一顿走人了事。

据陈立夫回忆，军统形成之初，是一个“有名无实”的组织。那时的戴笠还在蒋介石的侍从室工作。临时受命担任调查特种突发事件。后来，“调查科发现戴笠在做类似工作的时候”，甚是愤愤不平，以为蒋介石出于不完全放心的考虑，“而另派戴笠去做事”。陈立夫也拿主子当初给他说的话再说服部下：“我们的工作，可称之曰党的耳目，亦不妨有两个，互相查对，是有益无损的。”一番话说得大家心平气和。

就这样陈立夫在调查科干了一年多，没捅娄子，工作出色，得到主子的赞赏，被提升为国民党中央党部秘书长。虽说换了岗位，但调统方面的工作仍要他拿意见，还要亲自过问。这种情况一直持续到 1938 年陈立夫担任教育部长，整整十个年头。陈立夫在他的回忆录中大言不惭地称自己是“中国调统工作”的“创建者”。

## 第五章
## 效力蒋府

# "蒋家王朝陈家党"的由来

孙中山去世，广州革命政府群龙无首，国民党立刻成分裂状态：汪精卫、胡汉民、孙科、丁惟汾四派四个"山头"，蒋介石还不成气候，要排位的话，权且"小五"吧。

历史像魔术师一样在无声地演变。廖仲恺被刺的事件发生后，严惩凶手的呼声一浪高于一浪，胡汉民、许崇智被赶出了国民党中央，离开了广州；"中山舰事件"后，汪精卫的日子也不好过，下野出国，溜之大吉；孙科自成一派，多仗了革命领袖的爹。孙科是留洋出身，实践不足，自己没有主见，跟随的人也没有主见，孙派可称为"扶不起的天子"，难成气候。所以，在广州国民党中，只存在以中央秘书长兼青年部长丁惟汾为首的丁派和新崛起的以蒋介石、陈果夫为首的蒋派。当时国民党的党务实权还在丁惟汾手中。

斗争的第一阶段，陈果夫当了蒋介石的组织部长后，其职权只能在组织部门内行使。各省党部的工作，都由丁惟汾以国民党中央秘书长的名义一手包揽，陈果夫插不上手。对于国民党的清党工作和后来蒋介石与汪精卫的宁汉分裂，丁惟汾都旗帜鲜明地站在蒋介石一方。因为丁惟汾骨子里反共，而汪精卫一直以国民党正统领袖自居，为掌握党权的丁惟汾所不齿。所以这个时期，是丁、蒋、陈尚能合作期。也有人称是"蒋家王朝丁家党"。尤其是 1927 年到 1928 年是他们党务合作的最好时期。在这个时期，尤其是国民党的二届四中全会，他们在党务上、在用人上一唱一和，配合默契。在这之前，蒋介石、陈果夫与丁惟汾合作，赶走了胡汉民，挤垮了汪精卫，威镇了孙科派。因为蒋介石复职上台不久，需要表现出一种大度宽容的姿态，所以在二届四中全会上选出的 5 名中央执行委员会的人选中，丁惟汾的大名赫然在上。

天下大事分久必合，合久必分。就在这次会议上，也为丁、蒋间的冲突埋下了伏笔。

会后，蒋介石重任中央组织部长，陈果夫负责整个部务。在蒋的授意下，把整个国民党都纳入了自己的势力范围。因此再次决定整理各地党务。按照二届四中全会规定，各地各级党部一律暂停一切活动，听候中央派人整理。为纯洁组织，各地党员一律重新登记。因为蒋介石抛开了丁惟汾，丁惟汾心想，不管怎样，我也是中执委5名委员之一呢！蒋、丁之间立马出现裂缝。蒋介石可不管那一套，我行我素，四中全会结束后不久，蒋介石一纸命令又取消了国民党中央青年部，丁惟汾改任中央训练部长。这样丁惟汾丢掉了青年部的组织人事大权，这些权力收归为中央组织工作部。权力一大一小，使丁惟汾感到了权力的危机。

1928年8月，蒋介石与陈果夫加紧策划，在南京召开了国民党二届五中全会。此时蒋桂冯阎合作的第二次北伐刚刚结束，蒋介石的声望可以说是如日中天。胜利使他头脑发热，于是他乘战胜张作霖、孙传芳、张宗昌之余威，开始在国民党内部向其他党派开刀是问。

在这次会议上，蒋介石的既定的目标是冯玉祥、阎锡山、李宗仁等手握重兵的新军阀，他倡议裁兵；对有独立王国姿态的各地政府分会，他主张取消；对国民党党权，他要求独揽。由此可见蒋介石的野心，已昭然若揭。

国民党五中全会激化了蒋介石、陈果夫和丁惟汾的矛盾。会后不久，胡汉民从国外回国，倡导实行孙中山提倡的“五权宪法”，利用五权分离的办法和孙中山这顶大帽子，压蒋介石让权。这次丁惟汾采取坐山观虎斗的中庸策略，既不反蒋，也不反胡。蒋介石、胡汉民既互相利用勾结，也互相指责、争斗。

# 第五章
## 效力蒋府

丁惟汾和蒋介石、陈果夫在党权上的争斗，一直在或明或暗地进行，但公开爆发在1929年3月15日召开的国民党第三次全国代表大会前夕。

按理说国民党第三次代表大会是在清党和整理党务的基础上召开，可是在这个问题上陈果夫、陈立夫出了点偏差。在建立新党部时，由于受时间的限制，二陈一时找不到那么多完全可靠的人员派往各地，饥不择食地拼凑了一些人，包括一些表面可靠实际反蒋的人，这些人下去就出了乱子，他们与当地反蒋分子串通一气，新党部建立了，却成了共产党的天下。在这种情况下，代表不能产生，于是自以为聪明的蒋介石灵机一动，采取圈定与指定代表的办法，召开大会。没想到这种办法遭到了各派的强烈抗议。这时，丁惟汾带领三民主义大同盟公开跳出来反对。他们递交抗议书，散布不满情绪，企图扩大事端。

且说丁惟汾的三民主义大同盟，历来以北平、天津两地为核心，势力遍布全中国。这时的丁惟汾采取以退为进的战略，公开提出辞职，并离开南京赴北平。在临上车时，他吩咐在南京的大同盟把矛头紧紧对准蒋介石，他本人回北方地区策应。这样南北夹击，把战火烧起来。

丁惟汾回到北方，通过大同盟发动学生，以阎锡山、白崇禧解散平津两地工会为导火索，很快把火点起来。学生的游行队伍开到了街头，红绿标语贴满了大街小巷，锣鼓声、口号声震天价响：抨击国民党中央党部，打倒蒋介石，并将胡汉民、戴季陶、陈果夫3人赶出国民党中央。随后运动波及全国各地。

蒋介石听到这个消息如坐针毡，他要求中央政府不能坐视不管，要立即采取措施，制止这种活动的蔓延。同时召开党务会议，通过《申明党纪令》。随后，宣布撤销浙江、河北、山西、江西、绥远、北平的党务指导员，另行改派。国民党中央企图用高压手段平息这场风波。

面对高压政策，大同盟在丁惟汾的支持下并不低头，相反发起了更大规模的运动。这次丁、蒋交恶，阎锡山、白崇禧利用维护国民党威的名义，对丁在平、津的支持者强行开刀，用大炮说话，以武力镇压了平、津两地的工人和学生运动。

且说丁惟汾遭到阎锡山、白崇禧一阵痛击后，陈果夫、陈立夫指挥自己的人马，趁机打入北平、天津党部，对大同盟成员大打出手。随后又逐个击破。丁惟汾见势不好，举手投降。就此，丁惟汾的三民主义大同盟土崩瓦解。二陈也乘机将自己的人马填补丁惟汾的空额，基本上控制了丁惟汾在各地的党部。他们借 1929 年 3 月国民党“三大”召开的机会，又塞进一些自己的人马。在这次大会上，二陈都当选了中央执委会委员，陈果夫出任中央组织部部长，陈立夫出任中央秘书长，都进入了中央核心层。这样“蒋家王朝丁家党”一下变成了“蒋家王朝陈家党”。

第六章

# “导淮”总长

# “转呈”变成了“帮办”

1932年6月上旬的一天中午。

南京鸡鸣寺旁的陈府大院，迎来了一位身穿长袍，脚蹬千层底布鞋的中年人。他向门卫拱了一下手，门卫也点头道安，便抬脚迈进了陈府高门。

话说这人不是别人，正是陈果夫的妹夫沈百先。沈百先毕业于河海水利工程学校，1928年，淮河暴雨成灾，两岸一片泽国，淹没无数良田，“两岸萧疏鬼唱歌”。为治理千里淮河，南京政府成立了导淮委员会，蒋介石为挂名委员长，沈百先成了该委员会的秘书长。由于陈果夫与蒋介石关系密切，包括他这个秘书长也是陈果夫推荐的，于是沈百先的有关水利方面的文书和建议都是由陈果夫转呈的。陈果夫通过转呈文件，向妹夫也学习到不少水利知识。

沈百先进了陈家大院，穿过拱门，快步来到后花园，只见陈果夫正在一棵树下打太极拳，一招一式，极为认真。沈百先默默地站在那里等了一会儿，待陈果夫打完这套拳后，主动上前道：“大哥——”

陈果夫转过身来：“找我有事？”

“这份导淮工程整体计划需要转呈委员长。”

“好，到我办公室谈吧。”

二人边走边说地来到陈果夫办公室。

陈果夫今年正好40周岁，由于幼年时落下胃病根，身体一直不好，他一脸菜色，打太极拳一直是他的健身运动，长年坚持不断。由于身体方面的原因，去年他辞去了组织部部长的职务，而由自己的胞弟陈立夫继任。陈立夫32岁，血气方刚。为了显示出自己的成熟，他默许人们称他为“立老”。可陈果夫的心态却大不一样，因身体不佳，他生怕人们称他为“果老”，人们投其所好，称其为“陈公”。

他们在办公室谈了半天，等沈百先离开时，太阳已经西斜。

次日，陈果夫趁其开会的机会，把文件送给了蒋介石。蒋介石匆匆浏览一遍，说：“计划很好，你去帮我办这件事吧，好不好？”

陈果夫吃了一惊。“转呈”成了“帮办”，他压根就没有想到这一层，于是他第一反应是：“对于水利，我可是外行啊。”

蒋介石两眼含笑地回答：“你知道注意这件事，而且所提的建议都不是外行话。这件事就是你去办了。”蒋介石下达命令，陈果夫无可推托，就这样鬼使神差地走上了代理导淮委员会副委员长的职位。

淮河发源于河南的五百里桐柏山腹地，经由安徽、江苏两省入海。但从 1128 年以后，黄河多次决口，夺淮入海，致使淮河成了黄河的支流，由于泥沙的缘故，淮河也成了有名的“地上河”。“三年一大灾，一年一小灾。大雨大灾，小雨小灾，无雨旱灾，成为洪、涝、旱灾俱全的重灾区。”“数千百万之淮河民众，无日不沦于饥馑，无刻不泣对洪波，此淮之导，所以不容稍缓也。”

从 1929 年到 1931 年，导淮委员会集中了全国一些水利工程技术人员的精英，对淮河入江入海各路线进行了实地勘查、测量，广泛调查，收集各方面资料，进行反复论证、研究，并根据研究成果，拟定了整个导淮工程的总体计划。

导淮工程总体计划确定了江海分疏原则，即整治淮河入江入海的水道，使之便于航运、发电、防洪等，所需经费 2 亿元。这是问题的关键。由于蒋介石正和各军阀混战，军费开支都十分困难，哪来如此巨款去搞导淮工程呢？在这个问题上要让政府拿钱是不可能的，因此也是对陈果夫智力的一大考验，但政府只给政策。1932 年 10 月，国民政府公布《修正导淮委员会组织法》，赋予导淮委员会在淮河流域对公私土地清丈、登记、使用、整理等处理大权。

陈果夫上任不久，就一改中国历史上治水的惯例——治水必先治下游这一做法的弊病，先筹资金，综合治理。他鉴于工程浩大，费用过巨，筹款不易，便决定先借用庚款，到时还本付息及自筹资金等办法，并采取分期施工的形式。筹钱有方，为此他很快得到了钱。

为此，陈果夫不顾病体虚弱，多次下河域考察，多次召开水利专家会议，制定出两年施工及土地整理的第一期施工计划。即建造三河活动坝、邵伯船闸、淮阴船闸等一系列船闸，进行三河坝上下切滩，对淮阴河闸上下、张福河上下进行疏浚，使淮河入江水道得以整治，然后再进行第二期导淮入海工程。

有钱有人有方案，何愁工程没归期？经过一个夏季的全民动员齐上阵，红旗猎猎，干劲冲天，第一工期很快完成。陈果夫笑容可掬，带领专家一行，亲自出马验收，被评为一级工程。验收结束后，陈果夫也会办事，又邀请马歇尔等庚款会的董事们坐飞机前往参观，待他们酒足饭饱、兴致极高的时候，又与他们签下了下一期水利工程费用的合约。

话说正在这个时候，江苏省大地上发生了一次大的政治动荡……

## 江苏发生“政治地震”

这时，江苏省发生一病案，事情牵连到赫赫有名的省主席顾祝同身上，闹得沸沸扬扬，满城风雨。顾祝同属于黄埔派系，他主政江苏两年有余，纲纪松弛，吏治腐败，把个京畿地面搞得乌七八糟，受到监察院的弹劾。蒋介石意属陈果夫主政，替下前任顾祝同，并暗授机宜。蒋介石特别强调了江苏省在治淮中的特殊地位，意为全局大事。陈果夫做了特殊记忆，他一到江苏，工作千头万绪，导淮工作不敢松懈。

据刘振东回忆，“果夫先生任江苏省主席，即倡议导淮，而且迅即择地实施”。当时，身为中央常备学校教授的刘振东曾提出“先聘专家，作整个计划，然后动工”的建议。陈果夫以为不妥。他觉得“导淮”是百年大计，作“整个规划，非十年不成，若等计划完成再兴工，不如将其中绝无问题，众议佥同之事先做起来”。后来的事实证明，导淮事业能在抗战前开始，卓有成效，陈果夫的决断起了关键性的作用。

陈果夫导淮的思路比较清晰，他认为“首应除害”，“次应兴利”，除害“以排洪工程为优先”，兴利“以航运灌溉工程同时发展”。导淮入海工程本来是要等导淮入江工程完成后，再根据资金筹备情况选择适当时候进行，但作为省主席的陈果夫认为这样太慢了，他还提出来发行公债以筹集资金的办法，大大加快了工程的进程。

为了筹集更多的资金，他又打起了土地的主意，在导淮委员会内增设“土地处”。于是，导淮工程非但没有因为陈果夫当上了江苏省主席而受到影响，而是得到了加强。

土地处成立后，有文字记载：

所得废淮河滩所有权及其邻近旧时屯之所有权与整理权，乃先以会里节余下来的 2 万元经费，整理了几万亩公地，以整理后公地应收之租金作抵，向银行抵押了 12 万元；再整理后公地应收之租金作抵，向银行抵押了 12 万元；再整理实应湖滩地 20 万亩，然后再以此整理之地，向银行抵押 200 万元。当时有四家银行争着要放这笔借款，可见导淮会信用之好。后来只得由四家银行合放，就把这笔款子作航空测量高宝湖之用。测量刚刚开始，“八一三”战事起，只好停顿。原来的计划，想等高宝湖测量完竣后，把预计导淮入江工程完成后，高宝湖可能涸出的一百几十万亩土地作抵，向金融界筹款 4000 万元，作为办理入江工程的经费，其初步计划已得上海若干金融界的同意，拟以将来涸出之土地作抵，发行公债 4000 万元，由金融界承销。这虽是一个理想，但战事如果不发生，理想一定可以实现，所谓有土则有财。预计入海水道完成后，可以多出一百几十万亩良田，增加了生产，安定了民生，既可免水旱之灾，又可强国家的富力，可惜这种事业停顿了。

导淮入海工程于 1934 年 11 月 1 日举行破土典礼，至 1937 年 4 月间始告完成，命名为“中山河”。河长 167 公里，河底宽 35 米，两堤相距有 250 米，只是土方工程即在 6200 万立方米以上。人工征工居多，利用每年 1 月至 5 月，11 月至 12 月的农闲时间来做，有时亦用些雇工、兵工。征工最多时达 24 万人。沿线专员、县长、区长、乡长、保甲长，一齐动员，所用的工具，老的如牛车、独轮车、挑箕、人力漏水车等；新的如汽车、皮带运土机、抽水机等，应有尽有。关于民工吃的、住的、医药、娱乐等，亦妥为供应，样样俱全。场面之大，实数十年来所未有。

导淮工程部分由江苏省府承担，均先后完成。导淮委员会方面，在抗战前已完成及未完成的工程有：

（一）疏浚张福河，以排淮洪而利航运与灌溉。计疏浚河道 37 公里，河底宽 32 米，岸坡一比二。于 1933 年 1 月开工，同年 6 月竣工。

（二）兴建邵伯船闸，以利运河航运。闸室净宽 10 米，净长 100 米，上下游最大水位差 7.7 米半为双扇对开式钢门。于 1933 年 3 月开工，1933 年 6 月完成。

（三）兴建淮阴船闸，以利运河航运，结构布置同邵伯船闸，上下游最大水位差 9.2 米。

（四）修堵运河西堤，以利运河航运及湖滨滩地之灌溉。其工程为堵闭缺口，修理涵洞。于 1934 年 11 月开工，翌年 7 月竣工。

（五）兴建高邮船闸，以通湖航运。闸室净宽 10 米，净长 20 米，出入口净宽 5.8 米，为单扇钢门。于 1935 年 6 月开工，翌年 4 月完成。

（六）兴建杨庄活动坝，以控制排洪入海水量，坝门采用史东奈式钢制，暂建五孔，各净宽 10 米。最大泄洪量每秒 750 立方米。于 1935 年 12 月开工，1937 年 6 月完成。

（七）安丰塘灌溉区工程，以利灌溉。其工程为浚河筑堤建闸，于 1936 年 4 月开工，至翌年 12 月因抗战停工。

（八）改建惠济闸，以节制灌溉水量。其工程为改建史东奈式门宽 6.2 米，钢筋混凝土闸墙条石护面，泄洪量每秒 90 立方米。于 1936 年 5 月开工，翌年 6 月完成。

（九）兴建三河活动坝，以节制排洪入江水量。其工程为史东奈式门 60 孔，各净宽 10 米。完成以后，可独步远东。于 1936 年 8 月开工，翌年 11 月底基本已完成 98%，因战事停工。运到工地钢料等，损失殆尽。

（十）兴建周门活动坝，以节制灌溉水位及水量，其结构与杨庄活动坝同。于 1937 年 1 月开工，11 月底坝基工程大致完成，因战事停工。运到工地钢料等，损失殆尽。

（十一）兴建刘老涧泄水坝，以控制中运河泄洪水量。坝凡七孔，结构与杨庄活动坝略同。于 1937 年 1 月开工，同年 12 月完成坝基及引河工程后，因战事停工。运到工地钢料等，损失殆尽。

（十二）兴建中运河涵洞，以接济刘老涧船闸下游灌溉、航运水量。其工程为建筑双孔混凝土涵洞一座，每孔 2 米见方。于 1937 年 3 月开工，同年 11 月，因战事停工。

（十三）开挖六闸以下的运河浅段，以利运河航运。用挖泥机船两艘开挖，于1937年3月开工，同年6月因机船他调，未能完工。

（十四）建筑皖淮涵洞以泄洪、泻潮、灌溉农田。基本工程为添建涵洞11座，其中7座于1937年5月筹划开工，翌年1月因战事停工。

（十五）疏浚皖淮浅段，以利航运。其工程为浚渫正阳关附近淮河浅段，冀与津浦铁路联运，以利运输。于1937年10月开工，后因战事停工。

陈果夫于1937年建议中央组设太湖流域水利工程处，负责规划及实施太湖流域上下游水利工程。陈果夫自兼主苏政后，即遵循当时的中央指示，督道苏省建设厅会同浙江省政府分别测勘、设计与实施，举办各项水利工程。在防洪与泻潮方面，有江南海塘之修建及通江各河口闸门之兴建；在灌溉与航运方面，有各运河干支各渠之疏流。各项工程如下：

（一）江南海塘工程：江南海塘工程南自苏、浙交界的金山起，北经江苏之松江、奉贤、南汇、川沙、上海、宝山、太仓至常熟之福山港口止，全长有300余公里，是江苏省南十余县（市）防备江海涨潮唯一之屏障。奉贤、川沙、南汇三县境内塘外沙滩广阔，浪潮较为缓和，均系土塘，向由地方自行修护。上海由沪市政府修护。松江在钱塘江口北岸，宝山、太仓、常熟三县境濒临扬子江南岸，所有塘堤受海潮冲击甚烈，向由中央拨款修筑石塘，后改由省方负责。民国二十年以前，省府款绌，岁修难于普遍。民国二十二年又遭两次猛潮，各处塘堤百孔千疮，岌岌可危，没有疏防，被海潮侵入，则向称江南富庶之区，即变为不毛之地。陈果夫督导建设厅择要修建，如大石塘之显露者，酌量覆以混凝土，以防海水侵入石缝，钢筋混凝土岸墙之外倾者，加建支墙，以防堤毁，石坡木材之零乱缺少者，施以整理填补。其已毁至不可收拾者，则彻底改建。所建工程为三土三石，或三土四石其间塘外塌削日剧之处，则建挡水坝以防护之。各段修建工程长共16000余米。

（二）江南各运河之整治：〈甲〉镇锡运河为大运河在苏南境内之一段，在丹阳有练路，为该运河段蓄泄水库。依照大运河讨论会初步研究，及测勘该河湖段现状，以通行长约60米，宽约7米，及吃水深2米之船舶，载重600吨，两列行驶为度。其工程为河槽之拓宽浚深，土方有三五十万余方，培修练湖围堤土方400万余方。〈乙〉丹金溧漕河及宜溧运河。均为江南大运河之主要支渠，横贯太湖流域下游，前者与运河段互相吐纳江湖，后来上承句容、高淳境内诸水，经由该河入太湖为尾闾，不惟为宜溧金丹各县水运交通之主干，且为承转江潮及山水来湖之干渠。其工程为河槽之拓宽浚深，土方共为173万余立方。〈丙〉黄田港及澄锡运河：苋田港在江阴县境，北注扬子江，南达无锡，为江与湖间南北水运交通之要道，潮涨则倒灌入运，以利航灌，其间港汊纷列，又为锡武运河之尾闾，其工程为河槽之拓宽浚深，用机船开挖部分有95000立方，人工开挖部分有69万余立方。

（三）赤山湖河流域：赤山湖是秦淮河域的上游，不在太湖流域范围，而与其接壤，泽被苏省西南部各县区。赤山湖诸水联络句容、溧水县境各水系，经流江宁县境入南京市的秦淮河以注于长江。因赤山湖被围堵，河床淤垫，又以堤防卑溥，旧有闸塌失修，因之霪雨为患，有时旱魃为害。陈果夫督劝建设厅在赤山湖口修建闸坝，以排节洪流；缮修湖河堤防，以障洪水；疏浚干支各河，以利灌溉，共290余万立方。

陈果夫为官一方，治水有责，客观上有益当时经济，深受当地民众欢迎，有诗曰：

昔日有大禹，今日有果夫；敢让山河换，敢令水造福。

# 陈果夫痛心疾首地哭了

1935 年底，江苏段导淮的宏伟工程全部完工，当年又是丰收年，全省人民欢欢喜喜，陈果夫更是喜在心里，笑在嘴角。在人民的赞美声里，陈果夫谢绝宾客，坐在灯下，开始撰写记录这一宏伟事件的墨宝，不让历史留下遗憾——《导淮之过去与未来》。

陈果夫开章明义地写道：“我认为讲究水利，一定要懂得水的三种力量：第一是渗透力，第二是冲击力，第三是浮载力。这三种力量都能尽量利用，使它发挥到最大的效用，才能算是水利。”写到这里，陈果夫大笔一转就奔了正题——“导淮的由来”。写到兴奋处，他还禁不住地哼起自编的《导淮入海歌》来：

“淮河！淮河！利我江北乎？害我江北乎？……我无能力，我为水用。我善用我力，淮水为我操纵……大家齐用力，为了大家安乐与年丰！大家多努力，为了永久安乐与年丰……”

三星正南时，夫人催他休息，他说不慌。鸡叫三遍时，在夫人催促下，他才肯休息。睡了一觉，到第二天中午继续开写，可谓是废寝忘食。

这天，正赶上导淮委员会秘书长沈百先先生来串门，看到了陈果夫这种干工作不要命的劲头儿，甚为感动，回家便写了《果夫先生与导淮》一文作为纪念。沈百先拿来文章让陈果夫看，果夫哈哈笑了：“我哪有这么神？”

沈百先说：“这都是百姓说的，我做了收集。”

接着陈果夫不无感慨地说：“我们的老百姓太好了，只要有一点好处，他们就满足。”

“是啊，老百姓的口碑也是丰碑啊！”

## 第六章
## “导淮”总长

……

1937年暮春初夏之交的一天上午。

天空无云。

在蔚蓝色的天空中，一架银灰色的飞机直插云天。

在沈百先的安排下，陈果夫等幕僚们乘机登上了蓝天，兴致勃勃地开始巡视江苏段的导淮工程。

陈果夫坐在窗口，鸟瞰苏北平原，只见河水如练，蜿蜒奔波。河两岸农田翠绿，庄稼茂盛。带有方格式的村落，一排排农舍鳞次栉比，扛着农具，赶着牛车的农民出了村庄，行走在田间小道上……飞机南行，片刻间，可以看到导淮工程顺着如练的河水，在码头、在集镇，像碉堡、像哨兵似的在列队欢迎他们。坐在陈果夫身边的是总工程师李仪祉先生，他不时地向陈果夫指点着、介绍着，此时映在陈果夫脸上的是兴奋、快慰。这时收音机里又播出了陈果夫自编的《导淮入海歌》来，更令他心喜。

然而，陈果夫为导淮自足的好心情，维系不到一年，便被花园口的一声爆响，炸得灰飞烟灭。1938年，日本侵略军从东海岸入侵，一直占领了徐州，国民党政府为阻止日寇进军的步伐，在郑州附近的花园口，将黄河南堤炸毁，滔滔河水破罅而出，再度造成黄河侵淮的惨况，50万人化为鱼鳖的同时，陈果夫的导淮功绩也荡涤殆尽。真可谓：辛苦四五年，毁坏一夜间。

陈果夫哭了，陈果夫痛心疾首地哭了——因为那是自己的丰碑！

随着日军推进，随着抗战的全面爆发，南京国民政府西迁重庆，导淮委员会也随迁重庆。陈果夫也辞去了江苏省主席一职，去重庆专任他的导淮委员会副委员长。结果第二年，淮河流域全部沦陷，导淮业务，遂陷停顿。这时，后方军事运输繁忙，政府正谋取水道交通的改善。陈果夫临时请命，在蒋介石的指示下，商请经济部部长就长江上游南岸之重要支流，如綦江、乌江及赤水河各水道，由导淮委员会规划整理，实施航运工程，免使这批水利人员精英失散。于是导淮委员会在陈果夫的带领下，开始了第二次创业——导（长）江。

规划确定之后，干部就是决定性的任务。陈果夫走出家门，即与扬子江水利委员会商定，由导淮委员会在綦江施以渠化工程，兴建闸坝，做工程示范。事成后，在乌江及赤水河施以导疏工程，平险滩，免盘驳，通航运。导淮委员会迁至重庆后，陈果夫做了如下工程，树立了如下丰碑：

一、綦江工程：綦江源于贵州桐梓县境，至四川綦江县赶水场，始有舟楫之利，下经三溪镇，纳蒲河之水入江津境，而汇于长江。第一期工程就江干流上游在盖石、羊蹄二垌附近，各建闸坝一座，即可免除盘驳换船之烦。并整理险滩，开挖河床，清除礁石原 33600 立方米，建筑丁顺坝 19200 立方米。在蒲河兴建闸坝三座，使该河段施以渠化，各船闸闸室净长 66 米，净宽 9 米。揽河大坝以河床地质较劣，均用堆石式。第二期工程就綦江干流中下游兴建闸坝六座，施以渠化，各船闸闸室净长 60 米，净宽 12 米。揽河大坝因河床地质较佳，均用重力式。并在綦江县城附近之闸坝，利用坝之上下水位差，加建水电厂一座，以供应沿江县城郊照明之需要。

二、乌江工程：乌江源于贵州省之乌蒙山东流横贯黔省北部，至龚滩，折向东北流入川境，经彭水至涪陵而注入长江，为长江上游南岸之重要支流，亦为川黔水道之一，其间险滩甚多，航行处处受阻。民国二十八年，导淮会设局整治，测勘水道各处滩险，并实施工程，炸除滩险 73 处，在水上者 119000 余立方米。水下者29000 立方米。绕道 94 处共长 28300 米。绞关 19 座。使该江自龚滩至涪陵间约 200 公里间，险已夷，阻已通，运量大增。

三、赤水河工程：赤水河亦为长江上游南岸重要支流之一，系川临运黔要道，并为军运孔道之一。民国三十一年，导淮会设局整治，根据黄河水利委员会测勘资料，择要施工概以炸除的滩险，除去浅段为主；修辟绕道及丁坝、顺坝、潜坝之导工事为辅。计全河工程已除险十之八，去浅十之七，缩短全程航行时间1/3。嗣以抗战胜利，移交扬子江水利委员会接办。

綦江第一期渠化工程兴建的五闸坝，陈果夫分别以“智”“仁”“勇”“信”“严”五字，冠为闸名，以示战时应具之武德。“大智”闸完工后，陈果夫亲撰《大智船闸碑记》，勒于石，树闸旁，以纪其事。

陈果夫谓綦江水利工程之完成，对于航运、生产与经济，以至四川全省，关系至大，綦江将为“新四川之源泉”。依其个人理想，有其可能实现之途径。陈果夫在《綦江为新四川之源泉》一文中，陈述了他的这一见解：

綦江本流与支流之上游，产煤铁颇富，可供钢铁厂之用，为中枢所重视。对倭抗战之第二年，乃命导淮委员会在綦江本流与支流建造船闸，以利煤铁之运输。自开工以迄于今，历时四载，已完成船闸七座，显著困难，已可解决；然此特初步之成就耳；在低水位时期，尚未能畅行无阻也。依照导淮委员会之原计划，全江须建船闸25座，除以完成7座外，尚须添建18座。若能全部完成，则汹涌之势，可不再见，舟楫往来，咸庆安澜。不但将来炼钢铁所需之煤铁，可以源源供应，即盐布等上运货物，亦便利畅行。更伸论之，自江之源，至江之口，生产供给，可以自如，而江之两岸，尚有其他丰富资源，因交通便利，竟相开发，产量增加，价格下降，消费者交蒙其利，数百里綦江流域之经济，顿改旧观，亦自不难。

綦江船闸工程之完成，对于綦江航运，綦江流域之生产与经济，以至四川全省，关系重大，略如上述，依予个人之理想，其可能实现前途，试列举如下：25个船闸建设完成之后，每闸均有一坝，其水头相差，自 4 米至 6 米，每一坝之旁，均可设一水电厂，其发电自 400 匹马力至 1000 匹马力不等，总计不下于 10000 匹马力。至是电的供应，既极便利，綦江及蒲河两旁，可设无数之小工厂，其出品不但可供应四川，又可以小轮由长江下驶，运销江、浙及外洋。

沿綦江两旁之工业发达程序，其初期当广设小钢铁厂及机器厂，然后榨油厂、罐头厂、颜料油漆厂、制药厂等相继设立，数亦可观。

綦江一带，素以产柑橘著称。将来因政府之提倡，及运输外销之便利，人民皆乐于种植，柑橘成林，10 年以后，下江各地，旧为“花旗橘”所倾销之市场，胥由綦江出口取而代之。

綦江上游，桐漆产量，本亦可观。今后因运输便利，大量增植，桐油厂、油漆厂应运而生，同时，因炼焦厂所产生之油胶中提出之各种颜料，故又有颜料工厂，成为颜料油漆工业区。

綦江渔业素不发达，自船闸筑成以后，湍急之水归于平静，鱼鳖虾蟹之繁殖，乃成为自然之趋势。产量既日增，除外销之外，并以过剩者制成罐头。制鱼鳖虾蟹罐头之公司，尚可兼制橘子汁、橘子酱一类之罐头物品，一视当地各种制造原料在各季节中之供应情形而定。

綦江上游兼为出产药材之区域；另一方面，因钢铁厂发达，炼焦厂随之而兴，于是中药之农产原料，与西药之化学原料，均能齐备，制药工业之发达，自在意中。

綦江本流与支流共有 159 公里航程，其因水运畅通之结果，航运活跃，商贾云集，工业品之质量时有显著进步。入晚沿江一带，各式电灯，如星罗棋布，普放光明，如从飞机上下望，拟诸欧洲之莱茵河、泰晤士河，其夜景或亦不过如是。

……

凡观光或道出綦江者，晓然于水利工程收效之宏，往往归请本地之政府当局。兴修水利工程，十数年间，四川各水道，纷纷建筑船闸，并于沿江各地开设水力发电厂，开发矿藏，举办工业农业渔业，生气勃勃，俨如泉涌。数十年后，四川各水道均可畅行无阻，由重庆北上至陕西、甘肃，或南行至贵州、云南均可以小火轮上下，毫无危险。即江、浙一带，泛滥之患，永不再发，亦受四川之赐。百年以后，历史学家推究新四川之建设与文化进步之原因，一致认定綦江为发祥地，爰名之曰：“新四川之源泉。”

再说由于陈果夫六年治水，政绩突出，一顶顶桂冠向他飘来：

1935 年 6 月，当选政府水利委员会委员；

1935 年 7 月，当选中国卫生教育社理事长；

1936 年 1 月，当选国民党五届中央执委常务委员、中国政治委员会委员、中央文化事业计划委员会主任、中央广播事业指导委员会主任、中央土地专门委员会主任、中央财政委员会委员；

1938 年 2 月，当选中央政治学校代理教育长；

1938 年 3 月，当选国民党临时全国代表大会中央执委常务委员。

第七章

# 苏政四年

# “痨病主席”无痨病

南京，国民党京畿之地。

江苏省，天子脚下。

作为中央组织部部长的陈果夫到江苏任职，说好说歹者均有之，但这绝不表明陈公失宠，实际也是重用。再说中央也是征求过陈果夫意见的，陈果夫愿意为官一方。因此，中央的欢送会也是很热烈的。到会者，都表示了自己的希望和祝福。蒋介石综合了大家的发言，言辞更为热烈，希望更为殷切。

于是陈果夫在开完欢送会的第二天就走马上任了。

再说江苏省府，送走了顾主席，迎来了陈主席。辞旧迎新之际，说什么话的也都有。说实在的，人们对顾祝同是有看法的，他来江苏两年半不到，结帮拉派，抬举了一些人，也打击了一些人。江苏没搞好，他有一定的责任。应该说他辜负了中央和江苏人民对他的希望。因此，在迎接新主席到任的时候，有两种心态：一是顾祝同的反对者，他们担心前面走了虎后面来了狼，他们大多保持沉默；二是顾祝同的拥护者，他们抱惯了顾祝同的大腿，亲尽了顾祝同的屁股，听说新来个“痨病主席”，不少人持有异议，还暗中作梗，使小动作。结果表明，陈果夫上任不到三个月，特别是听了他低调的施政报告，又观了他的言行，不少人改变了态度，怀疑者不再怀疑，反对派变成了赞成派。

新官上任三把火。先不说后来人们如何赞美，且说陈果夫上任之初也是雄才大略，极想把这个天子的脚下搞成一个全国的样板、各省的楷模。称之为“富庶的江苏”，“模范的江苏”，“小康的江苏”，“文明的江苏”，反正是江苏处处不落后。陈果夫当年 40 岁，年富力强，觉得有这个能力摘取皇冠上的桂冠。然而面对顾祝同留下的这个烂摊子，理想与现实间还有大大的距离，一时陈果夫还不知从何下手。正在他徘徊的时候，他想起了千年古训——“为政在人”，眼前顿时一亮。后来，陈果夫在他的《苏政回忆》中写道：“我们一到江苏，首先便是用人问题。”他搞党务多年，深知人治社会中令行禁止的关键在人，不在法，更不在是非。“顾”天不变，“陈”天难立，当务之急是改变用人的局面。这也叫一朝天子一朝臣，自己不用外派人。

但要搞一朝天子一朝臣，还要玩手段和“立牌坊”，让人不知不觉地演变，或者说顺理成章地“上钩”——这就要有“高超的艺术”。

且看陈果夫的高超艺术的表演，他上任伊始，就抛出了省府用其所长的“五条人事大纲”草案，大报小报地宣传，供人讨论，搞得家喻户晓，人人皆知。

且看这五条人事大纲草案。

第一条：重要的人事交与各厅厅长及省政府委员共同决定，不以个人好恶为取舍。第二条：不干预各厅各处各县市用人。第三条：尽量选用有朝气之青年任县长，使其能勇于兴革。第四条：鼓励国民党员从政，并勉以切实为人民谋幸福，以示出身革命者不用于官僚作风。第五条：鼓励选用中央分配的中央政治学校毕业生，以提高县佐治人员的素质、水平。

从字面上看，陈果夫的规矩，除了第五条略有故作引导之嫌外，其他的均无从挑剔。可是真正读懂的人，却没有不惊呼厉害的。比方说第一条，实际的效用就是把人事权上调，集中到省政中枢，堵死下面擅开用人的口子。第二条说是不干预，其实是不让前任的旧班底横生枝节。第三条为走马换将寻觅理由，第四条更是冲着“其他派系”下药，以突出“党”的作用来贬斥军人的越俎代庖。可谓事事有针对性，条条有杀伤力。

当时民众讨论踊跃，那些披着华丽外衣的词汇，总是民众赞誉的热点。因此陈果夫的人气指数大升。人们在热热闹闹、高高兴兴中接受了陈果夫“用人五条”。

照章办事。陈果夫很快草拟了一个省府班子的名单，报了上去。殊不知这名单中九位要员七位是CC分子，另两位都是蒋介石心腹，不用不行。后来，这纸名单拿到青白团中央常务干事会上讨论时，名单宣读后，有人扑哧笑了，道：“这哪里是在组班子，这分明是在炒大锅菜。这菜名我是想好了，叫‘一纸绘CC，一锅端黄埔’。”大家哈哈一笑。

有人也把讨论结果透给了蒋介石，蒋介石硬是按着不批。

陈果夫急了，一天一个电话地催问，蒋介石不说不批，一个劲儿地打哈哈。今天推说没研究，明天推说有事情。陈果夫心想不妙，估计哪个人上出了问题，不称蒋君之意，于是，陈果夫作了退一步的打算，连夜起草电文：“如有更适当胜任者，请委座指定之。”

正如陈果夫的揣摩，在南昌“剿共”的蒋介石见到电文，正中下怀，喜不自禁，忙唤来行营秘书长杨永泰，让其立即给陈果夫回电道：“建议民政厅长由政学系的辜仁发担任，余皆如名单所云。”

陈果夫接到电文，心中凉了半截，因为民政厅长是班子中的牛鼻子，是重中之重，不同于一般的职位。既然主子发了话，他还能说什么呢？于是他认为有人从中捣鬼，这个人不是别人，正是蒋介石身边的秘书长杨永泰。

陈果夫的猜疑果然没错，据知情人士披露：“1934年陈果夫被任为江苏省主席时，曾电南昌行营秘书长，杨从中作梗，另派他的部下辜仁发为江苏民政厅长，陈果夫衔恨在心，伺机发作。”

不久，辜仁发东窗事发。他的一个姨太太叫李淑兰，李淑兰控告丈夫重婚，对簿公堂。

## 第七章
## 苏政四年

李淑兰向法院自述说：“我本是湖南长沙人，今年23岁，几年前在汉口经人介绍与辜仁发相识，那时他正在委员长武汉行营当参议。不久我们正式结婚。但是辜仁发原先是有家室的，还生有子女，据说是离婚了，后来又听说没有离婚，那个原配夫人还住在南京。如果确定，我要告他重婚，谁叫他这么无情，派警察来上海抓我，连……连我母亲也抓了。”李淑兰说到伤心处，泣不成声。

“什么！重婚？民政厅长辜仁发重婚?!”CC分子的头脑们眼睛顿时放大，陡然振奋起来，马上派人四处查访，在记者的帮助下，找到了辜仁发的原配夫人艾承枚。当即滚动三寸不烂之舌，调唆艾承枚出面控告“那个没良心的东西”。记者们则抓牢新闻热点，不厌其烦地搞起了专访报道，片刻间，把京沪倒闹得沸沸扬扬。

李淑兰见自己的指控有了眉目，也进一步发难，她特地延请上海的著名律师章士钊替自己写诉状。刹那间，便从卖官鬻爵案的被告，变成了控夫重婚罪的原告。舆论趁势喧哗，尤其是那些惯以风月艳情为题的小报记者，用半是秦香莲之哀怨，半是陈世美之轻薄的笔调，把个喜新厌旧的老故事，演绎得跌宕曲折，大快人心。事情闹到了这般地步，辜仁发慌乱起来，他匆匆赶回镇江，安排对策。先与省警备处密谋，以为封堵新闻喉舌是当务之急。接下来，再盘算后院事宜，想方设法稳住两位夫人，大道理可谓：一家人不说两家话。

主意打定后，辜马上派亲信某督察跑到无锡，会同警察总局局长李文恭，在周山浜华盛顿饭店设宴，遍请各报馆编辑与记者，到时巧用软硬手。软的是金钱贿赂；硬的是预先埋伏好打手，敬酒不吃吃罚酒，让老记们尝尝老拳的厉害。

谁知百密终有一疏，内幕让CC探了去，事先透露给新闻界。于是，各报馆在派出记者赴宴的同时，要求县政府与驻无锡的宪兵营尽力予以保护。此事，由于CC打了招呼，有关方面有求必应。

等到酒宴上软招失败，某督察准备动粗时，忽有手下来报，说火车站、周山浜一带宪兵、政警人头攒动，情势看来不妙。某督察只得急收凶相，把个逼宫戏演得先火后温，失了分寸。相反，来日见闻披露报端，又激得讥嘲骂声一片，事情越弄越糟，辜仁发完全陷入了被动的困境。

3 月 29 日，监察院正式对辜仁发提出了弹劾。起初，辜还指望张群替自己转圜，然而，由于事件的背景过于复杂，搅和了派系之间的争斗，再加上新闻界的前期宣传，正闹得风波轩然，张群即便吃了豹子胆，也不会在光天化日之下庇私护短，自寻苦头。

辜仁发绝望了，正伸着颈项等候挨宰，幸亏蒋介石明晓根底，不愿让政学系太过难堪，他把辜厅长叫去训了一顿，然后建议他自己提出辞职。4 月 3 日，在陈果夫主持的第 646 次江苏省政府会议上，通过了一项陈果夫期待已久的决议："本府委员兼民政厅长辜仁发呈辞，转呈国民政府准予辞去本兼各职，由陈省主席暂行兼理。"

4 月 14 日，陈果夫兼理民政厅长，4 月 17 日，陈果夫在江苏省政府总理纪念周日上，专门作了一个报告，他用沉痛的语调，上台便说："诸位，省府于最近数星期中，发生了辜厅长的一件事，诚属不幸！辜厅长来苏数月，工作努力，竟因此辞职，很可惋惜，我总感觉到：在政治上工作的人，不仅本身一切行动要多加检点，一切家庭的关系，也须特别注意。没有结婚的，择偶时须审慎；如果一时错误，娶妻不贤，日后她做了坏事，还要你自己负责，还是你自己受苦。所以在政治上负责的人，不应好色娶妾，连金石书画之类的风雅嗜好，都应当摒绝。因为嗜好一多，本身欲廉而不得，政治也无从澄清了。"这一番肺腑之言，只听得 CC 分子振聋发聩，政学系人物欲哭无泪。①

① 李海生、张敏著，《陈果夫与陈立夫》，第 186~187 页。

## 第七章
## 苏政四年

1934年5月3日，余井塘接任江苏省民政厅长一职，此举意味着省政的各级衙门已向CC分子大大地敞开了。

# 治省兴政

倘若说新官上任三把火，陈果夫第一把火是治省用人，那么第二把火则是治省兴政。何为兴政？那就让陈果夫走上讲台明晰一番。陈果夫第一次向省政府官员训话时，站着一口气讲了两个多小时，不喝水不喘气，那真叫人佩服。

他首先讲江苏要办成三民主义的模范省，首当其冲的是兴政。兴政是第一位的。兴政是压倒一切的头等大事。兴政的要害在于兴利去弊。兴政的核心是“决策科学”，兴政的原则是“工作求实”，兴政的目标是“提高行政工作效能，把江苏办成三民主义的样板省”，兴政的着手处是“从有意应承上司、浮夸不实的衙门作风”进行整顿改革，大事着眼，小事着手。接着，陈果夫话锋一转，道：“过去衙门虚设，数字虚报，官薪照领，敷衍塞责，令不行禁不止，我认为作为上峰，有方法问题也有作风问题，作风问题是痼疾问题，痼疾不根治，形式再好，口号再响亮，也不济于事。所以我们提倡‘求实’的作风就是这个意思。比如合署办公，固然可以提高工作效率，但可用于战时，未必合乎于平时；还有‘案无留牍’的口号，要求公文不能积压，必须每天办结。其实既不可能，也无必要。硬当作官样文章来做，搞形式主义，取悦上司，就背离了‘求实’‘科学’四字。因为公文的简单复杂，随内容而异，有些可以立即办，有些必须查卷查询，有些必须与各方接洽商量，还有须从长考虑，假设为满足形式上的行政效率办了，不仅贻误公事，而且倒回头重新办过岂非效率更差？我不赞成‘案无留牍’的口号，该如何办就如何办，这就是‘求实’。同时，讲究方法和工具上改进，推崇‘科学’的理念是至关重要的。求实和科学四字，都是五四运动时期提出来的革命口号，我们就落实行动。”

陈果夫讲完“兴政”这个话题，接着又去参加另外一个孙中山纪念会，大会在开幕前，由司仪倡导为民主革命的先驱孙中山先生静默三分钟。可是不到一分钟就静默完毕。陈果夫不干了，作为省主席，他满脸严肃地讲：“我们要兴政，就要从‘求实’做起，从小事处着眼，以小见大，不能马虎。静默三分就是三分，这叫求实。不可二分五十九秒，也不可三分零一秒。准时到准时退，从事建设不求实不能成功。马马虎虎的习惯必须革除。”

讲完后，他命令司仪立正，看准表，让会议重新开始，静默了三分钟。这次会议没有给大家留下什么印象，倒是陈果夫“求实”作风入木三分地让人刻骨铭心。

为落实强省兴政的大计，不久陈果夫又深入江南水乡，体恤民情，为民办事，又成一桩传闻。

且说这天，陈果夫一行在县城一家饭店吃饭，隔着窗户看得清楚，饭店对面有一家布店。一个乡下进城挑粪的老汉，脚一滑，一个踉跄，虽未跌倒，桶里的粪却溅了出来，刚好落在一家浙江老乡开的布店门前。老汉赶忙卸下担子，寻找笤帚清扫。老板站在门口，恶狠狠地说：“粪落在我店门前，还用我的笤帚扫，不怕脏了我家的笤帚？你去擦掉！”

白头老汉说：“好，我来擦，我来擦！”

说罢，就四下寻找地上的废纸、破布。叉腰老板却用脚踩着一片废纸，恶狠狠地说：“得用你——的——棉——袄擦！”

老汉急圆了眼，说：“你……你……”

老板把眼一瞪，说：“你别给我瞪眼？清早粪溅我店门前，误了我生意，你还有理？”

## 第七章
## 苏政四年

老汉无可奈何地脱下棉袄，打了一个寒噤。这时看热闹的人围了一圈，见老板无理欺人，都很气愤，也担心在这寒冬腊月，老汉冻坏了身体？但这老板“横”得很，都敢怒不敢言。老汉正要用棉衣擦粪，陈果夫从人丛中站了出来，说：“老大爷。天冷，你穿上袄子。那柜台里有的是布匹，你拿一匹布来擦！”话中带硬。

老汉看看陌生人，又望望老板，不敢动作。陈果夫和秘书却走上来，硬是帮老汉穿上袄子，推着他去拿布匹。

老板看这来人高高的个头，瘦削的脸庞，长得白净斯文，身后又有提包的，有点来头，听口音是浙江口音，就说：“客官，我们是同乡，你就甭管这闲事啦！”

陈果夫却对老汉说：“老大爷，一切由我做主，快拿布匹来擦吧！”

“好，我拿！”

正在此时，一阵马蹄踏踏，尘埃扬起处，县长大人来了。原来，知县大人在城门迎接陈果夫主席，听说陈果夫已微服进城，就赶忙进城来找。一见正是陈果夫一行，就说：“陈主席，贵地一方，任你查处，如有不规，你就发话办吧！”

老汉就上店拿了一匹下来，擦地下粪便。

一匹布擦完，陈果夫说：“不干净，再拿一匹！”

一连擦了八匹布，陈果夫方说：“嗯，差不多了。”

老汉挑起粪桶走了。老板心里气，但可不敢吭声。陈果夫望望老板，说：“老板，这八匹布记在我这个老乡头上。”

过了三天，陈果夫要走了。老板气不过，就在店门前贴了一张白纸长条，上写：

“虎走山还在。”

陈果夫从门前经过，瞥眼看到“虎走山还在”的长幅，待县长送到城门口，陈果夫说：“李县长啊，我这里也有幅字，劳你的神，贴到我那同乡的布店门前。”

李县长忙接了过来，送别陈果夫之后，就拿到布店门前贴上。陈果夫写的是“山在虎还来。”

老板一见，吓得出了一身冷汗，从此不敢作恶。

这事一传十，十传百地疯传，把个三苏大地传得沸沸扬扬，再加上“静默三分钟”的兴政传闻，陈果夫也成了三头六臂的神奇人物。

同时，陈果夫的“严谨顶真”的工作作风，也叫全省人佩服，下属官员纷纷效仿，一时间，竟成了三苏官吏中类似“红灯绿灯”的警示。一些下属官员到省城汇报工作，都是要准备三天的，揣摩上司的问话，生怕出了纰漏，或者说出个“大概”“可能”，陈主席是要你尴尬红脸的。

陈果夫深知积习日久，一般不作训斥，只提一下希望，下不为例。且说这些官员也是有教训的，下次汇报不敢再马虎了。

## “专员不兼县长”始于江苏

陈果夫走马上任江苏省主席期间，正是蒋介石领导的南京政府五次“剿匪”、中共红军五次反“围剿”的大搏斗中。蒋介石气盛，作为总司令的他，主张全国军事化，一切为前线，一切为“剿匪”，所以南京政府的行政统制、行政督察、行政兼任都体现出战时特点来。战时的行政督察专员制明确规定，专员兼所在县县长，便于对全区地方武装力量的统筹调动。陈果夫在行政兴政的活动中，首先大胆提出来“专员不兼县长，不兼县制，由江苏开始”。一时引起了轰动。

陈果夫在接受记者采访时，明确表明了自己的观点，说：“我认为江苏乃非‘剿匪’省份，任何事都要求实，不应一刀切，专员还是以不兼县长为宜。因为设立一个制度，首先要求名副其实。省县之间既增加了中间督察一级，就要使它名副其实地发挥督察及层次节制的效用，倘使兼县，专员一方面是高一级的督察者，一方面又与其他县长为平行的同僚，结果一定顾此失彼，起不到应起的作用。”

陈果夫的观点见报后，有人举起了“棒子”给予抨击，说什么专员兼任县长是委员长的创造，江苏是蒋委员长的天下，不能说改就改。说这话期间，早有人也把此话捎给在南昌“剿匪”的蒋介石，蒋介石也感到气愤，不过他没有把这种气愤表达出来，而私下里放出了风声，于是引发了一场激烈的大辩论。

陈果夫是聪明人，面对着两派群众言辞激烈的争论，火药味十分浓烈，他认为吵架不能解决问题，真正解决问题还要靠实践。于是，在一个月黑风高的夜晚，在两派争执不下的时候，他潜入了苏北地区，在他的支持下，开始了专员不兼县长的试点示范。每示范区根据其交通和自然环境，辖四县至九县不等。各专员公署编制不大，富有弹性。譬如，某一区的中心工作为水利，则专署内增设督察水利工程专家，另由建设厅派工程人员若干名辅助专员，督察水利工程。如某一区的中心工作，着重在整理财政，则由财政厅派专门人才若干到该区署协助整理。由于江苏的行政督察专员制度，完全是因地因事，以制其宜，实行下来，确实比旧制好，蒋介石看了试点报告很高兴，大笔一挥作了推广的批示。先向苏南地区推广，而后向全国推广，成为全国通行的制度。这件功劳当之无愧地应该记在陈果夫的头上。

再说与行政平行、同等重要的还有警政。陈果夫也给了很大重视，投入了很大的精力，为“安乐的江苏”打下了基础。据陈果夫回忆说：“警政是内政的骨干，国家的内政要上轨道，必须要从健全警察制度开始。”当时，蒋介石正在前方“剿共”,“大敌”当前，陈果夫的警政改革和健全，当然也离不开“反共防共”的重要内容，他推行保甲制度和联防制度就是例证。

且说陈果夫推行的保甲制度，应该说是强化警政的一种手段，但却是始于宋代封建社会的一种治安制度。由于推翻了大清，这种制度就被束之高阁了。陈果夫却来了个“拿来主义”，他认为老祖先的东西也不全是过时的，宋元明清，四个朝代都在沿用，说明它是管用的。

再说保甲制度主要是通过十户一甲、十甲一保的编组，由大到小，深入基层，把“防共反共”的任务和责任落实到一家一户中去。用“管、教、养、卫”的方式，实行他的“联保连坐法”，必要时，还可以编组民团，维护治安。无疑这种保甲和联保制度，是带有浓烈的“防共反共”色彩的。这也是陈果夫死心塌地跟随蒋介石，坚持以共为敌的罪证。

这种保甲制度不像督察制度，很快得到了蒋介石的赞许。蒋介石闻到了“腥味”，立即给陈果夫打气：“做得好，不遗余力！”陈果夫见信后，于是在 1934 年 4 月，先从苏北地区试点开始，而后向南各县推广实行保甲联防制度。与此同时，还要求各县强化壮丁训练，充实保安团队，然后与治安警察合编成地方保卫队，以增强防共抗共的力量。在此基础上，成立了江苏省保安司令部，陈果夫摇身一变成了“大司令”，圆了他的军阀梦。尽管这“军阀”桂冠不像人家那样说来硬气，但是他身后毕竟有 60 万保安队伍呢！“党阀”戴上了“军阀”冠，陈果夫暗暗自喜。

## 地政，成绩斐然

土地，万物之源，国脉所系，民生所依。

# 第七章
# 苏政四年

中国自古便有泱泱农业大国之称，从远古女娲以泥造人的传说到后稷教人稼穑，走出游牧，人类便与土地结下了不解之缘。从先秦的“男乐其畴，女修其业”到周文王演八卦，尊土为“五行”之首，从唐朝的“地为天生，人为地显”到宋朝的“但存方寸地，留与子孙耕”，从元朝的“土地，诸物之根菀也”到明朝“黄金有价地无价”……这些千古至理名言，或血或泪，如泣如诉，无不是对野蛮践踏和轻视土地的批判。

基于这些名言名句，陈果夫十分重视地政管理，“警政”“地政”一起抓。在陈果夫建议下，1932 年 8 月中央政治学校增设了地政研究班。在地政班开学之际，作为省主席，日理万机，陈果夫还不忘到班里作报告，他的报告生动风趣，激起了阵阵掌声。

他说：“外国之所以富足的原因，不外乎能善于运用‘人’与‘地’两个方面。我国人口众多，何以积弱贫乏？是在于不能充分利用‘人’和‘地’。在人的方面，未能做到人尽其才；在地的方面，没有做到地尽其利。”

陈果夫早在导淮委任职时，就专门成立了土地处，充分发挥了他的智慧，以地养河，以河兴地，地能生财，钱没花多少，水利工程一座座。如今他又强调地政管理工作，无不是从中得到了启示。于是，陈果夫不顾自己身体虚弱，亲临三苏大地视察。在苏北地区，他亲眼看到由于水利失修，大片大片的淤地不能利用。他很心痛。他下决心修一条南北运河：北自灌河之陈家港起，向南经过阜宁以东之淮河入海道，河槽一直沿海边到南通，入长江，汇大海。同时把运河挖出来的泥，筑成一条挡海的长堤，海水不使内灌，则范公堤以西的数万亩土地，便可逐渐变成良田。

这条计划中的新运河，西距范公堤约二三十公里，这就是宋朝以后逐渐淤积起来的土地。这条运河要是开成，沿河的土地，原来为不毛之地，可以变为百里沃田，地价一定随之急涨；开辟运河经费，即可以土地之增益价值为抵押。但若不预为筹谋，必将为巨绅财主投机垄断，不劳而获地提取政府及千万人民辛苦经营的果实。连云港市在辟市之前未有筹谋，所有区位好的土地，为富商大官购买一空，市政建设经费不能从土地上去谋取解决，便是最现实的前车之鉴，所以陈果夫在运河工程之初，即命地政局派员调查预定新运河路线一带之地价，开始测量。根据测量数字和地价的趋势，计算出新运河预计发行公债1200万元，即以运河开辟后的土地增值来偿还。预计运河工程，一年半可以完成。完成后陆续收取沿河土地增益积金，两年半可以还清。所发公债，预定为五年还清本息之短期公债。1937年下半年即开工，上半年已命令停止该路沿线土地之买卖，杜绝投机，所有开辟新运河的有关章则均经订定，由省府会议通过，在章程中特别规定，凡属为新运河开辟努力之人员，得由省政府按其成绩，奖以宅地，并由省政府选择适当中心地区，将来可发展成市镇者，先收购若干之地，当作奖励宅地之用。原章程严禁工程人员作土地的投机，所以又有这一规定，又有人情之调剂，一方面杜绝其私购土地，一方面仍予以获得土地的希望，而鼓励其努力工作。

与此同时，陈果夫还在江苏实行了他的土地管理提案，办理江苏省的地政，分两步进行：第一步是治标，为开办土地陈报，以整理财政为目的。最初有江宁式的土地陈报，后来萧县办得比较详密，所以又有萧县式的土地陈报。所谓土地陈报，就是要地主陈报他的土地。同时，就土地来查明其地主，使地与主联系起来，做到田赋不易陷匿、规避、转嫁。虽然是一种临时治标之计，但技术上却也费了一番功夫，财政上也小有成效。第二步是治本，便是丈量土地，整理地籍。这件事前任顾祝同已着手办理，陈果夫接任时，已有三县丈量完竣，开始登记地籍，前任向国外订购测量仪器甚多，后来江南富足各县，又分别添置了不少。有此基础，所以大规模办清丈，也就省事得多。至1937年下半年，江南各县丈量完毕，且有十县以上，将土地登记办好。已实行征收新式的地价税，以代替相沿数千年之田赋，实为我国历史上之创举。这也是陈果夫的一大功劳。

江苏的地政，虽因战事停顿，但其重要图籍仪器，及一部分在江苏训练出来的地政人才，都撤退到后方。器材存在四川万县。后方各省，后来在抗战时期之所以能做一些土地丈量工作，大半利用江苏撤退下来的人力与器材，这也未必不可以说“失之东隅，收之桑榆”。

“中央”会经通令建造公墓，并禁止农田造墓，这原则本来是对的，不过只能适应将来，却不可追诉过去。如果把原来散漫在农田中的坟墓，要坟主把它们集中，改迁公墓，一定会引起人民极大的反感。尤其浙江宁、绍一带的坟墓，多用石礅，造得非常坚固，更难得搬动。所以江苏并未依照办理，因为中国没有大规模使用机器耕田，田里有坟，并不十分影响耕作。等到农业机械化了，这问题自然会解决。现有的坟墓虽然尽不必迁，而适当地利用还是应该的。所以规定坟墓上应种农业副作物，或蔓藤之瓜果等类。在山地之坟墓，必须种植树木，经3年而不植树者平其坟，这样就可以地尽其利了。

苏北若干地方很多屯田，从前归军事机关管理，其收入大半为办事人员中饱。实际上这些屯田年代久远，已失去屯的意义。所以“军政部”视之如累赘，管也不好，不管也不好。陈果夫下令“军政部”将全部旧屯田及所管其他公地，交了出来。在海州有左右营两大块土地，先将地籍整理，后将地权完全归诸耕者所有，实行了耕者有其田。这样一来，农户皆大欢喜。以后即与其他土地一样，向政府缴纳地税。这些屯垦的兵，经过了多少年，早已是普通老百姓，而因为名义上是屯田，每年受不法军人的骚扰、敲诈，一旦使之名副其实，所以都非常感激政府。“军政部”测量的黄河故道于公滩公地数万亩。这些地，原来是老百姓随便占用的，但规定为“中央”所有之公地，所以不向县政府纳税，而另有一批有力者，却向他们收钱。“地政局”把这些地切实清楚后，做好了土地所有权状及蓝图，规定收租规则，和耕种的老百姓订立租约，每年分两期收租，也受到了老百姓的欢迎。

在那时，全国地政以江苏为龙头，成绩斐然。

## 陈果夫的理财之道

应该说陈果夫生财有道，从他记事起，他就不缺钱花，少年有压岁钱；上中学起他就挣钱，根据物价差价，随便倒弄些东西就能挣到钱，这样既不误学习，全当是玩了，何乐而不为呢？成年后在上海他又委身于经济之道，崭露头角。所有这些，都为他去江苏，振兴江苏经济做了绝好的铺垫。后来江苏财政治理、合作化飞速发展，江苏经济振兴，莫不是与他先前经验的积累有关。

且说1934年春，这是陈果夫上马上任的第二年，他凭借早年经营金融的经验，设计了一整套金库会计制度，并进行施行，严格堵住了财务漏洞。金库制度实行开始，先指定江苏农民银行代理省、县金库，规定所有收支，一律在此办理，各机关只留少量备用金，这对各级官吏是一个严格的限制。会计制度为新式官厅会计，取消旧有的四柱清册，并且规定：每年办理一次假交代（年终盘结），为后来的交接做准备。会计制度初行时，方方面面持消极态度的特多，试行一段时间后，优点不少，大家才改变了态度，由消极到热烈拥护。

过去，各地财务混乱，一旦县长大人调任，财务交代成了大问题，有清不完的账、扯不完的皮，拖几个月乃至一年也不少，屡见不鲜。新的会计制度施行后，遇到调任，可以随走随交，最多只需一个月。这样一来，效率大大提高，同时也大大压缩了徇私舞弊的时间和空间。

再说合作事业是孙中山民生主义的具体体现。陈果夫一到任，就给予了重视，在陈果夫的策划下，通过一个响亮的口号“人人为我，我为人人”，就把散沙般的农村、乡镇组织了起来，名曰合作社。陈果夫高度赞扬说：“资本主义及共产主义两极端中间的一条中庸大道，它调和着公利和私利，公用和私有，公营和私营，而且有计划统制之长，而无其短，所以是实行三民主义社会经济建设的康庄大道。”

中国合作运动的创始人应该说是陈果夫的老师薛仙舟先生。早年陈果夫赴德留学前，曾就教于薛仙舟，攻读德语。结果陈果夫德语字母装不进脑海，德语吃了“鸭蛋”，而先生的合作理论却装进了头脑。陈果夫任江苏省主席后，谁也不请，独把当年的薛老师用八抬大轿请了过来。老师问学生请他何为？学生答，中国要走合作化道路，我们江苏不能落后。请先生指导，且拟个全面的能推行的方案也。先生答道，合作事业是本人毕生之研究，如能见天日，是先生一生幸运事。于是，薛先生废寝忘食，不出半月，拿出了方案，呈报到蒋介石那里，大受称赞，红笔一挥照办。于是，江苏省就轰轰烈烈地开展起了合作化运动，并始于全国的先头。合作化轰轰烈烈地开展后，薛先生就撒手人寰。陈果夫在悼词中道，先生毕生献身合作事业，可惜先生看不到合作化的成果啦！

陈岩松时任江苏省建设厅合作科长，是最直接的执行者。据他回忆说，陈果夫任江苏省主席时，除了“在吴县设有光福合作实验区，推广蚕丝合作外，并在江南的丹阳、江北的淮阴，分设两个合作实验区，前者推行以信用合作为中心的乡镇综合性的合作组织，后者是以推行猪畜运销保险为主的专营合作组织。此外，辅导各种农业特产，如徐州、南通的棉花，宿迁的金针菜，无锡、吴县的丝茧，吴江的丝绸及砀山的梨子等，均组织运销合作社，由省农民银行设立信托部，供应低利资金，并由中国合作学社在上海设立批发部，代办销售业务。即自货品生产后，凡集货、分级、包装、运输、奖金调剂及出售，全由合作机构办理，可免除中间剥削，以确保生产者得到生产的全部利益”。对上述做法，陈岩松的评论是："果公早年在上海经商，富有商业经验，因此，他对合作事业不仅在理论方面有独创见解，且在业务经营方面，亦有精明确切的指示。”至于效果如何，他说当时有这方面的统计，称为“中国合作运动成果记录”。附有统计图表 26 幅，记载了合作运动开始至 1932 年的主要成就，在合作社的数量与参加人数的项目上江苏分别占全国总量的 58. 23% 与 48%。到 1934 年末，江苏全省的合作社又由当初的 1609 个发展到 2600 个，参加人数也有了大幅度的增长。从经营状况看，今胜于昔的趋势逐步显现出来。1938 年，抗战爆发，江苏成为沦陷区，陈果夫念念不忘合作运动滋长的沃土，从中多有总结，归结为："一个基础”“一个原则”“五类合作”，即“合作社为三民主义的基础”；“互助为合作最高原则”，具体有“工业合作”“农业合作”“交易合作”“银行合作”与“保险合作”。

## 禁烟传奇

陈果夫苏政四年，正是南京国民党政府腐败的初期，正风兴政，包括规正官风、改良民风、净化社会，陈果夫都做了些许有益的工作，唯独禁烟，成绩最大，几乎传奇，值得一表。

且说 1932 年 11 月，一个月高风啸的夜晚。

## 第七章
## 苏政四年

一个“大烟鬼”被陈果夫迎进了自己的行辕。此人大高个儿，身穿长布衫，一脸的烟容，脸黑不说，两腮明显地凹了进去。身上肉不多，活像个“大虾米”。不过，也能看出年轻时的英俊风韵，只不过今非昔比。

此人不是别人，正是陈果夫当年南京陆军小学的同班同学徐俪江。当年他还未入陆小时，新任班主任误认为他是一位靓丽女子，报到后方知是一位风度翩翩的小伙子，与陈果夫分为同桌。多年不见，这次应陈果夫盛邀来府做客，徐俪江心里直打鼓。

徐俪江进来时，陈果夫还没有下会，秘书让他在会客室稍等。待陈果夫下会与徐俪江相见时，他吃惊地发现老同学变化太大了，以至于不敢相信自己的眼睛。

“俪江兄，变了当年的靓丽，让我也不敢相认了！”陈果夫开口先说。

“果夫，你官做大了，难得相见啦。”俪江答道。

“快坐下，”陈果夫又招呼秘书上茶，然后才坐下来问：“你现在所司何事？”

“不怕你笑话，老同学落伍了，我在苏州是有名的寓公，在家里是个有名的烟枪，落了个孤家寡人。老婆反对，儿女反对。后来老婆见我是吃屎的狗改不了，也就嫁狗随狗了，也抽起了大烟。”

“你的情况我知晓。”陈果夫平和地说。

徐俪江两眼露出了惊愕，似乎在问，你是怎么知道的？

“关心你呗。”陈果夫友谊般地为徐俪江续了水后，又道：“今天请你来，我想了解烟场情况。”

“要说这行我不陌生。”徐俪江侃侃而谈：“上海的黑市，苏州的黑道，南京的黑易，镇江的黑窝，不是我俪江瞎吹，全在我的脑瓜里。”徐俪江边说边指自己的脑袋。

“这我相信。”陈果夫洗耳恭听，“你对烟场有什么认识？”

“要我说真话还是说假话?”

“当然要讲真话!”陈果夫道。

“讲真话，要让我先骂蒋不死的!蒋介石年年喊禁烟，都是做表面文章而已。若要追究查禁不力的责任，全在蒋该死身上，当然我也是受害者。当年，杨永泰为替蒋介石筹措军费，献出新生活一计，实行鸦片三禁政策，结果使非生产区的鸦片贵如黄金。当时蒋介石‘剿共’缺钱，这杨永泰也不是个玩意儿，反而向老蒋又献一计，倒卖鸦片可赚大钱。蒋介石也是个该杀的，居然点了头。搞得禁烟大防形同虚设，大烟泛滥成灾。”徐俪江一针见血地直砭当局。

陈果夫也不介意道:“人家是人家，我是我，既然为官一方，就要造福一方。老同学，今天不瞒你说，我也要向你摊牌，江苏要禁烟!”

徐俪江又是惊愕，双目圆睁:“当真?”

“当真!”陈果夫双目严肃。

当徐俪江眼睛碰上陈果夫的眼神时，徐俪江的眼睛被灼了一下:“老同学，有话你说吧，需要用着我的时候。”

“我想任命你为省禁烟局局长!”

“老同学，你不是开玩笑吧?”徐俪江第三次惊愕。

陈果夫道:“你还有什么话要说，没什么话说，明天上任。”

“不，不!”徐俪江连连摆手说:“让我考虑考虑。太急了点。”

“好，你说吧?”

徐俪江呷了口酽茶，拍拍自己的脑门，静默三秒钟，道:“既然老同学这般相信我，为接受这个任务，我先回苏州戒烟，等我戒了烟，再来上任。这也表示我的决心。”

“好，一言为定!”当两双大手相握时，一项交易达成了。

再说徐俪江高兴，那是三个没想到的高兴。他与果夫分手后，一人走在长街上，他甩下帽子，只觉得头脑轻快，脚板生风，边走边想，越想越高兴，一高兴就唱了起来，直到走进了死胡同，他才清醒过来，于是掉头匆匆向苏州老家赶去。

徐俪江回到苏州，与老婆一讲高兴的事儿，老婆也乐得合不上嘴巴。夫妻二人下了决心，为了戒烟，一头扎进了外国人开的赐庄博习医院一个多月，服了外国洋药，硬是把十几年的大烟瘾给戒了。

出院那天，天格外蓝，徐俪江也改变了模样，他满脸红光，让前来迎接他的朋友们不胜感慨："精神了！"他在家里宴请了朋友们，第二天便登上了去省政府的火车。

当西装革履的徐俪江神采奕奕地出现在陈果夫面前时，陈果夫也惊骇了："士别三日，当刮目相看。烟戒了？"

"不但我戒了，老婆也跟着戒了。"

"好样的！"

接着徐俪江又把走马上任后的工作方案全盘托出："在戒烟期间，对于'戒烟方案四步走'我也作了考虑，不知可行不可行？"

陈果夫摆摆手，"说来我听。"

"我想第一步，先发个通令，命令各缉私人员，全力以赴，断绝黑货的源头。"

"那第二步呢？"

"接着就要提高烟土销售价的税收和各烟馆的营业税。第三步普遍在公私立医院，成立戒烟治疗所，以方便并协助烟民脱离苦海，超生彼岸。第四步为提高积极性，多加奖金，使缉毒工作收到更大的效果。"

"很好！"陈果夫立即给予了肯定："就这样办。"

于是，徐俪江就这样走马上任，不出三个月，就见端倪。徐俪江凭借自己对烟场黑白道的熟悉，四处出击，八面拦截，办法可行，方法得当，形势日见好转，民心称快，各地住院就医的烟民大大增多，不少烟馆因为营业税多而倒闭，烟民大大减少。报纸上有人写文章称颂："自从来了徐俪江，江苏戒烟有保障；民风社风日见好，三苏人民齐赞扬。"

第八章

# 内讧纷起

## CC 系叫板政学系

却说蒋介石联合一切可以联合的力量，过三关斩五将，斗倒了汪精卫的改组派，战垮了大同盟、西山会议派，赶跑了胡汉民派，最后形成了“蒋家王朝陈家党、宋家姐妹孔家财”的格局。这时蒋介石才摇起“诸葛扇”，对外一致抗共，对内制造派系，互相牵制、互相抗衡，以利于自己稳坐钓鱼船，独揽民国大权。这也是他独撑大权 20 余年的高招。

有人形象化地对蒋介石的班底作过一番描述，说：“王车驾三马”，或者说“三马驾王车”。这“王车”好比蒋介石，“三马”就是蒋介石班底中三大派系，即是黄埔系、CC 系与政学系。且说这三大派系，就资历、辈分来说，也有个高低、先后之分。要说根子最硬的还是黄埔派，应该说这是“三马”中的辕马。平分秋色的是政学系与 CC 系。

陈果夫、陈立夫作为 CC 系的代表，看透了这一形势，于是先是叫板政学系。

再说政学系的代表人物当数杨永泰。政学系在蒋家王朝中崛起较晚，发展却十分迅猛，能与黄埔、CC 派形成三足鼎立之势，能言善辩的杨永泰起了决定性作用。说到这里，有人不禁要问，这杨永泰何许人也？

杨永泰是广东茂名人，大清时期中过秀才，当过同盟会会员，阅历很广。民国成立后，混入政界，当过袁世凯的国会议员，又替孙大总统管辖过广东省政。北伐伊始，经张群引荐，才被纳入蒋介石的麾下，担任国民革命军总司令部的总参议。时间稍长，主唱仆从，甚为和谐。杨永泰有一个特点，喜欢揣摩主子心理，习惯于备正反两个方案在身，揣摩到度，便将方案抛出，常常让主子生出“英雄所见略同”的感慨来，久而久之，深得老蒋赏识和宠爱。后来有人戏称为“老谋深算”。

后来，杨永泰担任“剿匪”前线蒋介石南昌行营秘书长，蒋介石逢有大事，必移尊就教，一时间“天下谁人不说杨”，实可谓：大红大紫，权倾朝野。

杨永泰也是聪明人，他利用蒋的充分信任，拉帮结派，打击异己，发展自己，短短 6 年间，他就赢得了“政学系的班主”的公论。

1935 年蒋介石结束了江西省内五次大“剿共”，南昌行营的历史使命结束。蒋介石有意安排杨永泰到湖北省府任主席。就在这一风声传出来时，CC 派似乎是闻到了腥味，以为这是政学系失宠的信号。陈果夫、陈立夫等立即紧闭屋门，拉下窗幔，开始筹谋于密室。

陈立夫说：“这次杨永泰去了湖北，说明老蒋有意把他支开。”

陈果夫道：“老蒋讨厌不讨厌杨永泰，还不能太早下结论。”

“老兄怎么看？”

“要我看，这是权宜之计，有可能还要重用。”

“那我们该采取何种措施？”

陈果夫侃侃而道：“趁他还没有到湖北报到，给湖北何成浚打招呼，两面夹击，煽风点火，让他干不下去。”

接着陈立夫也谈了自己的看法一二三。

他们散场时，三星已经西南。

且说第二天一早，湖北绥署主任何成浚还没起床，就接到了一位 CC 分子打来的电话，让他秘密组织民众，借民众力量，以抵制杨永泰赴鄂任职。再说何成浚也早就听说杨永泰来鄂工作，这对自己冲击很大。再者此人能量大，生怕他来湖北，搅得塘水兴波，乱了一方宁静。再说 CC 派的主意正中自己的下怀，何乐而不为呢？于是何成浚思考了一会儿，掐掉烟屁股，扔在地上，并踩了一脚。

第三天，武汉校园就有零零星星的有关杨永泰的小字报、大字报。第四天就有学生到省衙门前静坐，抗议杨永泰来鄂主政。一周后，武汉三镇，大街小巷，游行的学生队伍比比皆是。在游行示威中，学生第一次喊出了“打倒卖国贼杨永泰”的口号。

民间传言甚多，传得沸沸扬扬。这个说“前面走了虎，后面来了狼”；那个讲“老羊（杨）涮汤，骚了一湖（北）”；还有的嘀咕：“白羊（杨）要克九头鸟，反了乾坤。”结果激得反杨情绪满城风雨。

世上没有不透风的墙。

武汉的反杨风潮传到了杨永泰耳里，开始杨还不大相信，因为在鄂他没有对立面。后来又有人反映，他才真的信了。他不光是信，心里还有些发怵，眼睁睁地望着天花板，半夜没闭上眼。思前想后，他便找到了主子，向老蒋倾诉了自己的苦衷：“我姓杨的没做那些缺德事，何必要火烧？”

“这个何成浚，怎么这样乱搞！”蒋介石听了十分生气。他一方面安抚杨永泰，一方面给何成浚发电报。

电文如下：“据报：湖北省党部籍学生提出打倒杨永泰的口号，向政府示威。如果属实，即将该党部及其负责人一律军法从事，具报为要，中正。”

应该说，蒋介石不惜以杀 CC 分子为杨永泰入鄂开道，这是何等的尊严与信任！

陈氏兄弟倏地发觉先前的估计（以为杨失宠）是大大失误了。眼下，羊肉没涮着，沾了两手腥，局面被动，怎地是好？一番密室策划，陈立夫认为清水可以搅浑，浑水却不能澄清，索性让它越搅越浑，于是心生一计，让刘鸣皋代表省党部，前往绥署说明情况。认为“打倒杨永泰”的口号，是学生自发喊出来的，与湖北省党部没有干系。

# 第八章
## 内讧纷起

何成浚知道老蒋怪罪了下来，没个说法通不过，听了刘的汇报，没有追问，就对刘道："那就照你刚才的意思，写个情况如实上报就是了。"

刘根据何的意见，拟了一段文字呈上，何成浚看了一遍说："意思不错，只是电文太温和了些。"

刘鸣皋道："劳驾你下笔斧正吧。"

何成浚大笔一挥加上了十个字："莫须有杀人，职责为不可。"

绥署办公厅主任陈光祖站在旁边看了，吓了一跳，战战兢兢地问："这样写，非触怒委员长不可!"

何成浚回答得痛快："没有什么，最多不干就是了。"

且说何成浚早年是老蒋的幕僚，关系非同一般，他深知老蒋的脾气，绝不会因为他的两句分量稍重的话大动干戈。

后来，蒋介石接到复电后，哈哈笑了："这个何成浚没大没小的!"接着批示道："让省党部来人汇报。"

何成浚把这个意见传达给刘鸣皋后，刘大吃一惊："该汇报的都汇报了，还要汇报什么?"

何成浚说："这个事只能意会不能言讲。你自己想去吧!"

"我想不了。"刘鸣皋像是一下子掉进了万丈深渊。他脑海中的蒋介石是一个凶神恶煞，说不定去南京是凶多吉少。他一夜没有睡好觉，第二天陪同书记长杨锦昱登上了赴南京的船。

他们在南京上岸后，没有直接找蒋介石，而是先到陈立夫那里望望风，陈立夫告诉他们不会有什么问题的。随即拨通了蒋介石侍从室的电话。

"啊，是小晏吗?"

"对，我是晏道刚。"(晏道刚是侍从室的主任)

"湖北党部杨锦昱、刘鸣皋来了，人在我这里。委员长在吧?"

"你让他们过来吧。"

“那好。”

就这样两人就到了蒋介石在中央陆军学校的官邸门前，被岗哨拦住。他们在岗哨的指点下找到了侍从室，见到了蒋介石的大秘晏道刚主任。

晏道刚说：“你们先登个记吧。我尽快安排会见。”

登记完，刘鸣皋问晏：“我们这次来是否有杀头的危险？”

晏道刚听完哈哈地笑了：“你这是哪家的话呢？根本不存在杀头不杀头的问题，委员长的个性我是了解的。过去被他关押的人放出来就升官，免得放了，别人还记恨。要杀就不会让你们来，绝不会杀。现在不是杀不杀的问题，而是如何安抚你们的问题。心放到肚子里吧。”说得刘鸣皋和杨锦昱两人直点头。

会见是当天上午的11点钟。二人穿过三道岗，来到了蒋介石的办公室坐下。不一会儿，委员长从内屋里，脚穿拖鞋走过来，显得很随便。他先以关心的口吻问了问两人的学历、经历和家庭情况，两人也感到亲切。接着他话锋一转道：“学生游行了几天？”

杨锦昱道：“两天。”

“打倒杨永泰的口号是怎么回事？”

刘鸣皋紧接着说：“是一个女学生喊的。”

杨锦昱也一唱一和地说：“我们已经做了认真的调查研究，与我们党部的人没有关系。”

“没关系就好。”蒋介石说完站起了身，又道：“永泰很能干，是个干才也是个人才，对治理湖北会有成绩的。你们是湖北省党部的领导，他是湖北政府的领导，都是一家人嘛！最近几天，他要报到，你们要精诚团结，共同把湖北的事情办好，绝不要有任何成见。你们听懂了吧？”

两人连点头道：“我们一定精诚团结，把湖北工作搞好！”

“那你们就回去吧，做好工作，不要再出纰漏。”蒋介石下了逐客令。

离开委员长官邸时，晏道刚迎了过来，递给刘、杨各一张支票，说：“这是委员长送你们两人的旅费。”

刘鸣皋高兴地对晏道刚耳语道：“一切没出你的预想。”

刘、杨两人回到湖北一周后，就迎来了杨永泰的到任。CC 派看出老蒋不惜血本要保住杨的位置，也就忍了下来。

且说杨永泰到任还是卖力工作，雷厉风行，做事善始善终，受到人们称道。然则时间一长，他那狐狸尾巴就露了出来——一手遮天，独断专行。于是先前的对立面又跳了出来，再加上 CC 分子的暗中作梗，日子也渐感难过。

时间永远铭记 1936 年 8 月的一天。

这天早阴晚晴。早晨还下着小雨，杨永泰冒雨奉命去汉口日本海军司令部去谈判，下午归来时，一块乌云遮住头顶，雨点大了起来，他在途经江汉关时，枪声响了。一场早有蓄谋的暗杀发生了——杨永泰头中三枪，倒在雨水里，再也没起来。

一天后，开枪的凶手谭戎轩，被附近地区的张屠户抓住归案。

经过审理，背后指使人竟出了人们的意外，是胡汉民派、时任中央党部宣传部部长的刘芦隐。蒋介石大笔一挥，刘芦隐丢官入狱。腾出的宣传部部长一职，即由 CC 骨干分子填补了。这就是有名的“虎（湖北）口夺羊（杨永泰）”的悲剧。

凶案草草收场，疑问多多，人们不禁要问凶手不是当场而是隔日抓获，指使人刘芦隐为什么不千刀万剐？据有关记载：“杨案发生不久，刘（芦隐）在南京曾往见蒋介石，目的在解释外面说杨案与他有关谣言的无稽”，谁知，蒋不但不见刘，反而冷冷地说：“他（指刘）何必来见我，他自己有了他的组织……”刘碰了钉子，知道情况不妙，“马上想赶夜车遁沪，谁知已为 CC 派的特务跟踪，在下关车站秘密被捕”。当时，“与刘芦隐一道被捕的人很多，结果也未昭告天下，不过据CC派传出的消息”称“刘的暗杀计划十分庞大，列入名单的，”上至蒋介石下至CC派、政学系各类与蒋接近的人物都有，这张名单，一共有一百三十余人。”CC派散布这消息的用意，无非是要对刘加上一顶空前未有的大帽子，犹如“君主时代的叛逆案一样”“罪大不赦”。同时他们还散布刘“供出一篇长达八十余页的所谓阴谋罪状”的消息，并说“根据这张罪状，足以证明杨永泰确为刘所杀”，而且这仅仅是“暗杀工作的开始”，接下来就要轮到“陈氏兄弟”了……

抗战胜利后，CC骨干方治先生对刘鸣皋道出了隐情，他说：“刺杀杨永泰这件事，确实是二陈先生指使的，当时不能泄露这个机密，现在谈谈没什么关系。”对此，陈果夫言辞闪烁，认为“暗杀者为私仇抑为公义，颇难遽断，须俟凶犯供明指使之人，始可明真相”。但据凶手谭戎轩所云：“我为奉中央党部的命令来杀汉奸”，他说的党部为何不是二陈，而是党部宣传部部长刘芦隐呢？这里的奥妙恐怕不是寻常人说得清道得明的。

随着时间的推延，新中国成立后一本正式出版物《三C传》，再次道出了隐情，认为“杨案发生，全国震动，CC为避免政学系之指责，嫁祸于刘芦隐”，大体情况是这样的：“刘芦隐本与胡汉民关系密切，目击当时国民党的腐败和蒋介石的独裁野心，颇有一番澄清宇内的计划和志向，便着手成立了一个革新国民党的组织，”主要“以胡派嫡系为基础”，同时还罗织了其他“进步分子”，声势浩大。作者认为：“CC系在于争权利的出发点刺杀了杨永泰，进一步以一石打双鸟的手法，顺便给刘芦隐一顶帽子，以打击胡汉民系，所谓供词等，那不过是秘书室中的制成品，绝无事实。”

从杨永泰一案，不难看出CC派的狠毒，但是无毒不丈夫，获利最大的莫过于“二陈”。

## 第八章
## 内讧纷起

# 赶走张厉生

却说蒋介石这位权术高手，之所以让“二陈”主持党务十多年，没有给其培植对立面，这有两个重要原因：一是“二陈”为浙江老乡，对其忠心耿耿；二是“外敌”，一切力量对外，他也没有这种精力。

在这形势下，“二陈”渐渐羽翼丰满，官升脾气长，手下有一帮喽啰后，对下难免有些骄横，在主子面前也不像先前那样顺从，只是点头，遇到利益上的事，比如圈中人的提拔，蒋如有不同意见，他们也敢来两句。这时候蒋介石不能不产生想法。

打从五次“剿共”后，蒋介石腾出手来，便给“二陈”物色对立面，以打破“二陈”一统党务的天下。派谁去呢？他想到了一个身影，陈诚的部下，名叫张厉生。于是便召来密室相谈，暗授机宜。张厉生也深受感动，当场表示尽力效国，不图个人。

1935 年 12 月，蒋介石不顾陈果夫的反对，把张厉生推上了中央组织部部长的岗位。张厉生到位时，蒋介石还亲临组织部讲了话，实际为张厉生扶上马，送一程。

且说这张厉生年轻气盛，想给组织部带来新气象，提倡读书活动。可是组织部这地方，由于“二陈”多年经营，关系盘根错节。张厉生布置工作时，大家都说好好好，但是实行起来谁也不出力。最后闹得他提倡的读书活动半途而废。张厉生虽然盛怒，但慑于陈果夫在组织部的积威，自己多年又是陈果夫的部下，不敢对“二陈”手下的人马大动手术。再说军界的陈诚，虽然是自己的后台不假，但他做事谨慎多于大胆，自己身后没人马，万一出现闪失，怕是只有喊打的没有救人的啦！所以一直没敢对“二陈”下手。蒋介石看在眼里记在心里，对张厉生没有执行自己的意图十分生气，只差没有骂“娘希匹了”。

羊不吃狼被狼吃。张厉生不敢对“二陈”下手，而“二陈”却大开了“杀戒”。且说1939年11月，国民党第五届六中全会期间，陈果夫亲自出马，赤膊上阵，上书蒋介石，要求张厉生立即下台，并推荐朱家骅继任。蒋介石此时正生张厉生的气，看到张厉生下台的提案，立刻给予准许，并任命朱家骅担任组织部部长。

应该说这是陈果夫的一个错误。没想到自己推荐的人会向他开刀、反对自己，真是大水冲了龙王庙，自己人不认识自己人了，感叹人心大变，此是后话。

## 迎来拆台人

“二陈”为了赶走张厉生，极力推荐朱家骅，朱家骅何许人也？据李西岳、苏学文撰文说：

朱家骅，字骝先，浙江湖州人，本是“二陈”的小老乡，曾任北京大学地质系教授。1926年戴季陶任广州中山大学校长时，把朱请到广州，推举他为副校长，以后升任校长。南京政府建立后，朱曾任中央大学校长、教育部部长和交通部部长。

朱家骅和二陈的关系本来不错，应该说也是CC系上的人。但从一开始，朱家骅同二陈的关系就不是类似于张厉生、张道藩、余井塘等人居于二陈之下的上下级隶属关系。朱颇受戴季陶、张静江、吴稚晖这些国民党元老的重视，三人也频频在蒋面前对朱大加赞扬，因而蒋介石对朱的印象一日好过一日，而朱在国民党内的官场行情也日渐看涨。朱和二陈关系处得不错，一是看二陈势大，得罪不起；二是自己没有基本队伍，需要借和二陈的关系护身；三是因为朱是湖州人，属浙江系，二陈有意拉朱，想利用朱在学术教育界为 CC 派出点力，也想利用朱和戴季陶的特殊关系，让戴多在蒋介石面前说点好话。戴季陶因为和蒋介石有盟兄弟关系，又不拉帮结派，不恋官位，敢说敢干，不怕伤人，在蒋介石眼中一直占有特殊地位。蒋对他的意见，颇为重视。二陈怕戴季陶也加入反对他们的战团，如果这样，二陈是万万吃不消的。出于双方利害的需要，朱家骅自然而然地和二陈更加接近。在朱家骅当交通部部长的时候，他拉张道藩当了交通次长，二陈对朱有什么要求，都通过张道藩向朱提出。可以说基本上是有求必应。抗战开始后，朱家骅还是紧紧地靠拢着军委会第六部部长陈立夫。高级分子在六部聚会商议重要问题时，朱家骅基本上都被邀参加，陈果夫、陈立夫对朱说话，既不像对外也不像对部下，既尊敬又亲切，口口声声叫“骝先”。

1938 年 3 月，戴季陶推荐朱家骅就任中央秘书长兼中央调查统计局局长。这次陈果夫又推荐朱家骅任中央组织部部长。陈果夫有陈果夫的想法，戴季陶虽对二陈有看法，也举双手支持，可戴季陶推崇朱家骅的意图与陈果夫截然相反，他是想让朱家骅把二陈在国民党内搞糟的一套，全部抛弃，一窝端掉，方解心头之恨。因此朱家骅上台之前，曾与戴季陶有所沟通。

且说朱家骅出任中央组织部部长后，他不像前任张厉生那样软了吧唧，而是锋芒毕露，有破有立，说到做到。对内谁要有意见，马上请客送人，不管后台是谁，只要不是委员长。对外，他拉拢“三青团”作外援，对丁惟汾的大同盟、改组派的遗留人员以及少数胡汉民派分子，统统收于翼下。唯独对 CC 分子大加清洗。

面对朱家骅的种种做法，陈果夫感到引狼入室，哑巴吃黄连有苦无处诉；陈立夫跳脚骂娘：“这个朱骝先也太不像话了，怎么独对我们的人开刀！这哪里像老乡做的事！”陈果夫也接着道：“真没想到，我们中的一些人见他势大，也去投靠朱家了。真可谓世态变化，人心莫测！”

殊不知朱家骅的做法背后都得到了蒋介石和戴季陶的默许和支持，不然他朱家骅长十个胆也不敢。此时的蒋介石正在家中，由宋美龄炒菜，戴季陶陪喝酒，二人在碰杯，他的笑声朗朗，那朗朗的笑声中，包括对“二陈”不听话，忘恩负义的一种报复。用蒋介石的话说，这叫一种工作方法。

两人正是酒鼾之际，有人敲门，宋美龄莲步点点地走过来，对着老蒋的耳边，道：“大令，果夫来了。我把他领到了会客厅。”

戴季陶把手一扬说：“蒋兄，我得从后门走了，你们谈吧。”

蒋介石知道戴与陈的矛盾由来已久，也不便强留，做了个摆手的示意动作。

在会客厅中，陈果夫迎来了蒋介石，马上起座道：“委员长，最近发生一系列的事情，让我们兄弟百思不得其解。”

“说说看，都是些什么事？”蒋介石道。

陈果夫早已打好腹稿，道：“组织部内王秋先的调离，赵铁磁的免职，阚明的离职学习等都显得十分不正常。”

蒋介石一听哈哈笑了：“我原以为什么大不了的事呢，原来是这些陈芝麻烂谷子的事。这是组织部部长的事情，你和家骅交换过意见没有？”

陈果夫道：“这个朱家骅也太霸道了，能让你跟他交换意见吗？”

“那这事就复杂了。”蒋介石推辞道：“要知道，朱家骅可是你向我推荐的，推荐人交换不了意见，你说吧，谁能与他交流？”

陈果夫直挠头皮，无言对答。

这时的蒋介石也演戏般地瞪起了眼珠子：“当初，你们向我推荐时，这个人这好那好，一身是宝，现在是一身是骚。我没有找你，你还有脸来找我！”

“委员长，有我的失职。”陈果夫低头道。

## 第八章
## 内讧纷起

“委员长，委员长，现在才知道我这个委员长，当初你们把我这个委员长放到哪里去啦！”蒋介石越说越有气。

自酿苦酒自己喝。陈果夫被弄了个无趣，不想御状没告成，反倒落了一身不是，越想越窝囊，这口恶气不出，他就要让气给憋死。

第二天一早，他抖抖精神，决心要到组织部，找朱家骅理论。

他来到组织部的时候，扑了个空，心想这一定是朱家骅和同事在有意躲避他。后来看一看手表，离上班时间还有半个小时呢，这不是人家躲避，而是自己来早了。

朱家骅是第一个来上班的，陈果夫把他堵在了门口，开门见山：“家骅，我陈果夫有哪点对不住你的地方？”

“有话屋里谈。”朱家骅不愠不火地道。

“我进屋还怕狼吃了我呢！”

“你这话就不对了！”朱家骅制止道。

陈果夫恨铁不成钢地说：“没有当初我的推荐，你有这个位置吗？”

朱家骅软中有硬地道：“你甭小看人了，没有你的推荐，照样有人推荐。”

陈果夫双手发抖地道：“你这是过河拆桥，不讲道理！”

“我要工作了，请吧！”朱家骅说完退后一步，关住了门。任凭陈果夫怎么喊叫就是不开门。

这事儿传出去，说什么的都有，叫陈果夫好没面子。

从此，二陈和他们所领导的 CC 派处在低谷阶段。朱家骅发扬痛打落水狗的精神，联合一切能联合的力量，把个 CC 派系搞得个七零八落。这时的二陈对蒋介石是毕恭毕敬，说话办事也不像先前那样专横跋扈了。

解铃还得系铃人。再说蒋介石这位著名的权术大师，觉得手心手背都是肉，他不喜欢两败俱伤。他看到了二陈的基础大为削弱，便主动站出来，以一种救世主的身份出现，再让二陈对他感激涕零。话说 1944 年，国民党召开第六次全国代表大会期间，蒋介石叫朱家骅将中央组织部长职位让给陈果夫，朱家骅去当教育部长。此次斗争以二陈重新上台执掌党务为结束。

蒋介石对谁都不相信，在他手下的每一个系统中，都刻意制造派别，互相抗衡，以利于他的大权独揽。蒋介石的这种手法并不高明，在当时就被一些人发现。最早发现者便是贺衷寒，此是后话不表。

## 争风文化阵地

且说 CC 派与黄埔派打天下时是“情侣”，坐天下时是“冤家”。所谓派系，说穿了是为一派私利。要说 CC 与黄埔两派打派仗，大致可分两个阶段：第一阶段是 CC 团与复兴社的龃龉，主要是文化方面的争夺战；第二阶段是中统与军统的派仗，多是争风吃醋。

人们普遍知道，二陈发迹较早，借助于党权至上的强劲东风，极力向行政、经济、文化、教育等领域挺进，占领了中心地盘，等到黄埔派禅悟后，再来抢占阵地，地盘已经有限了。不过黄埔派凭借着自己的元老资格与派性膨胀，也向 CC 派的地盘展开了攻势。不久 CC 派的地盘眼见一个个失去，CC 派也不吃醋，有时也主动出击向对方“锅”里捞一勺子，结果双方便把官司打到了老蒋那里。老蒋作为裁判员，为了一碗水端平，做了个“游戏规则”：

“凡属党务、文化、教育、经济等领域，均为 CC 系的活动范围，黄埔系或复兴社，不得越界插手。”

根据蒋介石的“游戏规则”，CC 派先发制人，从有利于操纵文化界的政治目的出发，决定先成立“中国文化协会”。

## 第八章
## 内讧纷起

世上没有不透风的墙。这个消息，不知怎的，让黄埔系知道了，心里老大的不舒坦。当时，正是蒋介石为实现专制独裁而大肆造势的光景。二陈率先提出了“一个主义、一个党、一个领袖”的口号，深得蒋介石赞赏。黄埔派系不甘落后，也在积极为“领袖独裁论”的信条，苦拟腹稿，急于邀功，自然不能对文化阵地的缺失无所作为。更何况，他们还自信，搞舆论宣传，黄埔不在CC之下，凭什么让陈氏兄弟独享专利呢？

黄埔派自吹自擂，并不是没有根据。他们自称有“一个半”理论家：一个专家就是人们知道的贺衷寒，早在孙中山时期，就以写大块理论文章而出名，曾受到孙大总统的青睐；如果说前者为老者，那半个理论家就是一个初出茅庐的小伙子，名叫刘健群。小伙子有才，凭着他的一手好文章，从一个农家子弟一举成为人们公认的小小理论家。小荷才露尖尖角。他的伯乐应该归功于黄埔大佬何应钦，有一段趣闻发生，李海生、张敏写得仔细：

当时，蒋介石被迫下野不久，何应钦想发表个拥蒋复职的通电，请幕中几个笔杆子拟稿，结果把读下来大煞风景，于是有人提议，“能否叫刘健群试试?”“刘健群?”何应钦听推荐者介绍，才知就是那个刚从何厚光手下投奔过来的年轻人。凭借贵州同乡的地缘，才在司令部里谋到饭碗。

刘健群平时捞不到任何重要公干，只是打打杂而已。一天，去某团长处赴宴，开饭前溜达散步，突然想到最近拥蒋复职的通电很多，读来没有几篇像样的文章，不禁憾意大增，忽而扪心自问，这样的文章要是由我来写，该做成什么模样呢？

刘健群明晓新学，知道舆论是要“造”的。于是，根据宣传工作的要求打起腹稿来。诸如什么该写，什么不该写，什么紧要，什么不紧要，梳理得丝丝入扣。首先，大势所趋，“革命”需要，应该渲染；其次，“革命领袖”力挽狂澜的巨大作用必须强调，突出“非蒋莫属”的意义顶顶紧要；最后以恳求的笔调收尾，希望蒋介石以大局为重，再领师干云云……腹稿打到这里，刘健群不由得咧嘴露笑，显然是对文章的编排十分满意。可是一想到自己在何幕中地位卑微，根本捞不到主掌文案的机会，顿觉好生无趣。紧接着一阵饥肠咕噜，便背手返回厅内，发现八仙桌上，菜肴差不多码齐，于是找个座位落定，动筷举盅，很快就沉浸到酒醇肉香的咀嚼中去了。

不一会儿，司令部的副官撞进厅来，冲着正在大嚼的刘秘书，气喘吁吁地道："总……总算找到你了，快……快，总指挥有请。"

刘健群听说总指挥有请，硬是把送往口边的鸡翅扔到了碗里，来不及净手，就被副官拽着往外跑，心里“咚咚”地打鼓："究竟出了什么事，该不会……"

刘健群忐忑不安地来到总指挥部，一进门见何应钦、顾祝同、刘峙都等在那里，有了着落，真可谓鬼使神差，歪打正着。当下便挽起袖管，提笔往纸上涂去，但见墨舌吐信，笔走龙蛇，黑压压的一片文字，跃然纸上。何应钦朗朗读来，禁不住击节叫好。

电文发表后，果然搬动了蒋介石，何应钦领功受赏之际，刘健群的笔力文才也一举成名，被蒋介石圈入小组织中，当“嫡系”豢养起来。

凭着这样的资本，黄埔系一直认为在文化宣传的领域，可以比CC干得出色，时不时地在蒋介石耳边标榜，见老头子没有训斥，便壮起胆来与CC争抢地盘，劈手把“中国文化协会”名头搬来，抢先发表，弄得CC措手不及，深感狼狈。据CC高干黄敬斋回忆，“CC系精心策划”了很久，准备建立一个“培植文化专制霸权的全国性机构”，定名为“中国文化协会”。谁知，“复兴社在武汉创办的以黄少谷、刘炳黎主持的《扫荡报》，突然以迅雷不及掩耳之势，在该报第一版上，用通栏特号大字标题，抢先刊出了‘中国文化协会’成立的消息和该协会的负责人员名单等新闻特讯”。这个冲击波，

“确实震撼了 CC 系整个首脑部”。

曾几何时，面对黄埔派咄咄逼人的攻势，搞得二陈十分被动，于是他们不得不制定对策，利用领袖的权威，打压黄埔派的气焰。谁来给老蒋把窗户纸捅透呢？陈立夫建议说：“依我看，还是家兄亲自到委员长那里当面讲为好。”

“去可以去，效果不一定很好。”陈果夫还想着当年他去蒋介石那里反映朱家骅的问题，老蒋不但没听，还鼻子不是鼻子地刺了他一顿。一想起这件事，他的腿肚子就颤悠。

“那还有什么别的办法可行？”

这时陈果夫来了精神：“老蒋的秘书陈布雷可以利用。再说我们之间无话不谈。他的入党介绍人还是我和老蒋呢！”

陈立夫说：“老蒋很看重他，他的意见十有八九能被老蒋采纳。只要他能给老蒋讲，问题也能解决。”

最后，张道藩、肖同滋、程天放、程沧波、吴醒亚都发表了相同的看法：以“文胆”陈布雷向蒋介石施加影响为好。

关于文化协会大家都同意坚持办下去，黄埔派用的“中国文化协会”名字我们不能用。有人建议叫“中国文化建设协会”，多了“建设”二字更上口。事情往前赶，能办的事先办起来。最后研究了分工，立即行动起来。

第二天陈果夫就赶到了上海。陈立夫就活动陈布雷，打电话的打电话，上门找的上门找，双管齐下，功夫不负有心人，一箭双雕，陈布雷果然出山，除答应向蒋介石施加影响外，还愿意为中国文化建设协会题词和书写宣言。

一周后的一天。

法租界爱麦虞限路中华学艺社大礼堂，彩旗飘飘，热闹非凡。主席台上端坐着陈立夫、程天放、周佛海、张道藩等 CC 领军人物。中国文化建设协会在此成立，会员 9734 人。会址在四象桥。大会通过宣言，刊登在当天的晚报上。后又出版了小册子，封面上的题词为陈布雷手书。

中国文化建设协会的隆重成立，大大超出了黄埔人的预想，粉碎了他们初期胎死腹中的阴谋，在文化圈子内也为二陈挽回了些许面子。

接着不久，黄埔派不测，趣闻发生：航空署长徐培根贪污汽油巨款，纵火南京机场，销赃灭证。邓文仪查究不力，引起蒋介石的暴怒。

话说在这个节骨眼上，陈布雷紧给老蒋上眼药，对蒋说："在军言军，在政言政，委员长分工清楚，邓文仪搞文化协会纯是不务正业。"

正在气头上的蒋介石，终于下定决心，舍将保车，处分了邓文仪，勒令解散了中国文化协会。

此事有人高兴有人忧。CC 派在抗衡中取得了决定性的胜利。

## "中统"与"军统"之争

"中统"与"军统"实际上也是 CC 派系与黄埔派系争名夺利的继续。

说起根由，这两个特务机构原都是陈立夫的下属。当时陈任军委会调查统计局局长，一处为"中统"人马，处长徐恩曾；二处为"军统"人马，处长戴笠。陈立夫身为局长，抬一处打压二处，从此二人积怨较深。

后来"中统"与"军统"分开，自立门户后矛盾更加激化。

且说军统利用分工之机，扩展机构，调兵遣将，拓宽业务，增加收入，走私贩毒，利用战争买卖军火、印刷伪钞，杀人放火，无恶不作。所有这些，且得到了蒋介石的暗中支持，戴笠更是头脑发热，无所顾忌，根本不把“中统”放在眼里。

再说蒋介石之所以倾向军统，也与军事力量在政治角逐中的至上位置有关。蒋介石屡仆屡起，重要的经验在于抓住了军队的龙头，从而使得国民党内的反蒋运动常常是轰轰烈烈开头，凄凄惨惨地收场。蒋介石看重主军的诸多好处，无形中也骄奢得黄埔派们一个个目空一切、牛气冲天，稍不注意便惹是生非。

“中统”也不甘人后。在陈立夫的间接领导下，对内对外的工作都有专门的分工。尤其是反共工作是他们的重中之重，但也不能不竭力限制军统发展的强劲势头。

打铁先要自身硬。陈立夫也要特务们学习马列著作，有时还要讨论共产党的内部建设，钻研“联共党史”。陈立夫认为，做一名高级特务，非有这一套本领不可。因此在“中统”内部有不少以“精通”马列主义自命之。如当时的叶青、吴若萍等。为了获得情报，打入共产党内部，他们不得不搞“伪装革命、伪装中间”的演习。

所谓演习，内部也叫“业务”学习，即由吴若萍之流装扮成共产党分子，就某一具体问题，用所谓“站在共产党的立场，用马列主义观点，以唯物辩证法”，作一番分析、判断，有时还要来一套所谓的“鼓动宣传”，然后由其他参加“演习”的特务，作其要点评述，说些这不准那不像的观点，一再重演，直到能以假乱真的程度才结束。用陈立夫的话讲，这套把戏，训练目的在于使特务们学到理论武装，以便打入共党内部而受信用。这也叫“中统”的软功。

为了斗争的需要，他们有时打入共产党内部，有时也打入军统的内部。按说打入共产党内部是为了向主子蒋介石邀功请赏；打入军统内部是为了摸清军统的情报。据说，中统曾派优秀特工队员张舞良秘密打入军统内部，破获过他们的制毒贩毒机构，一下子捅到了蒋介石那里，让军统大出洋相。“娘希匹！”这是老蒋当着戴笠的面第一次骂娘。

据刘不同回忆说：南京曾发生一件人命案子，说的是军统把持的复兴社南京领导人任觉五把政治学校的三名特工学生绑架，并秘密杀害。事后对外宣称，被害人系复兴社极端分子，因犯错误被处死，以示天下。陈果夫不相信这套歪理邪说，一口咬定学生是CC的人，被军统把持的复兴社无辜杀害。双方公说公有理，婆说婆有理，相持不下，对簿公堂。最后老蒋见死了人发话了，把任觉五法办了，以平衡双方的关系。

军统和中统，或暗杀，或色情，他们明争暗斗，由来已久。

据李海生、张敏撰文道：黄埔（派的军统）则在渗透的层次上，有过大胆的挺进，其间派女特务混到二陈身边，企图以色相将二陈拖到石榴裙下，就是不寻常的计谋。

女特务叫向影心，曾是某党部官员的内眷，天性风骚，有勾动男人心肠的本事。有一次，在社交场合中与戴笠对上了眼，男的动心，女的有意，稍稍走动，两人便勾搭成奸。戴笠欢悦之际，时时不忘组织发展工作，他觉得向女士是块当特务的料，应该在亲密的感情色彩上，再加一道同志关系。当时，戴笠正为调查殷汝耕的汉奸勾当焦虑，准备物色一只“枕头”，放在殷汝耕的床上，他觉得向影心很适合这件工作，一番交谈下来，向答应得爽快，很让戴笠高兴。于是帮衬着把向的婚姻关系了断，以“未婚”之身，投入了殷汝耕的怀抱。

向影心果有手段，三两招下来，就把殷汝耕摆弄得骨酥筋麻，直把“心肝宝贝”喊在嘴上，挂在心里，宠爱得没够，戴笠自然也将殷汝耕的动态摸了个门清。后来，殷汝耕准备着手建立伪政府，戴笠从中阻挠，便命向影心干掉殷汝耕。

向接到密令后，选择了下毒的方法。

因为殷汝耕有个习惯，每晚入睡前，总要吃一碗北方面条。这一天，向影心特别殷勤，亲手下面施毒，由于毒药无色无味，端到殷汝耕面前，他丝毫没有察觉，正待举筷捞面时，传报有要人来访。殷汝耕搁下碗筷去会客，不知何事，一谈就是个把小时，面条放冷了，毒药的颜色显现出来，等到殷汝耕重新捧起面碗时，发现色泽不对，送去化验，证明有毒，回过神来一想，向影心首先脱不了干系，于是下令把夫人绑起来审讯。

向影心知道事情的利害，死不认账，问得急了，索性大发嗲劲，哭哭啼啼，一副楚楚可怜的样子，弄得殷汝耕肠子发软，不由得动了怜香惜玉的"善心"，最后只是把她关入禁闭室，临走时还吩咐关押人员"好生看待"。后来，戴笠趁伪政权粉墨登场，殷汝耕忙得抽不开身子之际，花钱买通看守人员，把向影心救回了大本营。

冒险归来，戴笠温存有加，屡屡抚慰受惊的向影心，耳鬓厮磨之际，又布置了一个更重要的"卧底"任务，那就是打入 CC 的中枢，争取得到二陈的恩宠。接着，戴笠巧妙地安排了许多社交机会，让打扮得花枝招展的向影心去接近二陈。戴笠远远地看着向影心巧施媚态的伎俩，心里暗暗得意。偏偏半路杀出个程咬金，一个曾与向影心有染的中统特务，悄悄把向影心暗害殷汝耕的事密报了上去，二陈听后大吃一惊，立即扭断了与向影心的来往。

## "运钞案"始末

且说戴笠是杀人不见血的杀人魔王。

在他当政时期，一系列的杀人案都与他有关：先是中国民权保障同盟会秘书长杨杏佛被暗杀案，后是申报馆总经理史量才的被暗杀案，接着是北洋政府国务总理的被除等数起枪杀案，还有上海伪市长傅筱庵的被刺杀案和汪精卫在河内的刺杀未遂案等等，都是他一手策划的。有人说蒋介石身边有两把刀，一把是中统的徐恩曾，一把就是军统戴笠。戴笠更令蒋介石佩服的是杀人更血腥，尤其是排除异己、铲除政治对手，戴笠屡屡让蒋介石称快，而中统的徐恩曾屡屡受到主子的批评。后来，国民党中央党部后院山墙上出了反动标语："总裁独裁，中正不正。"蒋介石十分生气，交给中统徐恩曾查办此事，结果徐恩曾毫无进展，蒋介石对中统徐恩曾的印象糟糕到了极点。

蒋介石在"两统"（军统和中统）特务的年会上，跳脚大骂徐恩曾，让他站起来，当面厉声责问："共产党造我的谣言，说我同护士同居，破坏我的威信，你为何不对我报告？还有《新华日报》天天登文反对我、反对党国的言行，你为什么不负责任，听之任之？还有张学良、杨虎城早有倾共思想，你们情报部门到哪吃饭去了？"

徐恩曾被问得支支吾吾，答不出话来。

杀鸡给猴看。蒋介石也是对着二陈来的。二陈都带有旧知识分子的气味，既有谄媚事上的一面，亦有宁可丢官而不屈的一面，不像戴笠那么死心塌地为蒋卖命。戴笠看中了这一点，更有恃无恐。用告御状的办法，打击中统的领导层，挤压对方，扩大自己的地盘。1938 年，军委会成立时，中统利用权势，对各地邮检部门的军统人员大加排斥和清洗，弄得沸沸扬扬。1941 年，特检处由中统划归军统，军统分子刘幡上任伊始，执行戴笠批示，翻过身来死整中统人员，一个个地过"关"，闹得人心惶惶。

中统丢失了特检处，等于少了一双眼睛，少了一个监视军统的窗口，反而处处受制于人。不光是中统的对外往来信件，就连"二陈"的信件也常被他们拆看，由此差一点酿成大祸，徐恩曾险些丢命。

要说清这桩险案，先得从 1943 年说起。

这是一天清晨。

## 第八章
## 内讧纷起

山道弯弯，两边险峰峻峭，峰回路转。

山道上车辆稀少，由于战争，有时一天也没有车辆通过。因此这条路也称“死人路”。据说一些土匪劫贼，经常隐匿在山林路旁，见车就拦，见人就杀，已出了多起命案，无人再敢跑这条死人路了。

恰恰就在这天，两辆卡车、一辆美式吉普就行驶在这条死人路上。

且看这三辆车，吉普在前开路，中间是一辆装得高高的货车，后面护卫的是一辆挂着军队牌号的军车，车内坐有荷枪实弹的 8 名押运士兵。

黎明前的车队，却是昼宿晓行。主要为了躲避日机的轰炸。且看这车队一拉溜地保持着 10 米的车距，首尾相护，车车相护，一路顺利，直奔重庆方向而来。

下雨了，路越来越难行。

天空由白转亮。

坐在头车上的徐恩曾，是这支车队的总指挥，此时他一脸的严肃，不时地观天看表，前面就是三斗坪封锁线，过了封锁线，就过了沦陷区，到了抗战区的大后方。想到这里，多日的疲劳和辛苦一忘而光；想到主子陈立夫交给的任务即将完成，他脸上露出了少有的笑容。于是他命令司机加大油门，提高车速，黎明前越过封锁线，在后方区里吃早餐。

司机加大油门时，前面突然出现了情况，一头野猪从路边草丛中蹿了出来，机智的司机又急忙踩刹车，车是停住了，徐总指挥的头差一点撞到前挡风玻璃上。后面的车差一点撞着前车的屁股。徐总指挥埋怨司机不把野猪给撞死，干吗要踩刹车？司机说，我没看清是野猪，是觉得有情况要处理。好啦，一头到手的肥猪给跑了，你说馋人不馋人！

两人正在后悔莫及的时候，前面传来了“停车”喊声。

这次不是野猪了，而是一位举三角旗的人。

此人穿着国民党军服，随着他的喊声，树林边蹿出一队士兵。

徐恩曾的吉普不情愿地停了下来。徐恩曾使了个眼色，让司机上前理论。

“干什么的，拦我们的车？”

“例行检查——”

这时徐恩曾下了车，说道：“我们也是军车，是执行公务的！”

司机忙向对方介绍说：“这是我们车队的总指挥。”

徐恩曾也掏出自己的证件，让拦车者看：“我是党部的，都不认得是一家人啊。”

对方看都不看徐恩曾的证件，说：“先不认一家人啦，检查完后再说吧。”说完他又向身旁的士兵喊道：“妈的，还愣着干啥，还不快检查！”

“不能检查！”徐恩曾意识到了什么，大手一挥道。

“看来你是心虚了，刚才还论一家人哩，现在不是了，是不是？”举旗人一脸横肉地说：“你说不检查就不检查啦？”说到这里，他话声稍停，还没停住又下令说：“上车查！”

哗啦啦地一帮士兵上了车，掀开了挡雨的帆布，下面露出一个个保险柜。再撬开保险柜时，一捆捆崭新的国民党纸币放光耀眼！

“你这是走私钞币！”

“不，我是奉上级的命令运钞。”

“哪个上级？”

“中统局。”

“别客气，你就跟我们走一趟吧！”

徐恩曾见胳膊扭不过大腿，只好说：“把车开到中统局。”

“这个你就不要管了！”

徐恩曾的运钞车被押解到重庆，扣到了军法处。中统局的徐大局长因涉嫌犯罪，被投入大牢。

接着，戴笠一纸御状告到了蒋介石那里，称“徐恩曾舞弊走私，妨碍国家税务，理应予以枪决，以儆效尤”。蒋介石慌了，也不知是怎么回事？立即召来陈立夫问津。

据记载，陈立夫来到侍从室时，有人提示他说，老先生（指蒋）今天脸色不好，你要小心为好。

陈立夫心里打鼓，中统局本想自己挣一把，没想到出现这个结局。陈立夫硬着头皮走进了老蒋的办公室。蒋介石气咻咻地把电报甩到陈立夫的面前：“你看看吧，徐恩曾干的好事！”说完，两眼像利剑般地盯着对方。

陈立夫秉性冷静，遇事不慌，看完电文，对蒋说：“委员长，这个事情如有错，我应该承担。”

“为什么？”

陈立夫道：“这事情很早了，有人向我汇报过，上海沦陷前，有一车印好的纸钞，从上海转运到了香港，时间一长，我们政府无暇顾及，就忘了这件事。我听了这件事，就派徐恩曾去办这件事。”

“你总得给我说一声啊？”蒋介石埋怨道。

“不是我不给你说，战事繁忙，我看你也顾不上，没有及时汇报。这是我的错误。”陈立夫说这话时，也撒了个弥天大谎。实际他是为了中统的一己私利，而不是为了党国。

蒋介石无可奈何地点了点头，说：“看在你的面子上，我且放他一马，下不为例，知道吗？”

“知道，知道。”

第二天，远在福建的戴笠，接到了老蒋的指示说：“本案解中央办理。”戴笠马上猜测到二陈兄弟做了手脚。来了个一不做二不休，先依照“缉私法令”没收所有物资，只把徐恩曾押送重庆。到了重庆，蒋介石安抚一番，就把徐恩曾放了。徐恩曾总算逃过一劫，躲过军统的迎面一击。

不过，戴笠还抓住二陈有私吞公款的嫌疑，或真或假地到处宣泄，一时搞得二陈像秀才遇到兵——有理说不清，暗地里只生闷气。

此消彼长，一枯一荣。曾几何时，野心勃勃的戴笠竟产生了吞并中统，推翻二陈，独揽特工大权的想法。可惜，东窗事发，一个“赵理君杀人案”的出现，击沉了他的黄粱美梦。

且说戴笠心志大，为了一派私利，无所不能。他为了提高军统的恐怖行动，不惜以重金网罗鸡鸣狗盗之徒，卵于翼下。赵理君在归顺戴笠之前，就是上海滩有名的恶横，人称“老枪”“老黑”。此人自幼死了娘，3 岁又殁了爹，有人生无人养。打架斗殴是家常便饭，杀人放火也是隔三差五，是“三进宫”的人物。抗战全面爆发时，凭着他的杀人本领，戴笠又提拔赵理君为行动科长，此人更是骄横了，真正成了杀人成性。

后来，“老枪”利用把持黄河渡口的职权，对过往人流，敲诈勒索，稍有不从，便以拳脚相加，老百姓敢怒不敢言。有一青年学生，这天要过渡时，老枪以水大河宽之由，向过渡人员收取平时多 3 倍过渡费。小青年据理力争，惹火了老枪，老枪上前一步，揪着了小青年的脖领子，说道：“再喊叫我就把你扔到河里喂蟹去！”

小青年血气方刚，哪里能听进老枪的话：“你敢！你敢！”

“看我敢不敢！”老枪说完把小青年高举过头顶，转了三圈，然后猛一用劲儿，就像抛铅球似的把小青年扔到波澜壮阔的黄河主河道中去了，小青年没有来得及喊叫，就埋没在大浪中了。

中统得知了这件事，遂向老蒋告御状，老蒋命他们尽快取证。二陈便派遣特务前往出事地点，装扮成老百姓，秘密搜查证据。这事不巧又被老枪发觉，动了兽性，竟带着一批军统分子对洛阳地区的 CC 分子施暴，当场有常孝儒、郭铣曙等 6 人惨遭活埋。

血案发生后，陈立夫立即给予曝光，令全国人民口诛笔伐。蒋介石闻之怒发冲冠，即责令戴笠严查具报。戴笠顶不住全国人民的压力，只得丢卒保车，忍痛割爱，斩了赵理君的人头，硬生生地吞下中统新闻曝光的苦果。

事后，戴笠躲避不过记者的追逐，欲盖弥彰地说："老枪"罪有应得。根据我们军统掌握的情报，"老枪"是共党嫌疑，他这样做的目的，是挑拨军统和中统的关系。

应该说，戴笠的这番表白，令人不服，不说中统不信，就是军统自己也不相信。戴笠这个杀人魔王，已经把事情做绝，把自己推到了悬崖边。他的话已不能自圆其说。

善有善报，恶有恶报。且说 1946 年 3 月 17 日，生命的大限已经来临，戴笠因飞机失事，摔死在江宁县板桥镇南面的戴家山上。

死因风波又起，传闻多多。

一是驾驶员技术操作失误，这是普遍认同的看法。

二是蒋介石故意唆使飞机失事，这是与蒋介石对立的看法。

还有一种较多人的看法，那就是戴笠为 CC 派谋杀。据《三凶传》记载："二陈之想杀戴（笠），存心已早在西安事变之前，均苦缺乏机会，加上军统爪牙甚多，如事前不筹划妥善，深恐刺虎不成反为虎噬。一直忍耐到胜利，二陈觉得此时如不将戴除去，那么胜利后特务大权更休想过问，因为在表面上抗战期间军统确比中统凶猛一点。"而"替戴笠驾飞机的那位留美学生，远在未返国之前，据说一切费用等都是由二陈秘密接济，返国之后，二陈又很巧妙地把这位死士弄到为戴驾专机的位置。"对实施的过程，说法更有神秘感，认为按"二陈原来的意思，是叫这个驾驶员，故意将飞机机件损坏，到危险时驾驶员可以乘降落伞下降，不但没有生命危险，事成之后高官厚禄，随其所欲。故驾驶员在飞机出事前一刹那，本拟跳伞，乃为戴笠执枪阻止，遂同归于尽"。

三种说法，都是"死无对证的推测"，不足为信，不过从中可以看出中统与军统的水火之势，早已是公开的秘密。

总之，以中统、军统为背景的两大特务系统势若水火地争风吃醋，基本上是国民党派系斗争的产物，它既不会以徐恩曾的失宠而停歇，也不会因为戴笠的暴死而中止。恰应了《国民党派系斗争史》一书所云："党方 CC 系的特务组织与军方黄埔系的特务组织从成立的一天起，就处在尖锐的矛盾中，直到它们一起归于灭亡，才告终结。"

第九章

# 间谍大战

# 蔡孟坚立功

当历史进入20世纪30年代时，日本频频向中国挑衅，蒋介石政权也加紧对中国工农红军的频频“围剿”。日本叫嚣3个月亡华，蒋介石叫嚣7天灭红（军）。围着这一纲领，蒋介石要求他的特务机构，停止“内战”，一致对外，打入共党内部，获得情报，配合“围剿”，做到尽快灭共。

这时，中国共产党尽管势力较小，也不甘示弱。为了迎击敌人的“围剿”，粉碎蒋介石的围攻，也以牙还牙，以毒攻毒地成立了“中共特科行动大队”，派员打入敌人内部，做到瓦解敌人、消灭敌人。当时，打入国民党内部的有钱壮飞、李克农、胡底等，他们维护着上海的中共机关。国民党打入共产党也有不少，最出名的是蔡孟坚。

且说这一非常时刻，蒋介石任命心腹陈立夫为间谍机构的总头目，不能不说是对陈立夫信任和重用。再说陈立夫果不辱其命，他与心腹徐恩曾，密谋一番，养兵千日，用兵一时，决定派高手打入共党内部，以此取得突破口，扩大战果。派谁去呢？他们研究来研究去，有一个人可以担当此重任，他就是蔡孟坚。

此人是湖北人，智谋双全，是特工行动队的业务尖子，同时有过类似的工作经验。陈、徐达成共识后，由徐恩曾面授机宜，作为特派员派往共产党大后方——武汉，专门破坏共产党的地下组织。

此举只能成功不能失败。临行前陈立夫又亲自谈话，亲自鼓劲。蔡孟坚也不负陈望，到武汉后，很快就打进了中共湖北省委内部，做了省委书记的特勤，里应外合地将省委书记和太太逮捕杀害。

蔡孟坚干得利落，接着带人在汉口法租界会同租界捕房包围并逮捕了中共长江局负责人尤崇新。尤崇新在特务的威胁利诱之下，说出了中共地下党活动的一些情况。随后蔡孟坚又安排他化装，将帽子戴得低低的，使别人不易认出，同时派出特务打手数名，暗中随其在汉口大马路行走，寻找所认识的目标。

这是1931年5月的一天。

街头人来人往，熙熙攘攘。再往前行，不远处的大隅首，有一广场，广场上人员很多，里三层外三层，围着一位艺人看武术表演。那艺人年方20多岁，红光满面，天庭饱满，他头戴三尺红绫，脚穿黑色圆口布鞋，手拿哨棒，行走如风。在众人的喝彩下，舞起哨棒。霎时间，那哨棒像是一条龙，在他身前身后身左身右腾飞起来，顿时满场风涛，拔地而起。人们不得不赶紧后退几步，把场地扩大。只见他功架扎实有力，动作轻盈舒展，如急风暴雨，似电闪雷鸣。忽而是“金鸡抖翎”，忽而是“天边挂月”，忽而是“大鹏展翅”，忽而是“吴刚献酒”，把观众再次带入忘我之地。无论是朴实憨直的观众，还是斯文严肃的看客；无论是穿短裤的，还是穿长衫的，人们的眼睛都是瞪得滚圆，嘴都半张着……

接着，那艺人又扔掉手中的哨棒，徒手打起了少林红拳，颇有点儿梁山遗风。你看他拳来脚去，如流星似闪电，宛如攀树登枝的猴子。他身手灵活，进退自如，起伏转折，节奏分明，得心应手。年轻人那干净利落的腾、挪、躲、闪，变化多端的攻防技法，刚柔相济的动作节奏，严谨典雅的势式规范，真乃“酷似燕青，胜似燕青”。使人目不暇接，回味无穷。

“啾啾”一阵叫声，一群山雀从广场边的树林里飞出，向广场中心飞来，在飞越艺人头顶时，说时迟那时快，只见艺人躬身捡起一块石子儿，向鸟儿投去。“啪”的一声，山雀儿一头栽落到场子中央，人们顿时沸腾了。

“神功！神功！”人们呼喊起来。惊得有人向空中扔起了帽子，有人打起了口哨声。

年轻人表演完毕，拱起双手，微启双唇，连连说道："今年水大，颗粒绝收，国民党又叫刮民党，千方百计'围剿'共产党不说，又千方百计地搜索民财，闹得神州大地鸡狗不安，我们也两天没吃饭了，有钱的帮个钱场，无钱的帮个站场。"

没容那艺人说完，那铜钱像雨点似雪花般地撒在年轻人脚下。

就在年轻人弯腰捡钱时，被尤崇新认了出来，马上对蔡孟坚小声说："他就是中共中央保卫局局长顾顺章!"

"没错？我就下手抓了？"

"保证没错!"

蔡孟坚说完向身后的保安使了一个眼色，接着上前对顾顺章道："顾顺章，你被捕了!"蔡孟坚话音落地，一帮便衣一拥而上，像老鹰捕小鸡般地将顾顺章抓获。

蔡孟坚为了邀功请赏，亲自对顾顺章进行软化，出马接待，敬烟敬茶，但顾顺章却似徐庶进曹营——一言不发。蔡孟坚不愧为老牌特务，并不生气，他笑着对顾顺章说："我们虽没见过面，但我知道你，你也一定知道我。"

顾顺章仍是一言不发。

蔡孟坚有些恼怒了，但他不表露出来，只是又提醒顾顺章一句："你我为人都知道，一切用不着多说。要生，便说出你所知道的一切；否则，只有死。"顾顺章毫无表示。

蔡孟坚见此状，知道现在多说也无益，不如让顾顺章放松放松，好好考虑，一切等回南京请求陈立夫之后，再想办法。于是他又对顾顺章说："我决定送你去南京，你自己好好地考虑，选择自己的前途。"

顾顺章被捕的消息传到南京，陈立夫、徐恩曾十分高兴，当即把消息报告给蒋介石，并且下达指令，命武汉警备司令部稽查处副处长蔡孟坚亲自押顾来京。

## 钱壮飞建功

敌中有我，我中有敌。

且说正当蔡孟坚打入共产党之际，共产党员钱壮飞也奉密令，早已打入了国民党的中统局。

1928年夏，钱壮飞经过组织联系，考入了徐恩曾在上海开办的无线电训练班。徐恩曾是陈立夫的表兄弟，钱壮飞逐渐取得了徐恩曾的信任，为以后加入国民党最高特务机关创造了有利条件。

钱壮飞进了徐恩曾的无线电训练班以后，勤奋好学，多才多艺，又善于交际，加上是徐恩曾的同乡，深得徐恩曾的信任。不久徐恩曾当上了上海无线电管理局局长，刚刚毕业的钱壮飞就被任命为无线电管理局秘书。1929年春天，陈立夫派徐恩曾去杭州筹办西湖博览会，徐恩曾要钱壮飞帮忙，并且在浙江省教育厅给他挂了一个秘书的职衔。钱壮飞为了取得徐恩曾的信任，“奉公守法，勤勤恳恳”，把这次博览会搞得格外精彩，颇得社会人士和国民党官僚们的好评，连国民党的“财神爷”孔祥熙都亲自去看过。由此，钱壮飞进一步得到了徐恩曾的器重，博览会一结束，就当上了徐恩曾的私人秘书。

徐恩曾攀炎附势，借助他与陈立夫姑表兄弟的关系，不久又当上了特务总头目陈立夫的副手。钱壮飞也水涨船高，成为了中统局的机要秘书，任务是扩大组织，发展成员。钱壮飞趁此机会，介绍李克农加入了组织，公开身份是上海无线电管理局职员，在上海滩站稳了脚跟。不久，又介绍胡底在南京主持“民智通讯社”。为了加强党的领导，(共产党）中央特科派陈赓与李克农保持单线联系，南京有什么情况，由李克农及时反映给陈赓。李克农、钱壮飞、胡底三个人组成一个党小组，李克农任组长。

党务调查科由徐恩曾建议迁移到南京中山东路5号一幢两层的西式小楼，独门独院。徐恩曾是这里的甩手总掌柜，钱壮飞是这里的大管家。据李西岳、苏学文撰文道：

徐恩曾是个纨绔子弟，整天在舞场、妓院里混日子。他把所有的事情全都推给钱壮飞去办。调查科迁到新址后，凡是送给徐恩曾的文件、电报，都由中央党部转送到这里来。首先看到这些电文的就是钱壮飞。蒋介石对红色区域进行第一、第二次"围剿"的时候，钱壮飞曾在这里获得许多有用的军事情报，经李克农交陈赓。这些情报确切及时，中央转发到红色区域，对红军作战起了重大作用。

这里不但建立起了秘密电台，还开始制造便于携带的小型收发报机。因此就在门口挂上一块"正元实业社"的招牌，作为这个神秘机关的掩护。徐恩曾的秘密电台也设立在这里，以后派到汉口、九江、安庆等地的调查员，都同这里的电台通报。凡是给徐恩曾的电报、报告和各种情报，都是首先经过钱壮飞，由他审阅并提出处理意见，徐恩曾只在上面签个字。这样，钱壮飞就掌握了这里的全部机密。

这个时候，徐恩曾虽然对钱壮飞越来越信任，可是有一件东西，他却紧紧抓住不放。这东西就像徐恩曾的护身符，每次外出的时候，总是把它带在身上，珍藏在贴身衣服口袋里面。原来这是他同国民党高级官员通话用的密码本。钱壮飞知道，没有这个密码本，国民党最高统治集团的核心机密就搞不到。他虽然早就想搞到这个密码本，可是却一直到不了手。李克农和钱壮飞分析了徐恩曾的致命弱点是腐化堕落，好色喜嫖，于是设下一计。有一次徐恩曾到上海开会，他们趁机一起向徐恩曾宣传，哪儿哪儿有漂亮姑娘。徐恩曾一听便动了花心，马上要去。李克农却故意说："你不能去，你带这么个东西去怎么存？"徐恩曾马上从小褂里掏出密码本交给李克农，他们便马上复制收藏起来。

由于国民党的需要，设立了公开情报机构，在南京丹凤街设立“民智通讯社”，天津日本租界秋山街5号设立“长城通讯社”，而把这套情报机构的指挥机关“长江通讯社”设在南京中央饭店四楼(中山路5号隔壁)，由钱壮飞负责。这些机构名义上是国民党特务机关的附属组织，实际上自上而下完全掌握在共产党的手里。然而，积极筹建这些机构，正是李克农、钱壮飞、胡底进一步取得徐恩曾信任的方式之一。

自从有了长江通讯社，李克农、钱壮飞、胡底的活动就更加便利了。每次李克农来南京，就在中央饭店四楼住下，三个人在这里一起商谈工作，过党的生活。国民党特务搜集来的共产党文件，都汇集到通讯社来，钱壮飞只在上面盖一个图章，交人收藏起来就完事了。当时国民党要什么情报，钱壮飞就给他们编造。1930年4月，蒋介石和冯玉祥、阎锡山混战之后，要搞张学良的情报，因为东北军对于全国局势举足轻重是谁都晓得的。过去国民党也搞过他们的情报，但是派到东北的人，都被日本人搞掉了。钱壮飞闻得此讯，告诉陈赓，他亲自出马，邀上正在天津的胡底，组织一个小组去沈阳。中央特科对此事特别重视，派陈赓和他们一同前往。于是陈赓他们利用这个难得的机会，拿国民党特务机关的护照做掩护，花着国民党的钱，便巡视了中央特科在东北和华北的工作，为共产党带回许多重要的机密情报。为了应付国民党，钱壮飞回到上海，同李克农一起，把报纸上的消息剪剪贴贴，加上一些材料，写成一份4万多字的报告。钱壮飞回到南京以后，徐恩曾连声称赞“了不起”“哪来这么好的材料”！他对钱壮飞表示“佩服之至”，立即给予了嘉奖。因为有了这些，不但徐恩曾能够以此邀功，陈立夫也可以在蒋介石面前炫耀。

# 顾顺章叛变

因为顾顺章是共产党的要员，陈立夫对他寄托着厚望。顾顺章还没到南京的时候，陈立夫就把电话打过去了，要徐恩曾做好接站。陈立夫还说，如果能抽出时间，他也亲自出马迎接。接站时别忘了通知他。

“让顾住在哪儿？”徐恩曾请示道。

“你们那里很僻静，腾出一个房间，好好打扫一下。”

“那好，那好。”

当天晚上，顾顺章在蔡孟坚的护送下，来到了南京中山东路，住在党务调查科的办公楼里，是钱壮飞打扫的房间。

在楼道里，顾顺章第一眼看到钱壮飞的时候，他愣神了，似要说什么，机灵的钱壮飞立马道：“顾先生，房间不缺东西吧？”

“不缺，不缺。”

“我叫钱壮飞，如需要我的时候，说一声。”

“那好，那好。”

这时，蔡孟坚也走过来，对顾说：“钱先生就是这里的二老板，有事尽管找他没错。”

顾顺章笑了笑。

蔡孟坚又道：“刚才，我接到立夫老总的电话，说是明天早八点，他要来这里看望顾先生。”

顾顺章不以为然。

话说第二天早八点，陈立夫准确无误地来到顾顺章住处，令陈立夫失望的是，顾顺章守口如瓶，一问三不知。更使陈立夫生气的是，顾顺章小看了陈立夫，说什么“蒋介石为什么不来？我要当面见你们的委员长蒋介石”。

“你不要敬酒不吃吃罚酒!”陈立夫临走时甩下了一句话。

接着,陈立夫不死心,末了他又安排徐恩曾再谈一次。毫无结果,又使陈立夫失望了。陈立夫对徐恩曾做了一个抹脖子的动作,说:“送他上西天吧——”

“遵命!”徐恩曾道。

这时,在一旁的钱壮飞说话了:“你们二位都是我的上司,这里本来没有我说话的地方,为了党国的利益,我只想插一言,你们听也罢不听也罢,我是想说,杀顾还不是容易的事,可是要再捉拿一个顾顺章却不是容易的事了。留住他,退一步讲,还能做一个反面教员吗?”

陈立夫道:“你是主张不杀?”

“对了,先是不杀。不是不杀,到了时候再杀。”钱壮飞回答说。

陈立夫对徐恩曾说:“你的部下说话了,你说杀不杀吧?我先把他交给你来处理。”

徐恩曾说:“小钱的话有几分道理,我们再审讯一下,如果还是木头人,我们就不留他了!”

“就按你说的办。”陈立夫离去。

这就是钱壮飞的一句话救了战友顾顺章的一条命。后来,有人把这件事情给顾先生讲了。

可令钱壮飞生气的是,顾顺章竟不买钱壮飞的账、不领钱壮飞的情。

一天,俩人在走廊里相遇,顾顺章佯装没有看到钱壮飞,钱发火了:“你这个该挨枪子的,我为啥要冒险讲话呢?”

顾顺章在前已听说钱壮飞投敌了,所以不愠不火地道:“人各有所想,又各有所思。我知道你安的好心?”

“哼,骑驴看唱书,咱们走着瞧!”钱壮飞生气地一甩手走了。

在再次审讯顾顺章时，顾仍是狮子口大开："我不给你们谈，要谈请你们的主子来!"

徐恩曾说："我们的主子陈老板不是给你谈过了吗?"

"他还不够格!"顾顺章一脸傲气。

"你是说蒋委员长?"

"对啦。"

这时，钱壮飞发牢骚了："我看算了，此人不可救药。还是当初立夫的意见正确。"

"你看看，你看看，真是的，当初说不杀的是你，现在说杀的也是你。"徐恩曾摊开了双手说："我不管了。"

"你是领导，你不管谁管?"

后来，徐恩曾把意见反映到陈立夫那里，陈立夫又反映到蒋介石那里。蒋介石"嗯"了一声，片刻道："那好，你们不成，我来谈。"

蒋介石和顾顺章的谈话是在一个落霞的傍晚，他们整整谈了三个多小时。从时间上看，这个没被陈立夫、徐恩曾攻破的堡垒，被蒋介石一下攻破了。

开始谈判的时候，顾顺章有一个顾虑是，说也杀不说也杀，于是他就坚持了不说不讲为上策。蒋介石看透了这一点，首先向他保证："不抓不杀。"有了蒋介石这句话作定心丸，顾顺章彻头彻尾地叛变了，如竹筒倒豆子，该说的不该说的，他都说了出来。他首先说："徐恩曾身边就有共产党?"

蒋介石问："是谁?"

"钱壮飞。"

另外，他还供出了当时被关押在上海提篮桥监狱的恽代英的真实身份和刚刚与宋庆龄一起回国不久的邓演达先生等革命同志。

除此之外，顾顺章又供出了几处中共在上海来不及迁移的地下秘密机关；其次供出了中共保卫组地下工作人员……

紧接着，蒋介石命令陈立夫、徐恩曾按图索骥，频频地出动警车，进行大抓捕。

他们先是大义灭亲，先将钱壮飞绳之以法，投进了南城监狱。接着逮捕法办了中共要员恽代英、邓演达等革命同志。

先说恽代英，他是共产党的中央委员。在顾顺章供出恽代英的真实身份后，陈立夫派徐恩曾，徐恩曾派顾建中、李熙光、王思诚三人携带一本刊有恽代英相片的黄埔军校第四期同学录，那时恽代英任第四期教官，到狱中加以对证。在查证落实之后，徐恩曾极为高兴，当即面报陈立夫，转报蒋介石，同时又将恽代英解押南京，并派顾建中、李熙光、王思诚三人使用了可以使用的手段，对恽代英进行一系列的威胁利诱，企图迫其叛变革命，从而获得有关中共更多的活动情况和组织情况。但是恽代英始终不渝，除承认自己是一个共产党员外，无其他供词。最后，蒋介石、陈立夫采取了残酷的手段，将恽代英秘密杀害了。

再说中共在上海的直属单位所在地，原来多数是在顾顺章领导的保卫组的护卫之下。中共中央从钱壮飞那里获知顾顺章为国民党逮捕之后，当即做出紧急决定，首先是迁移各个地下机关。根据当时的实际情况，一个地下机关的安全转移是很不容易的。当调查科从顾顺章口中得悉情报后，立即赶往上海，中共中央的大多数机关已经转移，但也有少数一时迁移不及的机关，如红旗报社、保卫组办公处、北四川路接头处等。这些机关遭到了特务的破坏。其中周恩来原来常到的办公处所，也遭到破坏，周恩来幸而在特务们来到前的一刻钟离去，否则难免遭毒手。

抓捕邓演达是在一个漆黑的夜晚。

当时邓演达应邀正在上海愚园路愚园坊 20 号，给江西起义干部训练班的毕业学员讲话。谁知这个消息走漏了，在邓演达正在讲话时，敌人呼啦啦地开过来一个连，两步一哨、三步一岗地紧紧包围了院子。待邓演达作完报告，走出深院时，被喝令一声："站住！举起手来！"

邓演达还没有反应过来是怎么回事，十几个便衣特务蜂拥而上，把邓演达绑成了"四蹄倒栽葱"，投进预先准备好的麻袋，扎紧袋口，扔到停在院外的车上，呼啸一声便拉走了，又转火车，直奔南京。

邓演达被捕的消息报到陈立夫那里，陈立夫又报到蒋介石那里，正在南昌坐地"围剿"红军的蒋介石闻听后大喜道："先投进监狱，让他尝尝我的厉害！等我完成'剿匪'后再来处置！"

"是！司令。"

"执行吧！"蒋介石屏退了左右，又专心致志，一双贪婪的眼睛盯在偌大的"剿共"作战图上……一次更大的"剿共"计划在他胸中孕育着……

上海莫里哀路29号，宋庆龄住宅。

那是一个傍晚，红日西沉，红霞飞天。上海的一切都朦胧地罩着一层紫红色，像是一片经过打磨而且渺无边际的金属片儿，闪闪发光。

宋庆龄吃了晚饭，送走了两位来拜访的年轻的共产党员，望了望西天的云霞，然后回到书斋里，动手给友人写信。可是她的心无法静下来，一封信足足写了一个小时，还感到语言颠三倒四的，表达不尽如人意。倏然间，有人敲门。庆龄上前开门，来人是江西起义干训班的两个中年同志。

"夫人，演达被捕了！"

"啊——"庆龄大吃一惊，"快坐下，是怎么回事，你们详细谈谈！"

"事情是这样的！"两个中年人一五一十地道出了邓演达被捕的

经过，最后，他们断定：“一定是有叛徒告密！”

“现在演达在哪里？”庆龄又问。

两中年人摇摇头说：“不清楚。”

“你们先回去，”庆龄说：“后事，我来处理。”

“那太感谢夫人了。”两中年人退去。

宋庆龄终止了写信。她脑海里反复浮现着演达的形象……大革命失败后，邓演达曾做过多次振奋人心的演讲；流亡苏联时，他们一同总结经验教训，又一同扯起了革命的旗帜，他是位干起工作不要命的好同志；在流亡柏林时，为研究中国的农民革命运动，他又呕心沥血、废寝忘食地工作着，往往在沉闷中偶出妙语，幽默含蓄；回国后，他又积极投身到反蒋的洪流中，尽管她不赞成他的第三政党的观念，毕竟他是一个革命坚决的好同志；他创办的《革命行动》报，发行量之大，言辞之激烈，无疑是投向蒋政权心腹的一柄利剑……这一切，都在促使着宋庆龄要下决心营救邓演达。

可是话说过来，此事谈何容易！要知道，营救邓演达，必须亲自向蒋介石求情。求情的事，宋庆龄从来没干过。可是这次求情不是求同志而是求自己的敌人。大革命失败后，她曾发表过谴责蒋介石、不与其同流合污的“七一四”声明；孙中山南京“奉安”时，她又反复重复这个声明，致使蒋介石为此愤愤不平。眼下真的要求情了，还真难为了宋庆龄。

这时，邓演达在狱中受刑受拷打、铁钳夹手、红铁熨掌……邓演达的尖叫声又一股脑地涌过来，使宋庆龄终于坚定下来——为了革命同志，自己还顾得什么个人的脸面？

宋庆龄经过一段痛苦的斗争后，革命情、同志情、战友情终于占了上风。于是，她从上海出发，乘上了去南京的火车，开始了营救邓演达的行动。尽管事情曲折，她已有充分的思想准备。

9 月的南京，天高气爽，风和日丽。只要你稍稍留心，不难看出其恐怖的气氛来。宋庆龄以其特殊身份，终于见到了蒋介石。据说是美龄引见的，先不提这些。

蒋介石闻听宋庆龄求见，心里一怔，他对宋庆龄的印象是出淤泥而不染，失败面前不低头，为笼络她使他绞尽脑汁，包括中山陵工程的修建，耗资百万，并没有感化宋庆龄。如今庆龄自己找上门来，他还以为她受了感化，才降服于他呢！

接见是在南京总统府内，这是蒋介石的刻意安排。庆龄来到总统府会客厅，不卑不亢，落落大方。蒋介石示意庆龄坐下，与以往接待客人的情形不一样的是蒋介石亲自端茶奉水，一口一个“二姐”叫得好甜好亲。

“二姐，只要你来政府工作，我一切都听你的。”蒋介石奉上茶水道。

“工作之事暂且不谈，这次来主要是为邓演达的事。”宋庆龄道，“现在国难当头，你与邓演达的矛盾，我来给你们调解好不好？”

“啊，原来二姐是为这事而来呀？”蒋介石好扫兴。

“对。请你把邓演达叫来，我们三人当面谈。”

“……”蒋介石默不做声。

庆龄又道：“如果你觉得这里谈不方便的话，就派人陪我去见邓演达，我先同他谈谈，然后咱们三人再谈？”

“……”蒋介石的脸上横肌抽动着，仍默不做声。

最后，宋庆龄一定要见邓演达，蒋便要一个花招道：“我还不知道此事哟，要找你去问陈立夫，兴许他会知道的。”当宋庆龄又找到陈立夫时，陈又推说只知道邓演达关在南京，但具体位置还不太清楚。

宋庆龄愤然离开总统府。快落山的太阳斜照在她的身上，把她那本来窈窕的身影拉得更长。

# 第九章
# 间谍大战

## 杀害邓演达，是在夜深人静的夜晚

为营救邓演达，宋庆龄于11月25日又登上了去南京的列车。这时，她经过多方打探，才得知邓演达被关在南京中央军人监狱，已受尽了皮肉之苦。

一下车，便由孙中山侍卫副官马湘和范良陪同，直奔位于郊区外的中央军人监狱。监狱长名叫胡逸民，在北伐战争时，与邓演达私交颇深，十分敬佩邓的为人和才华。听了宋庆龄的口述，十分同情邓的不幸："夫人此行，有什么要求？"

"我想见邓演达一面！"宋庆龄道。

"那好。"胡逸民见是国母庆龄求见，岂有不准之理。于是他在没有事先请示蒋介石的情况下，便命令左右大开绿灯。

会见是在胡逸民的办公室里，胡逸民安排宋庆龄坐下，奉上茶水。接着又传邓演达过来。这在宋庆龄看来已经是最高的礼遇了。

"夫人，想不到还能见到你！"战友相见，邓演达喊道。

"演达，我的好同志。"庆龄望着浑身血迹的演达，泪流不止。许久许久，才控制住自己。

"当初，你的告诫我没听进去……"邓演达也痛哭起来，"不过，我也死而无怨啦！"

"我们正在设法营救你，希望你好好配合，坚持到底。"说到这里，宋庆龄再次控制不住自己的感情了。

两人挥泪而谈，时而激昂陈词，时而垂泪痛哭，情景极为悲壮。

就在宋庆龄离开狱牢之后，早有人把邓演达与宋庆龄秘密会见一事报到蒋介石处。蒋介石大怒："娘希匹，这还了得！他胡逸民胆大包天，敢不请示我，问他有几个脑袋？"当下便派侍卫长王世和急急忙忙赶到中央军人监狱，找到胡逸民。

“胡狱长，你好大胆啊！”王世和一副盛气凌人的样子。

“国母求见，岂有不见之理！”胡逸民解释道。

“你真糊涂啊，”王世和道，“我看你已经干到头了吧？”

……

接着，一场飞来的横祸降落到胡逸民头上。反过来，宋庆龄与邓演达的会见，又减去了邓演达的生存时间。此时，蒋介石感到宋庆龄竭力插手此案，夜长梦多，日后难以收拾。恰在这时，发生了“九一八”事件，由于蒋介石的不抵抗政策，全国人民为挽救民族危亡掀起了汹涌澎湃的爱国救亡运动，一浪高于一浪，迫使蒋介石快刀斩乱麻。

他立即召来陈立夫，下达密令，先软化，软化不行再“斩决报来”。

接着，又派李熙元与邓演达谈判释放条件：“要释放您，好说。”李熙元开口便说，“但要讲个条件。”

“什么条件？”邓演达问。

“你保证不写反蒋文章，再奉劝庆龄支持党国工作。”

邓演达听后哈哈大笑，许久才止住笑声道：“我写反蒋文章，不是我邓演达要写，而是中国人民要我写的！至于要夫人支持你们政府，那是人家的事，管不了，两个条件，我一个也答应不了。要杀要关，随便吧！”邓演达浩气在胸。

“请你再考虑一下！”李熙元再次劝道。

“没有什么可考虑的！”邓演达一口咬定……

谈话不欢而散。

紧接着，蒋介石便下了处决的密令。

1931 年 11 月 29 日，那是一个阴沉的晚上，外面刮着寒风，风声像一个临死的人在呻吟；一阵骤雨鞭打着牢房的窗户，时而隔着一段死一般的沉寂的时间。

牢房的门“哗啦”一声被打开了。5 个大力士兵在徐恩曾的带领下，把邓演达解出，秘密地押至南京麒麟门外沙子岗，残酷地杀害了他。邓演达留下了“为人民而死，虽死犹荣”的豪言壮语。享年 36 岁。

起初，宋庆龄闻此消息，并不相信，还以为蒋介石下野，孙科任行政院长后，演达即可释放。这时，庆龄怀着忐忑不安的心情，立即乘车去南京，找蒋介石询问，蒋介石道：“你已经见不到他了。”宋庆龄听后勃然大怒：“你们是杀人不见血的刽子手！”说完，一抬手把茶几掀翻在地，蒋介石急急逃上楼去，宋庆龄愤然离开南京返沪。

血雨腥风伴随着邓演达壮烈牺牲的消息，在华夏大地劲吹飘落。人们觉醒了，反蒋的浪潮一浪高于一浪。

## 顾顺章的嘴脸和下场

顾顺章还出卖了中共保卫组地下工作人员，其中绝大多数在被捕后拒绝自首叛党，被特务们杀害了，少数人在顾顺章的影响下叛变。

与此同时，顾顺章有立功表现，经蒋介石批示，顾顺章成了得力的中统特务。他的加盟很快让 CC 的防共反共能力再展宏图，在对共产党的大抓捕中，顾顺章成了举足轻重的人物。

首先，顾顺章作为现成的教员，他可以用自己的经验，让中统分子更深入地了解共产党的活动规律和特点，为此他组织编辑了六本特工丛书，即《训练工作》《情报工作》《行动工作》《侦查工作》《审查工作》《组织工作》。

除此之外，顾顺章还为二陈出谋划策，培养特工。顾顺章曾向陈立夫建议：要彻底动摇共产党在上海的基础，就应该设立一个强有力的机构；同时，对于“自首政策”必须切实行动，以架空、瓦解和最后消灭共产党。

顾顺章还提出来开办“特工人员训练班”的建议，训练一批有特工能力的骨干，充实各级特务机构。为了打击共产党，他还建议在上海设立一个以行动工作为重点的上海特别行动区，以组织对组织，给共产党以不断的打击。这些建议后来都被陈立夫、徐恩曾采纳利用。

由于共产党的基层组织里党员大部分是在业的无产工人，他们与脱产干部不同，有家庭负担，有失业者的风险。特务们对这些人采取的政策是“扩大自首潮流，瓦解中共组织”，尽量是不予逮捕，通过谈话，说服他们秘密自首，充当特务耳目内线的“细胞”。这种方式，特务们自称为“细胞”政策。而“细胞”政策多运用于产业工人集中的上海地区。

马绍武，又名史济美，是二陈在上海的特务头子。1932 年，他来到上海，首先在沪西地区开展“细胞”工作。

马绍武根据自首人提供的线索，查证确实后，即采用突击说服的办法，把对象吸收为共产党基层的内线关系，使之成为“细胞”。

在突击说服时，特务常把说服对象带到茶馆或清静的马路边，或到对象的家里，先和他谈生活情况、工作情况，然后和他谈对共产党的看法和态度。一般的对象是不会轻易表露自己的态度的，谈话特务就对他显露身份，对他进行威胁和反动宣传，说什么“共产党对人民危害极大，破坏了人民的安定生活，扰乱了国家体制完整，共产党已成了危害民国的主要犯罪分子，应受到军法的惩治”等等。然后进一步说：“你有妻儿老小，全家靠你养活，你参加反动组织，扰乱社会治安，万一被捕，你的家庭不也要受到牵连吗？我们为了挽救你，希望你早点向政府自首，这样可以保证你的前途和家庭安全。何去何从，你要三思……今天的谈话不要和其他人谈起，否则，对你只有百害而无一利。”

特务的这种“细胞”政策极为毒辣。马绍武在沪西不到半年的时间里，几乎掌握了中共沪西地区整个基层组织活动的情况。

马绍武后被中共“特科”行动队杀了头，继任的徐兆麟继承和发展了“细胞”政策，他不仅注意发展内线“细胞”，更重视对内线“细胞”的培训和利用。在培训利用中，凡发现不利于内线“细胞”提升的障碍，便予以清除，为他们进一步打入高一级组织扫清道路。这些内线“细胞”一旦被提升，对特务进行破坏活动十分有利。

为拉拢内线“细胞”，特务机关采取小恩小惠，每月分别给予5到15元的活动津贴费，对有“重要表现”的给予一定的奖励，对家庭生活比较困难的也酌情给予生活补助费等。

为了更好地对被捕的共产党人进行政治欺骗，诱其叛变，根据二陈的建议，国民党还专门成立了从事此项工作的机构——反省院，同时公布了《反省院条例》，将反省院纳入政府机构。特务们常常将抓来的共产党人关进反省院中进行所谓反省，“反省合格”后予以释放，并从中挑选一部分人专门从事破坏中共组织的活动。

最早的反省院是1930年在湖南长沙设立的湖南反省院。该院由湖南省主席何键直接控制，随后，沿长江各省也相继建立了反省院。

按组织系统，反省院隶属法院。由于原有的司法人员对革命人士所进行的欺骗诱叛的办法不如CC特务的阴险毒辣。为了使反省院成为更省力的破坏革命的工具，扩大自己的势力范围，二陈极力控制了这一机关。

反省院在押的人员分为三类，一为被认为叛变共产党不彻底分子；二为坚决不承认自己是共产党员的人；三是被认为有共产党嫌疑的人和思想左倾人士。另外，还有一些原属中统，后被认为对组织不忠，违反特务纪律的人。

反省院所标榜的政治训练内容有三条：一为以全民革命反对无产阶级革命；二为以阶级调和反对阶级斗争；三为以三民主义反对共产主义。

反省院规定所有“反省人”的“反省”以6个月为一期，每6个月举行一次考试，甲、乙两组去笔试，其试题多为“对苏联的认识如何”“中苏关系怎样”“三民主义与共产主义比较”之类。对于丙、丁两组是口试。考试不及格者便留级，继续“反省”半年。那些训育员常用威胁的口吻对在押的“反省人”说：“如果三期不及格，便要枪毙！”所以在押的人精神上经常受到折磨和摧残。考试及格者发给一张“准予自新”的证明书，释放出去。即使是这些被释放出去的“自新人”仍必须接受当地特务室的管制三年，定期汇报思想和言行。如果“自新人”被认为有共产党活动的，随时可以被重新关押监禁。

这样，陈果夫、陈立夫利用劝降审讯、反省院训练的办法，虽有革命不坚定分子叛变，但更多的共产党员在敌人威胁利诱面前，却永葆了革命者的本色。

再说CC在特务工作上的进步，引起了“军统”的嫉妒，戴笠把这种进步归结为“叛徒”政策的奇效。于是从挖墙脚的本能出发，开始对顾顺章拉拢收买。据说，最初的接触是从戴请顾到军统特务训练班讲课开始的，随后，两人有了来往，戴发现顾时不时地流露出郁郁不得志的情绪，便投其所好，暗许高官厚禄，怂恿顾离开“中统”，暗度陈仓。

戴欲挖走顾顺章的图谋，除了有削弱“中统”的意思外，他还发现，顾确有才干，更何况两人出身卑微，都有一身沉浮江湖的黑道习性，偶尔凑在一起，言谈欢洽。后来，这事让“中统”分子发现，立即把顾顺章软禁起来，直至秘密处死。

对于顾顺章被秘密处死的具体经过，莫衷一是。据张国栋所述：“1934 年左右，戴笠曾征得徐恩曾的同意，并请蒋介石批准，借调顾顺章参加军统在南京的训练工作，担任训练班的顾问和教官，从此顾便与戴发生直接关系。戴笠为与徐恩曾争‘功’争‘宠’，企图把顾顺章拉入军统特务组织，用金钱地位对其引诱，顾顺章也因得不到徐恩曾的信任逐渐倾向于军统，这当然是徐恩曾绝对不能容许的。1935 年，徐指示顾建中在某一次工作会议上，以顾顺章‘不服从命令，企图别树一帜’为名，拔出手枪，将顾射杀。”这是其一。

还有陈俊德在《我的特务生涯》中称：“顾顺章与戴笠确曾暗中有来往”，主要通过他的“后妻张永琴进行联络”。另外，还阴谋组织“新共产党”。事情败露后，“被软禁在南京细柳巷 41 号”，又转移至“南京明瓦廊”。1934 年“关入苏州反省院”，第二年“被秘密枪杀”。当时，有一些传闻，说是顾顺章会妖术，押解去反省院的途中，中统“怕他施术逃跑”，行前“穿了琵琶骨”。这是其二。

徐恩曾也在自己的回忆录中说到顾顺章的死，他把原因归咎于顾的重新叛变。他说：“顾在我们这边找不到出路，又去和共产党勾结，向共产党提供我内部人事和业务报告。后又发现他有实行暗杀计划，之后准备逃往江西苏区，我只好对他放弃了。”对于顾被枪杀的事实，徐恩曾不无感慨地说：“我所遗憾的是这位具有特殊贡献的朋友，不曾和我合作到底”，他也是“唯一的转变后又想回到敌人怀里的一个”。

总之说法多多。常言道，善有善报，恶有恶报；不是不报，时候不到。叛徒自有叛徒的下场，这才是最主要的。

第十章

# 花开花落

# 花落之时

1935 年 11 月，国民党第五次全国代表大会胜利闭幕。

接着召开五届一中全会，选举新一届班子。开票那天，陈立夫作为唱票人，意外发现自己比主子蒋介石还多了 4 票。在官僚主义的中国，功盖主子，这是要遭殃的。陈立夫灵机一动，自作聪明地抹去了一个“正”字。公布结果时，陈立夫尾随蒋介石，名列第二，自以为得计。哪知这段隐情有人暗中告发了老蒋，还对此事作了添油加醋的描绘。这使蒋介石勃然大怒。在此前，蒋介石就隐隐约约听到“二陈”十分自负的传闻，已构成了对他个人的威胁和挑战。“娘希匹，我还没死呢，你们就想篡位，看我怎么收拾你们!”蒋介石骂了一句，下了逐客令：“你先回去吧，有什么情况及时报告。”

事有预感。开完一中全会后，陈立夫虽然当选第五届中央执行委员，但他却睡不着觉了。两眼圆睁睁地望着天花板，没有睡意。眼中像是有个小松针支着似的，就是合不上眼皮儿。辗转反侧，他在想，选票比主子多不是好事。万一有人捅到了主子那里，事情就不好说了，对，有句俗语说是跳进黄河也洗不清。他隐隐约约感到蒋介石知道了此事，他从老蒋阴沉的脸上读出了不测。再说，这次会议，他和长兄都没有当选中央常委。他的中组部部长也被换了下来，包括他的中央文化事业计划委员会主任、土地专门委员会主任及中央财务委员会委员都一一被撤换了下来。

这里面大有文章……

应该说，任何事情的发展都遵循着一定的规律，由弱到盛，由盛到衰。陈氏两兄弟当然也逃不脱自然规律的约束。在蒋氏王朝中，他们已经从鼎盛开始衰落了。国民党“五大”就是转折点。这是公认的说法。

国民党五届一中全会后不久，有则消息传到陈立夫耳朵中，说是蒋介石要拘押他。他很愕然，不相信这是真的。他找到长兄打听，陈果夫又帮助打听了蒋介石的大秘书陈布雷，确有其事。这时，兄弟二人在寒酸的同时，都傻眼了。他们第一感觉是蒋介石太狠毒了，竟不念兄弟二人为他忠诚的一生。万般无奈之中，兄弟二人回到湖州老家搬来救兵，即叫二叔的遗孀姚文英，跑到蒋介石面前哭诉：

“我的儿子死了，立夫就是我的儿子，他有多大胆敢不听委员长的话，你难道忍心叫英士绝后吗？”

陈其美生有两个儿子，真正属于嫡出的就陈先夫一人。蒋介石不忘先烈厚恩，对先夫十分照顾。1932 年，陈先夫投考中央航校，体检一关未曾通过，他当即给蒋介石写信，表明自己在空军方面的志向。蒋介石难拂诚意，就把义侄塞入航校。结果呢？应验了“严是爱，溺是害”的老话。那一天，陈先夫头脑发热，置不可单人驾机的规章为儿戏，独自上了天。到空中后，只见山移海倒，乱云飞渡，形势十分险恶，心里一慌，操纵上大乱方寸，飞机便像断线的纸鸢，翻着身子倒栽，最后撞在杭州笕桥附近的农田里。

这件事对蒋介石的刺激很大，一直以为对不住英士先烈。眼下，听姚文英哭诉，说到“绝后”之类的伤心话，禁不住愧从中来，哪里还敢再提问“罪”的事。然而，“死罪可免，活罪难逃”，二婶保得了立夫平安，却止不住立夫滑坡。在一些相关的著作里，都认为蒋对陈氏兄弟的态度自此发生变化，抑制和冷落成为主调。从此，“蒋家王朝陈家党”的陈家党在慢慢演变。

## 神秘之旅

国民党五大以后，陈立夫就像雪人似的消失在政坛上。曾有一段时间，人们无论在报上还是在新闻里都不见了他的大名，人们称之“失踪”。不少人在猜测，当年这个政坛上的活跃人物如今在哪里？有的说陈立夫被日本人绑架了；有的说陈立夫被蒋介石打入了冷宫；还有的说，你们压根就不知道，陈立夫病了，就在他的家乡湖州疗养呢！这次病得不轻，差一点见了阎王。

人们不禁要问，陈立夫到底在哪里呢？

1935 年 12 月 24 日夜，天上没有星星，也没有月亮，只有狂风暴雨鞭打着大海，大海暴怒了，掀起了小山般的波浪涌上上海码头。一艘即将起航的德国邮轮“朴次腾”号发出了起航前沉闷般的汽笛声，像是挑战大海；一袋烟工夫，邮轮就驶入了大海，迎着风雨，迎击海浪，劈波斩浪，进入了深海、天水相接的地方。

在邮轮的头等舱里，坐着三位东方大汉，他们分别是李融清、张冲、程天放。

且说这位身穿西服、头戴礼帽的长者李融清，明眼人一看就知，他不是李融清，而是大名鼎鼎的陈立夫。陈立夫为何改名？他要到何方去？

在日本的大举进攻面前，国内民众抗战声日高，蒋介石为了寻求国际援助，想到了苏联。因为在周边国家，只有苏联才能与日本抗衡。日本入侵中国，无疑威胁着苏联，苏联不会袖手旁观的。

接着，蒋介石就授命陈立夫做他的私人代表，主持同苏联驻华大使的外交谈判。蒋介石之所以启用陈立夫，除了陈是喝过洋墨水的、见过世面之外，陈立夫赞同在目前国难当头的形势下调整中苏两国关系也是个重要原因。再说陈立夫早就倡议恢复中苏邦交，给苏联人留下了好印象。

陈立夫与苏联驻华大使鲍格莫洛夫的谈判既秘密又艰难。

在会谈前，陈立夫分析认为：苏联之所以愿意同中国谈判，是因为害怕中国与日本妥协。如果这样的话，那么日军就会通过内蒙古，直抵苏联边境。而当时德国也已从西线窥探苏联，这样苏联就会陷入顾此失彼的境地。因此在会谈中，陈立夫表示愿意与苏联友好，共同抗击日本的入侵。

鲍格莫洛夫一方面担心中国的妥协会导致日军对苏联的进攻；另一方面又认为中国国力太弱，在日德联合进攻苏联时，中国不会起到什么大的作用。因此在会谈中，鲍格莫洛夫既表示愿意中苏友好，又表现出不太迫切和积极的态度。

这样，双方各有算盘，互不信任。虽然双方都愿意友好，但会谈却没有什么积极的成果。谈了又停，停了又谈，谈谈停停，秘密进行了半年多。

这种马拉松式的谈判开始蒋介石还颇为支持。随着日军在华北活动越来越猖獗，蒋介石压力越来越大。

有一天，蒋介石把陈立夫叫到自己的官邸，和陈商量谈判的事。陈立夫说："日人越来越嚣张，你不急我还着急呢，我们应加快对苏交涉的步子，打破僵局，争取能在短时期内建立中苏合作伙伴关系。这样，在必要的时候，我们可以打苏联这张牌来警告日本人。我看你亲自出马，效果会更好些。"

"好吧。"蒋介石采纳了陈立夫的建议。

1935 年 10 月，南京孔祥熙官邸灯火通明，但却静得出奇。客厅里只有蒋介石、陈立夫、鲍格莫洛夫等人在会谈。

在会谈中，蒋介石表示目前的僵局均不利于双方。中苏应尽快改善关系，共同对日。为了打消鲍格莫洛夫的疑虑，蒋介石又保证中国政府在任何情况下都不同日本签订反苏的军事协定。

也许是蒋介石的态度感染了鲍格莫洛夫，鲍格莫洛夫提出了一个积极建议："南京国民政府最好派一名高级官员访问莫斯科，直接与斯大林会谈。"

蒋介石接受了鲍的建议，并选陈立夫秘密出访莫斯科。同时陪同陈立夫出访的还有特工总部的设计委员会主任张冲、新任驻德大使程天放。

此时，陈立夫走出船舱，立在甲板上，任凭海风吹拂着他的头发。他在想着下一个谈判对手，他不是一般的对手，而是苏联的领袖斯大林。对于斯大林的个性特点，他知之不多。只听说他是一个很自负、很盛气凌人的人，他喜欢独断专行。面对这样一个对手，他应该采取什么策略呢？如果谈判成功，将会给抗战开创一个新的局面。如果失败，那不是个人脸面的问题，而是一个民族的问题。此时此刻，他突然感到自己身上的担子重了起来。他又感到整个民族的眼睛都在望着他……

邮轮经过一个多月的航行，到了德国的柏林。陈立夫、张冲、程天放下了船，安顿下来便给国内发电报，说已到了柏林。这时，蒋介石从国内来电，指示陈立夫、张冲暂时停在柏林，原地待命。

等待是难熬的。陈立夫、张冲在柏林，一等就是两个多月。

在柏林，他们游览最多的是蒂尔加滕公园。一出勃兰登堡门，只见望不到尽头的绿树组成的长长的碧玉屏风，使人顿感神清气爽，别有天地，这就是被柏林人称为“蒂尔园”的东西长6里、南北宽2里的市内森林公园。这里直耸蓝天的大树，一株挨着一株，郁郁葱葱。繁茂的树叶上荡漾着翡翠般的嫩绿，翳天蔽日，映天皆绿。漫步林荫小道，潺潺溪流，一湖碧水，时隐时现。成排的白玉雕像，姹紫嫣红的花坛，掩映在绿树后面一幢幢造型别致、建筑精美的别墅，使高雅、恬静的蒂尔园别具匠心。环境幽雅、空气清新的蒂尔园位于柏林市中心，交通十分方便，陈立夫和张冲曾多次来这里看树、赏花、听鸟、观光，暂时忘怀那政治的纷繁，真是心旷神怡、“宠辱皆忘”了。陈、张由于此行秘密，并不敢在柏林公开活动，只是在早晨和黄昏来公园，这已使他们心满意足了。同时他们还利用一些有利时机，与德国朝野进行暗中接触，从中摸取苏联对中国的态度。

两个多月之后，盼着尽快东行的陈立夫忽然接到蒋介石从国内发来的急电，命令他立即取消赴苏计划，迅速返回，不得有误。

望着这电报，陈立夫一时摸不着头脑，但蒋委员长的指示他不敢违背。何况赴莫斯科谈判是否成功尚是个未知数，取消此行对于他来说反而是替他解下了包袱。因此，在接到急电之后，随即收拾行李，与张冲一起，打道回国了。

等陈立夫回到国内，他才明白这究竟是怎么回事了。

原来，当陈立夫离开南京去上海乘船时，日本侦探很快就知道他要去莫斯科与斯大林谈判。为了阻止中苏谈判，日本一方面在外放出“陈立夫去苏俄”的空气，挑动国民党内的亲日派和顽固分子跳出来质问蒋介石；另一方面，日本又给蒋介石施加压力，如果不取消这次谈判，日本将采取“有力措施”。

日本人的招数果然奏效。因为陈立夫赴莫斯科谈判，从头到尾都是蒋介石一人在幕后操纵，极为秘密，连国民党中央和国民政府中的许多要员都不知此事。如此重大国策，却瞒着政府，当然就有许多人对蒋介石不满了。而蒋介石此时对中苏关系也做了错误分析，他认为:“日俄两国对我中国，有一相同的企图，就是迫使我们中国脱离西方，尤其对美关系，而陷入孤立地位，只有听任他们的宰割，日俄两国……为了共同对付西方尤其是美国，亦可以瓜分中国为条件，而互谋妥协。”基于这种错误的认识，蒋介石认为直接与苏联进行高级会谈的时机尚未成熟，如果匆匆行事，到时机密泄露，将使中国陷入难堪境地。因此，蒋介石一纸电令，召回了陈立夫。

## 与中共谈判

陈立夫与苏谈判半途而废，接着他又接受了蒋介石的密令，与中共接触。

陈立夫听了，大惑不解地问："这不……"

还没容陈立夫说完，蒋介石按下他的肩膀说："你想想，我们的对面有两个敌人，你要是作为指挥员，该如何指挥？"

陈立夫听了，笑了："对付敌人只能是刀枪。"

"你错了！"蒋介石笑得十分开心，接着解释说："攘外必先安内。这是我们的既定方针。不过，共产党也叫唤得厉害，团结一致，共同抗日。如果我不做一点儿姿态，那些抗议的学生也不答应。再说这小日本，娘希匹，也太不像话，得寸进尺，一步步进逼，老子给他鼻子他就上脸。我不联合共党，也难遏制日本的进攻。娘希匹，最近闹得我是老鼠钻风箱——两头受气。"

听了主子的一席话，陈立夫直点头，连说："我懂我懂。"

接着二人又密谋了方案。他们兵分两路，同时与中共接头。

先说一路在国外。陈立夫立刻拨通了国民政府驻苏大使馆首席代表邓文仪的电话，要他尽快与中共驻共产国际代表团负责人王明进行接触。邓文仪接到电话后，马不停蹄地找到了王明先生。王明也是痛快人，说这是一件大事，他自己还做不了主，建议国共谈判放在国内为好。邓文仪认为可行。不久，中共方面指定潘汉年为联系人，与邓文仪会见，并派潘汉年回国，与国民党代表继续谈判。

再说另一路在国内。陈立夫把一艰巨任务交给了心腹曾养甫。且说这曾养甫早年在上海协助陈果夫招兵买马，后为陈果夫所推荐、提拔，颇受二陈信任。此时曾已经爬上了国民党中央执行委员会委员、铁道部政务次长高位。

曾养甫接受任务时，国统区还处在蒋介石的白色恐怖之下，"剿共灭匪"的口号不绝于耳。如果此事为外人获知，曾养甫的前途和命运都会受到威胁。再说国统区的共产党完全处于地下状态，平时特务想抓到一个普通的共产党员都很困难，现在去哪儿找共产党负责人呢？但是曾养甫最终还是想出了一个人。这个人的身影浮现在他的脑子里。他就是主持浙赣铁路理事会的秘书谌小岑。

谌小岑神通广大。在第一次合作中，谌与国共两党关系密切，特别是与两方的高层领导人都有过深交。当曾养甫找到谌小岑时，谌小岑马上说："很抱歉，我已经与共产党那方没有联系了。"

曾养甫问："听说你还与周恩来很熟悉，是吗？"

"是的。不过也没联系了。"

"你再想想，还有什么人能取得联系？"

谌小岑想了一会儿，一拍脑门回答："是还有一个人，我差点儿忘了，他就是与中共北平市委有联系的北平中国大学教授吕振羽先生。他有这个联系的能力。"

曾养甫恭手相谢："那就拜托了。"

此后，曾养甫很快与中共的高层取得了联系，同时也与周恩来挂上了钩。这时，周恩来也接到了莫斯科王明的来函，是关于国共两党谈判合作的事。溪流归海，周恩来为此事特做了安排。于是，国共两党便坐到了一条板凳上，开始了谈判。这是继大革命失败后，两党的第一次握手。陈立夫作为蒋介石的特别代表出席了谈判。谈判的地点定在上海。

1936 年 6 月上旬的一天。

上海谌小岑的住宅。

窗幔低垂。

中共代表潘汉年带着周恩来致陈果夫、陈立夫的亲笔信，来到了这里。曾养甫也带着陈立夫的亲笔信在这里早已等候。谌小岑作为主人迎接了他们。

双方交换了信件，握手寒暄。然后各自展信阅读。

陈立夫的信中提出了国共合作抗日的四项条件：

1. A 方（指国民党）欢迎 B 方（指共产党）的武装队伍参加对

日作战。

2. B方武装队伍参加对日作战时，与中央军同等待遇。

3. B方如有政治上的意见，可通过即将成立的民意机关提出，由中央选择。

4. B方可选择一地区试验其政治经济之理想。

周恩来致陈氏两兄弟的信中写道：

分手十年，国难日亟。报载两先生有联俄之举。虽属道路传闻，然已可窥见两先生最近趋向。黄君（中共与南京联络的联络员）从金陵来，知养甫先生所策划者，正为贤者主持。呼高应远，见京中今日之空气，已非昔比。敝党数年呼吁，得两先生为之振导，使两党重趋合作，国难转机，实在此一举。

近者寇入益深，伪军侵绥，已成事实，日本航空总站，且更设于定远营，西北危亡迫在旦夕。乃国共两军犹存敌对，此不仅为吾民族之仇者所快，抑且互消国力，自速其亡。敝方自一方面军到西北后，已数作停战要求。今二、四方面军亦已北入陕甘，其目的全在会合抗日，盖保西北即以保中国。敝方现持送贵党中央公函，表示敝方一般方针及建立两党合作之希望与诚意，以冀救之御侮，得辟新径。两先生居贵党中枢，与蒋先生又亲切无间，尚望更进一言，立停军事行动，实行联俄联共，一致抗日，则民族壁垒一新，日寇虽狡，汉奸虽毒，终必为统一战线所击破，此可敢断言者。敝方为贯彻此主张，早已准备随时与贵方负责代表作具体谈判。现养甫先生函邀面叙，极所欢迎。但甚望两先生能直接与会。如果夫先生公冗不可分身，务望立夫先生不辞劳瘁，以便双方迅作负责之商谈。想两先生，乐观事成，必不以鄙言为河汉。[1]

周恩来的来信，不计前嫌，切盼国民党领导人能激于民族大义，与共产党携手合作。并对二陈寄予了殷切希望。陈立夫看完信后，颇为感动，更加努力于两党的合作，再次邀请周恩来到广州或香港会谈，还希望陕北与武汉电台通过密码直接联系。

雨后天晴，天空出现了彩虹。

瞬间，国共合作前途一片光明。

陈氏兄弟想促成好事，不料主子蒋介石又改变了联共的主意。

应该说，蒋介石当初联共出于形势所迫，是无奈之举。一方面是因日寇进逼甚急，而英美对日妥协，蒋介石无奈只好联苏、联共以抗击日本；另一方面是因国民党内部反蒋势力联合起来，借“抗日”之名，欲打倒蒋介石。蒋介石为应付反蒋派，也需和共产党缓和一下对立。

且说到了 9 月，国内外形势又发生了变化。英、美原以为日本占领东北后，是作为进攻苏联的准备，故而对日妥协。不料日军占领东北后，不是北向苏联，而是南下华北，欲灭亡整个中国，这就大大损害了英美帝国主义在华的利益。英美不能容忍日本在华北的扩张，于是，英美对日态度比以前强硬起来，英国还答应贷巨款给国民党。在英美的压力下，日本人也稍稍收敛了一些。另外，陈济棠、李宗仁、白崇禧等联合起来倒蒋的“两广事变”也平息了，李、白等通电表示服从“中央”。

在这种情况下，蒋介石认为红军三大主力部队虽已会合于陕甘宁边区，但人数已减少到 3 万人，是他的心中之患，必欲除之而后快。于是蒋介石策划集中兵力，围攻陕甘宁边区。叫嚷三月“剿红

---

① 本文见《周恩来统一战线文选》，《致陈果夫、陈立夫信（一九三六年九月一日）》，人民出版社，1984 年版。

灭共”。

既然如此，蒋介石就把谈判当成了负担。于是他命令二陈故意抬高谈判条件或尽快结束这场谈判。

蒋介石既做如是想，二陈便积极替主子卖命了。

11 月 10 日，上海沧州饭店，陈立夫会见了中共代表潘汉年。

会见时，气氛很沉闷。陈立夫摆出一副阴冷的面孔，睥睨地看着中共方面的人员，一副高高在上的样子。

中共代表潘汉年虽然年仅 30 岁，但经验却十分丰富。他早年只身闯入上海文坛，成为一名很有影响的“十字街头”文学闯将。嗣后又投身革命，曾担任中央特科二科科长。在长期的对敌斗争中，他练就了一双敏锐的眼睛。今天的这场会谈一开始他就感觉到有些异常，他暗暗叮嘱自己，今天的这场会谈，一定要牢牢把握住原则，不能松懈，不能给陈立夫可乘之机。

会谈开始了，潘汉年站了起来，以他那惯有的学者风度，有条有理地说明了中共起草的《中共两党抗日救国协定草案》，提出了许多合情合理的建议：

——双方派全权代表谈判，订立抗日救国协定。

——双方共同努力，实行对日武装抗战，保卫与恢复全中国之领土与主权，实现抗日救国联合战线。

——国共两党派出同等数量的代表组织混合委员会作为经常接洽与讨论的机关。

——国共双方均保持其政治、组织上的独立性。

——为实现抗日救国统一战线，应采取一系列必要的步骤，双方立即停止军事行动；划定红军适宜的屯驻地区；改革现行政治制度，释放政治犯；召开抗日救国代表大会；建立全国统一的军事机关；与苏联订立互助协定等等。

## 第十章
## 花开花落

陈立夫聚精会神地听着潘汉年的发言。说老实话，陈立夫从内心里佩服共产党，认为这个草案确是无可挑剔的。但蒋介石在会谈之前，就已经给他下了密令，无论如何也不能承认中共方面提出的这个草案。故而他在一面专心听潘汉年的发言，一面又在思考如何刁难中共，让中共知难而退。

潘汉年的发言完毕之后，陈立夫接着发言，他故作坦诚地说道：

“既然共产党开诚合作，那我就好任意提条件了。首先，对立的政权与军队必须取消，中共军队最多编 3000 到 5000 人，师以上干部一律解职出洋，半年后召回，量才录用，适当分配到南京政府各机关服务。如果军队能如此解决，中共所提的政治各点就好考虑了。”

陈立夫的“真诚”并没有蒙住潘汉年的眼睛，他一眼看穿了陈立夫的险恶用心。如果交出了政权与军队，那么中共拿什么与国民党抗衡呢？第一次国共合作，中国共产党不就吃了没掌握军队的亏吗？对陈立夫所提的条件绝不能答应。

陈立夫的话音刚落，潘汉年就站了起来，严正指出：

“你这是站在‘剿共’立场，来收编我们，这不平等。当初邓文仪在莫斯科活动，曾养甫派人送到苏区的条件都不是收编，而是讨论合作。”

“先生理解错了，这怎能叫收编呢？”

潘汉年一针见血地道：“你这些条件当是奉了蒋先生之命才摆出的，蒋先生目前有此想法，大概误认为红军已到了无能为力的时候了，或者受困于日本防共之提议吧。”

潘汉年的话一下子揭了陈立夫的老底，陈十分尴尬，无言以对。沉默了十几分钟以后，陈立夫才说：“你我均非军事当局，无权决定军事。能否请周恩来出来一次，蒋先生愿和周恩来面谈。”

潘汉年一口回绝了陈立夫的建议。他说：“在你们这种苛刻条件下，周恩来是不会出来和你谈的。”

“如不把贵党的条件报告，暂时停战的条件不解决，我想他是无法出来的。”潘汉年十分肯定地回答道。

谈判陷入了僵局。

为了打破僵局，积极争取蒋介石抗日，中共又做出了重要让步，指示潘汉年，“为一致抗日，我们并不坚持过高要求，可照曾谈原则协定”。

“曾谈原则”是原来陈立夫通过曾养甫向中共提出的谈判条件：党公开活动；政府继续存在；参加国会；红军改名受蒋指挥，照国民革命军编制与待遇，但不变更红军原有之组织与领导。这也是当初蒋介石的意思。

但蒋介石已经食言。

此时，他正在洛阳坐镇，指挥大军“围剿”红军，怎会坐下来与中共平等谈判呢？他拒绝了中共的建议。

11 月 16 日，陈立夫再次邀请潘汉年赴南京会谈。这次会谈较之上海的会谈，陈立夫更无诚意可言。

会谈一开始，陈立夫便告诉潘汉年说：

“蒋先生以为上海谈判我方所提各条件并无不妥，不能放弃。希望潘先生能将此意见迅速转告延安。”

顿了顿，陈立夫又故作理解状，说道：

“我知道这样做实在有些委屈贵方了。但如果因此能达成协议，结成统一战线，驱逐日寇，保我领土主权之完整，受点委屈又有何不可呢？”

尽管陈立夫巧舌如簧，但潘汉年不为所动，潘汉年严肃地说道：

“这不是什么委屈不委屈的问题，为了团结蒋先生一致抗日，我方已做出了重要让步，以贵方提出的四个条件作为谈判的基础。而蒋先生却拒绝了这样的提议。试问究竟是我方不愿受委屈呢，还是蒋先生没诚意呢？”

陈立夫见软的不成，便来硬的，他威胁说：

“目前日、德两国已签订反共协定，并且正在拉蒋先生加入反苏战线，中苏关系可能会恶化。如果此时延安方面仍不愿受点委屈的话，到了那时，红军岂不更糟糕。”

潘汉年听完此话，觉得再也没有可谈的了，便站起身来，拱手向陈立夫告别：“蒋先生既然要加入反苏战线，就不会抗日。那我们今天的谈判也不需要了。”

至此，陈立夫、潘汉年的会谈再一次不欢而散。

战火将在谈判失败后开始。就在这时，玩火的蒋介石正指挥他的部下向陕北红军开火时，他的部下却不干了。老蒋做梦也没想到的“西安事变”发生了。

## “西安事变”中站错队

1936 年 10 月 31 日是蒋介石 50 大寿。由于这时蒋介石正积极充实军备、修筑国防工事，陈果夫想出了一个发动全国各界人士向蒋介石献机祝寿的主意。他的这个建议是向何应钦提出的，理由是：“委座生日，最好发动由各方面捐献飞机，作为寿礼，可固国防。”何应钦表示赞成。这样，一场献机祝寿活动便在全国展开了。

时任江苏省主席的陈果夫献机 9 架，他在 10 月 31 日下午乘汽车由镇江到句容，亲自主持江苏全省各力量献机祝寿命名大典，民众到者数千人，各界代表到会者也不少。江苏所献 9 架飞机来自：①党政系统；②政治军警系统；③小学生；④教职员与学生；⑤商界；⑥商界；⑦商界；⑧自治人民和农民；⑨童子军与自由职业者。

12 月 4 日，偌大的洛阳机场，蒋介石在结束“洛阳献机祝寿”后起飞到西安。到机场送行的有党政要员、各界代表以及市民和学生等，场面非常热烈。

这天，刚降过一场大雪，北风一刮，新扫过的机场上结着薄薄的冰凌。机场周围的树木缀满银花，建筑物像琼楼玉宇似的闪着耀眼的银辉。宋美龄身披藕荷色的大氅，内有鸭绒马夹，敞领中衬着乳白色美国绸纱巾，别着一枚硕大的红宝石胸针。乌黑发亮的长长的卷发，在脑后盘成一个隆起的高髻，与众不同，别有风韵。这几天她身体不适，脸色不大好，伴有低烧。本来她执意要陪丈夫到西安，蒋介石不允，让她回南京看病，因此她也变成了送行者。蒋介石此行目的，是要同负责指挥西安国民党军队的军官，其中包括已故军阀张作霖的儿子张学良少帅进行商议。蒋介石认为，西安的地理位置，在战略上有利于对共产党的根据地发动最后一次“围剿”。他想命令少帅张学良的军队当先锋。

宋美龄和其他官员一一与蒋介石握手告别，目送着他登机，然后飞机启动、滑翔、升空，一直消失在云天之外……

就在蒋介石离开的两小时后，宋美龄也带着侍从室官员、端纳顾问及陈布雷等一大批人，乘机离开了洛阳，抵达南京。

西安在望了。

蒋介石伏在机窗前鸟瞰着，八百里秦川与天衔接，蓝色的渭水流过它的胸膛，淡墨涂抹的终南山守卫在南端；市郊寒冷的田野裸露着，黄土中间，浓荫覆盖着稠密的村庄；古城西安黑压压的一大片，沉浸在冬天金色的阳光里。高耸的城门楼，市区中心的钟楼、鼓楼，还有唐代建筑大雁塔，排站在天空下。

蒋介石在望远镜里端详半晌，透口气道：“想不到这边靠近延安，我非要解决延安不可！”

蒋介石一到西安，便宣布他将照常发动“剿共”战役，并定于12月12日开始。

“汉卿、虎城，今天我是专门邀你俩谈谈‘剿共’一事的。”蒋介石一副凶相，“前几天毛泽东、朱德有公开信给我，说：‘吾人敢以至诚，再一次请求先生当机立断，允许吾人之救国要求，化敌为友，共同抗日’，你知道我怎么答复他们？”

张学良、杨虎城不作声。

“我根本没有理他们！”蒋介石冷笑一声，“这回我自己来，就算是答复了！我要统率三十万大军杀奔陕北，宣布不准抗日，继续彻底‘剿匪’！”他扭过头来：“今天是 12 月 8 日，我来西安已经 4 天了，希望在年底可以解决！”

“委员长！”张学良硬着头皮央求道：“今日之下，枪口向外第一，中国人不能再自相残杀了！”

“汉卿！”蒋介石面孔一板，“这是你应该讲的话么？我早听腻了！”

“委员长！”杨虎城也苦着脸央求道：“这件事情实在太大，希望……”

“什么希望不希望！”蒋介石大怒，“希望就是消灭‘共匪’！其他什么日本不日本，都是次要的！”

张、杨两人只得忍着，默默地跟他到省党部，听蒋介石向东北军、西北军训话：“我们最近的敌人是共产党，日本离我们很远，如果远近不分，便是前后倒置，便不是革命，无论如何此时须讨伐共产党，如果反对这个命令，中央不能不给以处置！东北军和十七路军现在只有两条路可走：一条是到陕北‘剿匪’，中央军作为你们的援军；一条路是调往闽、皖，听任中央调配！你们不要自误了！”

“委员长！”张学良、杨虎城无可奈何，会后就向蒋进行“哭谏”，他俩痛哭流涕，要求停止内战一致抗日，一直哭诉了 3 个小时。最后蒋介石把桌子一拍，大声叫道：“你现在就是拿手枪把我打死了，我的‘剿共’政策也不能变！”

张、杨两人满腹委屈，好不愤慨。原来蒋介石为了戒备，到西安后，并不住在城里，而是去临潼居住。

临潼离西安25公里，是著名的温泉疗养地。当年，杨贵妃“侍儿扶起娇无力”，正是在临潼的华清池。那地方位于骊山脚下，挨近始皇陵。气候适宜，山景可观。

西安，这个在极度忍耐之中的历史古城，已经超过限度，它要爆炸了！

少帅张学良与当地的铁腕人物杨虎城，也预感到风雨满楼。蒋介石咄咄逼人，凶相毕露，并有杀机。他们的事业就将断送，他们本人将被调往南方，何去何从？是蒋介石把他们推向了悬崖！他们商量着，决定实行兵谏。

蒋介石每天去西安骂过一阵，回到临潼，心中兀自没有好气。侍卫们都不敢吭一声，听寒鸦聒噪，黑压压把天空遮了一大片。

蒋还有个习惯，每天黎明前起床，把一口假牙放在床头柜上，穿着睡衣在窗前静立一小时。他的公馆由50名卫兵保护，卫队长是一名因屠杀学潮学生而臭名昭著的军官。12月12日——新的“剿匪”战役即将开始的那一天——早晨5点半，蒋介石正站在他卧室的后窗前，向外凝视着花园围墙上面露出的山峦。在朦胧的夜色中，4辆军用卡车满载着120名全副武装的军人在公馆大门外骤然停住。首车上的营长命令开门。里面的哨兵拒绝开门。

卡车上的军人立即开枪射击。

枪声，震撼着黎明前的夜空！

枪声，在骊山脚下回鸣！

紧接着，野犬乱吠，寒鸦惊飞。

蒋介石暗吃一惊，他马上判明：兵变！昨天没有听陈诚规劝，说张、杨要举行兵变。

枪声越来越紧，继而可以听到喊杀声……

蒋介石忙不迭伸手穿衣，可是牙齿打战，四肢发抖，越急越慌，越穿不上衣裳，好不容易喊出一声："来，来人哪!"

"是!"那侍卫拔腿便走，却再也没有回来。

第二阵枪声又起，如炒豆子一般哔剥乱响。蒋介石趁机拉灭了电灯，心想擒贼先擒王，不能让人发现我屋里有人。仓促间，蒋介石这个大委员长，大汗淋淋，乱了方寸。他再在衫、裤外面罩上一件皮袍，启门外望，黑黝黝的夜空中子弹乱飞，曳光闪闪。一时又束手无策，片刻后心想，三十六计，走为上计。可是夜黑如墨，又不知该往哪边走才算安全，正在默念上帝保命，不料斜刺里钻出两个黑影。蒋介石心想这下可完了，跌跌撞撞一头栽倒在床上。房门已经推开，一个熟悉的声音在叫，蒋介石一听是侍卫官竺培基，登时有了气力，连忙爬起来问道："什么事？什么事？"另一个黑影开口道："叛兵已经蜂拥入内，本来已经冲到第二号桥，给我们侍从队抵抗过一阵，死伤极大，对方知道我们有了防备，现已略退，请委员长马上离开!"

"好好好，施文彪。"蒋介石登时又软了半截，"走——走，走吧。"当下3个人拉拉扯扯摸出房门，又有一条黑影窜将出来，大叫："快跑！我是区队长的传令员，现在叛军已经冲进二门，你们千万不要往二门那边跑。刚才毛区队长同后山哨兵所通过电话，说那边并无异状，也未发现叛兵，你们可以往那边逃。"

"毛区队长在哪里？"蒋介石结结巴巴。

"区队长正在前院假山旁率队抵抗。"传令员答道。

"叛军是何模样？"

"一色戴皮帽子的东北军。"

"快走!"蒋介石甩掉侍卫的扶持，"你们莫搀我，容易给人发现目标。你们前边走，我在后面跟。我想今天是一部分的兵变，一定是'共匪'煽动驻临潼部队暴动，而不是张学良的计划。如果真是他的计划，整个东北军都叛变，那行辕外墙四周都已包围了。"蒋介石忽地尖叫一声:“哎哟!”犹如鬼叫，吓得侍卫官竺培基、施文彪跳起尺半高。

两名侍卫官定睛一看，原来有一条黑影正从背后山径转角处飞奔而来。施文彪正待开枪，那黑影已经开口:“我是蒋孝镇!”于是大家惊魂稍定，竺培基低声喝问:“你后面有无追兵?”蒋孝镇气喘如牛:“没有，没……没有。”于是4人在一片乱枪声中向崎岖山径摸索行进。

蒋介石踉踉跄跄来到飞虹桥上，前方有人忽报:“东门无法过，铁将军把守着。”侍卫官还想找大石把它砸碎，蒋介石骂道:“娘希匹!你这一敲，不是告诉人家，我在这里吗?”于是命令道:“咱们就从这矮墙上跳出去!”

竺培基身高马大，容不得考虑，自动伏在地垫底，施文彪爬上去，实行叠罗汉。幸得墙矮，不需要再加一个蒋孝镇了。蒋介石在蒋孝镇的扶持之下，摇摇晃晃爬到了墙上。蒋介石爬到墙上往下一看，心想总算还好，逃命要紧，于是纵身一跳。这一跳不打紧，却扭伤了脚。原来墙外下临深沟，荒草遮掩，黑夜中不易辨别。

4个人趴了一阵，足足有十分钟光景，这才硬撑着想继续逃亡，蒋介石刚走一步又跌倒在地。三侍卫不容分说，就把他抬出深沟，由两人架着慢慢走向山顶。可是问题来了:原来此山东隅并无山径，西行又怕碰到东北军。蒋介石疼痛难忍，道:“不要往西，还是上山吧。”于是攀援摸索，跌跌撞撞;山岭陡绝，一步一哼。半小时后快到山巅，蒋介石实在无法再走，又怕侍卫心怀异志，倒在平坦处唉声叹气道:“这一次你们辛苦了，只要我出得去，你们都有重赏。”正说话间，四周枪声又大作起来，前后左右，闪烁着一片手电筒光。蒋介石慌忙叫3人分头侦察，自己也摸索着站了起来。刚刚立定，只听3人中有两人惨叫，再无下文。随着这两声惨叫，对方已经知道此间有人，子弹更密，“嗖嗖嗖”地从蒋介石头顶掠过。他急忙伏地，肚贴地皮，一步一哼往前爬，双手被荆棘划破……

他爬了一阵，才知道自己并不是往山上爬，而是往山下爬。四周枪声盈耳，吆喝之声四起。蒋介石望望山顶，别说爬向山上，即使一口气能安全地爬到刚才的沟中隐蔽，也不可能了。而且双手是血，全身酸疼，其状狼狈不堪，难以形容，这个样子逃到山顶再给押下来，岂不笑掉了人家的门牙？想到门牙，蒋介石才发觉自己忘记带上假牙，难怪上下两排牙肉“突突突”地厮打。

山坡上岩石累累，夹杂着稀疏的荆棘，没有藏身之处。他一个人伏在山地思虑，更多人正在他周围搜寻。那刺刀挑荆棘的声音隐隐传来，使他心惊肉跳。蒋介石决定先找一个好地方藏起来再说，于是他使尽平生的劲，继续爬行。乃至一棵大树旁，再向右爬，发现一块大石头后面有一浅洞，荆棘丛生，勉强可以容身。蒋介石躲在洞里，身体蜷缩着，尽量紧贴石壁，以免被人发现。且不说那岩洞内上有爬虫，下有污秽，那狼狈相甭提了。

天色渐亮，朔风劲吹。

搜查队已将偌大个骊山团团包围。一个小分队已搜查到岩洞旁边。在之前他们已经发现两个侍卫官的尸体。

“他奶奶的！刚才还有人说，发现了他的侍卫尸体，我看就在此处，他跑不远。给我找，即使他钻进王八洞，也得拉他出来！”

岩洞中的蒋介石听得一清二楚，他身子不禁打了个寒战，蠕动一下。

“报告队长！”另一个声音在问，“他会不会往那个方向跑？”

“那边是什么地方？”

“那边不远，正是秦始皇的坟墓，这边是秦始皇坟墓的山脚下。”

“他妈的！”一个大嗓门焦急地叫道：“弟兄们，仔细找，别让这个现代秦始皇逃走了。”

“瞧！”一个人突然叫道：“队长，你身边那个小洞洞，上面的草刚才忽地动了一下！这小子没准儿就藏在这乌龟洞里！”

“谁躲在里面？快点出来，否则开枪了！”孙铭九倒退一步，拔枪在手，向洞旁岩石连放三枪。

蒋介石听见“砰砰砰”三声枪响，身子更抖个不停。如今听说要他快点出来，否则开枪，简直魂不附体。于是慢吞吞挺了挺腰，蠕动了一下。洞外弟兄们看见野草忽地在动，露出个亮光光半个脑袋，但突地又消失了。

“准没错，是不抗日的老蒋！”

“那光头好亮，好白！”

……

紧接着，万道阳光升出骊山，欢呼声也震撼了骊山。

士兵们一声呐喊，把个洞口围个密不通风，三扯两拉，把个蒋介石给硬拉了出来。只见他满脸惨白，浑身打战，大冷天光秃秃的脑门上在冒热气，犹如一个白馒头。嘴巴干瘪成一条线，光着一只左脚，右脚却光脚丫穿着皮鞋，鞋带早已散失。蒋介石出得洞来，两眼发直，一个士兵窜过去拿起枪柄拦腰一下子，打得他“哟哟哟”地直叫娘；另一个弟兄如法炮制，也举起枪托朝他腰里打过去，只听见噗的一声，蒋介石已经弯着腰跪倒在地。若不是孙铭九出面拦阻，非把他揍个半死不可。孙铭九把他拉开来背在背上，然后他们轮流背着他下了山。一辆小汽车在山下等待。他们把他送到杨虎城用作司令部的新市政厅。市政厅的院子里有一个军乐队和一大批高级军官迎候他，这与当时气氛很不协调。当他穿着睡衣一瘸一拐地走下轿车时，乐队奏起了国民党党歌，军官们向他们抓来的人敬了礼。少帅走上前去搀扶蒋介石进了一个房间。委员长躺在床上，一位大夫给他治伤。

至此，兵变完成了。

在南京，最先察觉西安发生问题的是陈果夫的老友曾养甫。因为他主管交通通讯，当西安张学良、杨虎城发动事变后，曾一度下令和外界断绝一切通讯联系，曾养甫发现这一异常情况后，立即命令查找原因，12日下午5时，证明西安发生事变。陈果夫立即从曾养甫处得到了消息，但关于蒋的下落，曾未能查明。在曾养甫查明西安事变之前，为查核有关西安方面的消息，陈果夫还找陈布雷打听情况，据陈布雷日记记载："是日下午1时余方在寓，忽接果夫电话，询余有无西安之消息，余怪问之，则谓西安至南京电报已不通矣。"

南京得到蒋介石被扣的消息，犹如晴天霹雳，大为震惊。片刻后，有人哭有人笑，政府内一种暗藏的反蒋势力抬头，各种矛盾交织一起，哭，哭不出声；笑，笑不出来。再加上街头谣言四起，简直一塌糊涂。

南京，一座瘫痪的城。

追随总指挥何应钦，同意轰炸西安的官员，齐聚何应钦的官邸，在商讨轰炸方案。这里面就有陈果夫、陈立夫，他们都是轰炸的强硬派。

会议开到一半，宋美龄就呼天嚎地闯了进来。

宋美龄哭了一阵，收住哭声道："何总司令，一切的事情我都知道了！现在我来问你，你们轰炸是何用意？假若发动战争，你能善其后吗？你能救出委员长的性命吗？我现在老实告诉你，你这样做简直是想谋杀他！"

何应钦一听，脸色大变。在座的陈果夫、陈立夫的脸色也不好看。

宋美龄干脆指手画脚站着讲："幸亏是你在领导这批饭桶，要是旁人，我一定当他是异党分子看待！何总司令，这是可以闹着玩的事么？委员长在这个时候如果有个三长两短，哼！到时候兵荒马乱，连你也跑不了！"

何应钦一个劲儿搓手，赔笑道："那么照夫人的意思，应该如何……"

"应该停止军事行动!"宋美龄斩钉截铁地说，"你非给我停止讨伐不可！你非给我用尽一切办法把他救出来不可！你非要把他活着救出不可！你非要立刻去做不可!"

"夫人，"何应钦作为难状，同时也撇开自己的责任，"这是会上通过的，不是一两个人的意思。"

"Damn!"宋美龄连英语骂人也急了出来，"要不，你就重新召开会议，我也出席!"她弦外有音："免得让你为难。"

"不不不，"何应钦一脸笑，"夫人不必劳驾，救出领袖，是我们大家的责任。"他试探道："已经有 20 个师出发了!"

"200 个师也得调回来!"宋美龄冷冷地说道："何总司令，你以为武力讨伐真有把握吗？你未免太乐观了！好多外国朋友告诉我，为这件事一旦发动大规模的战争，西北方面并不是孤立无援的。广东、广西、云南、湖南、四川、山东、河北、察哈尔、山西、绥远、宁夏的各地军事政治负责人，都在伺机而动，并且可以确定，他们没有一个人愿意花气力帮助你发动战争，甚至有几个人，也许他们全会走到张、杨方面去!"

"这个，"何应钦讪讪答道，"这个问题我们也曾研究过，戴笠那边可以派人前往各地设法收买……？"

"收买？"宋美龄冷笑道，"别做梦了！现在他们每个人都想在这次冲突中扩充势力，谁给你收买？"

"是的，夫人。"何应钦不由得软了下来，"那么，照夫人的意思，现在我们应该先做些什么？"

"派人到西安去!"

"这怎么可以？"何应钦假装吃惊，"那不太危险了么？而且西安附近已经开始轰炸。"

# 第十章
## 花开花落

“我说我要你停止一切战争措施!”宋美龄拍拍桌子,“我明天便派端纳到洛阳,转赴西安。子文也快回来了,他们也会去,我也要亲自去!”

“夫人,”何应钦劝道,“夫人不必去了,冯玉祥愿意代替委员长做人质,就让他去一趟好了。”

“不!谁也代替不了我,我要亲自去!”宋美龄说一不二。

“实在太危险,你的安全……”何应钦还没讲完,宋美龄道:“告辞了!”说完,望了何一眼,匆匆穿上皮大衣,戴上白手套,抓起皮手袋扭头就走。

会议至此不欢而散。

12 月 21 日,宋子文自西安返回南京。孔祥熙告诉陈果夫说,张学良在找台阶下,要价已经报出来了,以后要看我们的还价了。由于宋子文可以和蒋介石直接谈话,陈果夫大为不满,他抱怨说:“留学生问题极为重要。凡变乱之起,常有不明国情而言之成理之新归国留学生在内,故今后派遣留学生,不能不重订办法。”第二天,宋子文与宋美龄、蒋鼎文、戴笠三人飞往西安,具体和张学良谈判放蒋事宜。23 日谈判成功,26 日蒋介石在张学良的陪同下回到南京。

难中见真情。西安事变发生以后,陈果夫、陈立夫积极主张讨伐张学良、杨虎城,以武力解决西安事变,救出蒋介石。在这一点上,二陈的态度与何应钦是一致的。

然而,何应钦坚决主张讨伐却另有隐情,他想趁机置蒋介石于死地,而以自己取代蒋介石的位置。何应钦在戴季陶、居正、吴稚晖、叶楚伧、陈果夫、陈立夫等人支持下,就任讨逆军总司令,部署对西安的讨伐行动,并派出大批空军轰炸西安。

不料西安事变竟和平解决了。在蒋介石接受了联共抗日、释放政治犯、担保内战不再发生等条件后,张、杨释放了蒋介石。

蒋介石回到南京后还表扬了二陈,认为他们在西安事变问题上的主张和态度是正确的。但不久，蒋介石就翻了脸，二陈由受表扬变成了老蒋的出气筒了。

蒋介石、宋美龄、陈布雷等以宋美龄的名义，合伙炮制了《西安事变回忆录》，大大地讽刺了何应钦、戴季陶、陈果夫、陈立夫等武力讨伐派。曾有一个阶段，陈氏两兄弟竟然抬不起头来。

西安事变虽然迫使蒋介石停止了内战，并坐下来与共产党谈判，但蒋介石却不肯根本放弃中共必须解除武装、放弃共产主义信仰的方针。陈立夫由于在西安事变中站错了队，挨了蒋介石的骂，这时就不得不更加跟紧蒋介石，以弥补西安事变中的错误了。此时的蒋介石虽对二陈没有好感，但念到跟随自己多年，还是派陈立夫做了教育部长，陈果夫做了中央政治学校代理教育长。两兄弟都去搞了教育工作。

第十一章

# 教育部长

# “国难部长”

陈立夫做了7年的教育部长，他曾引以为豪。

7年，人生能有几个7年啊！他曾不无骄傲地说：“我在教育部任内，做了不少事，订了不少制度……迄今犹均在沿用。”

陈立夫当教育部长是从1938初至1944年。抗战8年，他干了7年。他曾不无揶揄地自嘲道：“我的（教育）部长任务几乎与抗战相始终”，是个地地道道的“国难部长”。回忆当初，调统工作他干得顺手，有声有色，改换门庭，他几乎没有想过。在前，那是“九一八”事变不久，行政院长汪精卫曾力荐他出任教育部长，他都没同意。时隔5年，蒋介石再次找到了他。那天本已很晚了，他已洗漱完毕，刚要躺下休息，电话铃疯狂地响了。

“立夫，你来一趟。”

“好的，委员长。”

“这都几点了？”听到电话声的太太直埋怨。

再说蒋介石夜间办公是常有的事，当时是国共合作，抗日当头，敌人的轰炸没点儿，政府的工作也跟着没点的轰炸跑。一切都打乱了节奏。

教育部长换届人选问题一直困惑着蒋介石，有人举荐了不少人，他一个也没有看中，有一个人他看中了，人家不愿干。这个人就是曾在美国留过学的陈立夫，第一次谈话，不好勉为其难。这是第二次谈话。

陈立夫屁股还没有坐下，蒋介石就发问了：“你想好了吗？”

“如果委员长没有第二个人选，我就以党国为重吧。”

“看来你还是不情愿啊！”蒋介石说完哈哈笑了，“不情愿也得情愿，战争不等人，明天就下命令，后天就上任。”

“这也太紧张了吧？”

“都是战争逼上梁山。”

说话间，远方还传来隆隆的炮声。

陈立夫伴着日军的炮声走马上任了。在敌人的炮声中开始了他为期7年的教育生涯。

陈立夫上任第二天，就报来了新的消息：有三所小学和一所中学，遭到了日机的轰炸，128名学生和2名教师在这袭击中死亡。

“会暂且开到这里，先处理丧事。”正在开会的陈立夫果断地中止了会议。

陈立夫驱车来到了位于光华路的一所小学现场。这是四所学校遭轰炸最为严重的一所学校，日机总共在这所小学投下了5枚重型炸弹，81人死亡。其中一个班级正在上课，34名学生，还有1名教师全部遇难。

陈立夫来到这座教室的时候，只见教室全部坍落，把一边的老榆树也给砸倒了。树上还留有黑老鸹的巢窝，巢里还有几只雏鸟，一只黑老鸹还恋在巢前的树枝上。那雏鸟黄黄的小嘴，张得老大老大，黑老鸹显得无奈，“嘎啦——嘎啦——”地叫着。

陈立夫看完现场，又来到战时救护医院，看望那些受伤的学生。在一位病床前，他停下了脚步，俯下身子问道：“你现在好吗？”

受伤的女学生回答：“现在好多了。刚入院的时候我还昏迷不醒。”

“当时的情况你还记得吗？”

“记得，记得。”女学生说：“我和三个女生正在校园里跳皮筋，正用劲的时候，听到轰鸣声，我们还没有反应过来，一架日机就贴着二班的教室到了头顶上，一阵风起，伴着一声炸响，我什么也不知道了。”

“要记住这笔血债!”

女学生咬咬嘴唇，点了点头。

“等你伤好了，要好生学习，将来报效祖国。”

“好的。”

另外，他还告诉陪同的医院院长说：“要好好为他们治疗。”

……

## 陈立夫的“五湖四海”

炮弹为陈立夫上了第一课，今后还将有更多的炮弹伴随着他，走过这抗日战争的7年。应该说这仅仅是开始。

形势是制定政策的先导。

面对抗日战争的全面爆发，文化需要适应，建设需要适应，教育也要转轨。有人讲，学生要停课，教师要扛枪，高年级的学生也要参战，做到全民皆兵。有人提出废弃旧制、实施战时教育的主张，以应对“一切为了抗日，一切为了前线”的口号。从这样的主张出发，战时的大学，应该办成“抗战人才的供应所”“救亡干部的训练所”“同时也是民族革命青年先锋战士的产生地”；“高中以上的学校除个别与战事有关者外，为配合抗战，均应予以改组和停办”，鼓励大家当兵去；“初中以下学生未及兵役年龄”的，“亦可变更课程，缩短年限”；还有的希望把沿海的大学撤到后方；等等。

面对着教育要急速转轨的新形势，陈立夫有很多工作要做。更令陈立夫忧心的是，新官刚上任，人们对他还不相信，观望者十有八九。常言说，一朝天子一朝臣。自己不是CC派，凶多吉少，这饭碗要端多久，心里真没谱!

但是陈立夫最懂党务，最知道班子人选的重要。多年来他为多少单位配备过领导班子，他已记不清了。但是有一条：好的单位一定是有一个好的班子，只有好的班子才能出好的效率。因此，他十分重视班子的重新建设。当他得知人心不稳时，他采取政治家的手腕，做出城头变旗不变阵的口头表示：“我这个人不搞山头，不拉宗派，人事暂时不动。凡是愿意干的，我都留用。”接着陈立夫举例诉说自己的立党为公：“我过去受命为中央党部秘书长时，只带了一个秘书。我自己不分人我，人家的人自然可为我用。”于是这几句暗示的话，在当时却起到了稳定“军心”的作用。很多人由原来的担心变成了惊喜。这样一来，确保了行政事务的稳定性和继续性，不致减少工作的效率，达到了陈立夫暗示的目的。

且说陈立夫说此话不到两个月，见形势一俟稳定，就立刻抛出了张道藩、张廷休的任命令，并把他们都推上重要岗位。明眼人都知二位绝对亲信。手段与陈果夫当年改造中组部的做法如出一辙，名义上也叫“补缺”。

老部长王世杰离任时，带走了两个次长和总务司的两位司长以及秘书。这留下的职位，陈立夫已不再顾虑众目睽睽，毅然祭起了“肥水不流外人田”的说辞。后来，他在回忆录中叙述了当时的情节，认为“补充人员”的事是“十分瞩目的”，因为这些主要职位，都与将来教育政策的制定和执行关系重大，从保全大局考虑，必须用信得过的人，于是“发表了历任浙江省教育厅长、交通部和内政部次长的张道藩同志为常务次长，又发表了曾任河南省政府秘书长及国民党中央党部秘书的张廷休同志为秘书”。对此，陈立夫并不掩饰派系色彩，公开承认“这两位都是与我共事较久的同志”，他们“都曾担任过大学教授，也是教育界的知名人士”，把部内的“日常事务交给他们”，是完全可以放心的。

另外，还能反映出陈立夫主张的“五湖四海”的干部政策，那就是在业务上，他起用了一批学术元老，这不但为他装门面，还能显出他超人的远见来。这些老权威的起用，特别是对教材的编制，在历史上写下了值得书写的一笔。

为了体现“五湖四海”的宗旨，他选取了3名知名的教授充实司局岗位。他们分别是：北京的清华大学工学院院长顾毓秀教授任教育部政务次长；上海的复旦大学教育系主任章益教授任高等教育司长；北京大学教育系主任吴俊升教授任总务司长。在任职会上，陈立夫跷着二郎腿侃侃而谈他的五湖四海的干部政策，他呷了一口酽茶道：

“我陈立夫是留洋的人，深知中国教育的差距和不足，也深知如果再不搞五湖四海，就要被人抛出更远。因此这次任用的三名教授都是国内的顶尖人物。这三位和我过去都没有私人关系，顾先生是在中国工程师学会及科学化运动协会相识的，章先生是经复旦大学的友人介绍相识的，吴先生过去只见过一面甚至还没有洽谈过。我选任他们，是因为他们过去对于教育的著作言论和成绩，以及在教育界的声望，可以帮助我执行国家的教育政策。同时又因为国内教育以北方的北京、南方的上海为重心，而三位先生恰恰与各区域有代表性，顾先生与北方教育界有渊源；章先生熟悉上海教育界；吴先生出身东南大学而执教北方，与南北两方大学都有关系，所以他们就是五湖四海的象征。”

应该说，陈立夫的五湖四海的意义，一时还显现不出来，容到两年后便放射出夺目的光彩来。

## 收回“文化租界”，创办中国大学

由于陈立夫非凡的求学经历和学识，他对国内和国外的教育情况都了如指掌，特别是对中国大学教育的现状更是不满。应该说他是有想法的一任部长。因此他一上任就提出大学改革的想法。

这天，他谢绝宾客，把自己关在屋里，着重研究一份国联调查团的报告。这是一份有理有据的报告。他很需要这样一份翔实的报告，没想到国联这么快做到了。这里面有很多数字，是他以前没有掌握的。该调查团利用三个月的时间，考查了中国的高校现状和主要症结。主要症结是“受外国教育影响巨大”。

下面的文字吸引了陈立夫的眼球：

总认为外国的月亮是圆的。学科研究大多以外国语为媒介，引用的资料和例证，也多取外国。大学的历史、政治、经济课程，似乎是为研究西洋的中国学生而设。自然科学教育方面，偏重于外国的情形更为严重，这是其一。

其二，学校课程偏重于文、法，而忽视农、商、医各门。据目前统计，在58个公私立之大学中，约70%设有文科，40%设有法科，22%设有农科，27%设有工科，12%设有医科。又有26个专科学院中，有6个专修法科，有4个专修文学、艺术之类，而农、工、医专校，合计亦仅10个左右而已。照此则专门以上学校之畸形发展，其结果不外形成文、法人才之过剩与农、工、医人才之缺乏。因其过剩，故失业者逐渐增加，千万社会上种种不安状态；因其缺乏，故有若干建设事业不能得专门人才为之推进。果以为此种教育上病态之应纠正，固不待于今日，而以今日为尤急。盖一方面训政建设正在规划与推进，他方面又值国家多难之时期，皆有重订教育方针，造就若干适用之人才，以应付此非常环境之必要也。

其三，大学教育应造就领袖人才与专门技术人员，以图国家建设事业之发展及政治学术文化之进步。凡大学及大学预科应分布全国，不得以多数同科之大学集于一隅，亦不得于不适宜之地点，任意设立。其学额之多寡，与其分系、分科，国家应依其需要之程度分别规定。其毕业程度，必与外国大学毕业程度相当，由政府派员考试之。如现有大学程度过低，不合标准，应增加其肄业年限，并由政府限制派遣留学生。

……

凡此种种，无非欲革其弊，兴其利，使人能尽其才，以挽救中国之贫弱；崇尚首先以光大民族之精神；更附之以改革学制、改善教育方法及有合理之互助，使教育能尽其功能。依此方法，切实行之，则迎头赶上外国，当非难事也。

陈立夫看完这份调查报告，长期积蓄在内心深处的民族情结，在渐渐地膨胀、发作，一个时代的最强音从心底深处发出："收复'文化租界'，创办中国式的大学！"

在这种情况下，陈立夫召开了"大学改革座谈会"，他把来自一线的、现已可称为他的干将的三名权威请来谈改革。陈立夫首先开门见山：

"今天是大学改革座谈会。我先发言，抛砖引玉。我认为文化侵略者对于所侵略的国家，首先要毁灭其历史文化，我起先对于这些阴谋，还不大了解，后来才恍然大悟。现在沿江、沿海都被日军占据了，所有大学都往后撤，进行安顿。我发现这些大学都像外国租界，这个完全采德国学制，那个完全采法国学制，其他不是采美国制即是英国制，但是采中国学制的又在哪里？课程五花八门，毫无标准，有关中国历史的部门为最缺乏。学政治或经济的不谈中国政治或经济制度史，学农的不谈中国农业史，国文更是最不注重的一门功课了，这些都是问题。我的意见是要把中国人应知的中国各部门的历史材料放入必修课，无教材的则奖励写作，使中国的大学真正成为中国的大学。"

接着大家发言，最后统一了思想，明确了整理大学的三项基本原则：一是规定统一标准——提高一般大学课程水准，并与国家文化及建设政策相吻合。二是注重基本训练——首先注意广博基础的培养，文理法各科基本科目为共同必修；然后专精一科，由博返约，使学生不因专门研究而偏固。三是突出精要科目——课程设置力求统整与集中，使学生对本学科精要科目能充分学习，融会贯通，删除琐细科目。至于必修课，统一由教育部规定范围，诸多中国人须备的知识要素囊括其中。比如中国历史科目中的中国法治史、中国政治史等等；语言科目中，中国文与外国文同为基本的工具科目，中国文要求须能阅读古文书籍和作通顺文章，外国文须能阅读所习学科外文参考书，不达标者不能毕业。

这样一来，三位权威都有了发挥重要作用的天地。陈立夫最后把这最艰巨的任务交给了高教司长章益教授总管。时间限定 3 年，只争朝夕。

会后，章益司长还成立了大学教材用书编辑委员会，编制在高教司内，以公开征求、特约撰写、采用成书的方法，在从前的基础上编定大学教材用书 163 部。同时还编写了各科目教材纲要草案 48 种。比如钱穆的《国史大纲》、王力的汉语法理论，贺麟、金岳霖、汤用彤在哲学、逻辑方面的研究，闻一多的文学史，华罗庚的《堆垒素数论》，王竹溪的《热学问题之研究》等等。

从此以后，中国人才真正有了自己的大学课程体系，才有了真正属于自己的学术体系，这样才是真正的中国式的大学。应该说这是陈立夫的突出政绩。这便是用了三权威，换来教材。

## 倡导公平竞争，实行统考统招

陈立夫在任期间，对教育的又一贡献则是教育制度的改革，而教育制度的改革，最重要的是倡导公平竞争，实行统考统招。

50 年后，陈立夫仍很自负，在一次报告中，他曾引以为自豪的是自己从教7年的历史。他毫不谦虚地说："我于教育行政方面，有相当的建树和成就。有些改革的成果，比如大学教材、统考统招等等，至今沿用，我很欣然。这些成就固然与我个人的努力有关，但也离不开方方面面的支持与合作。真正出了大力的还是我起用的那三位权威，是他们的建议帮助了我的决策，所以我很感谢他们。"

说到这里，陈立夫站了起来，道："章益教授来了没有？"

"来了。"

"顾毓秀教授来了没有？"

"来了。"

"吴俊升教授来了没有？"

"来了。"

陈立夫道："我代表我个人向三位当年曾给我很大支持的好友表示衷心的感谢！"

大家一阵热烈激情的掌声。

回忆历史，陈立夫的统考统招制度的改革迈得既坚定又艰难。

统一招生制度主要包括两个方面：一是统一招生机构的设立，变多方自招为一家统招；二是统一考试，亦即时间统一、试卷统一。追溯起来，原是战前的打算。陈立夫上台后，国民政府已退缩山城重庆，这是个地处大西南、交通不便、山高皇帝远的地方。试想全国又是一个炮火连天的烽火战场，要在全国这么大的范围内搞统一招生考试，难度相当大。一是难在各地时间的统一上，试卷的保密送达就是一个重要的问题。这主要牵涉到交通工具。再是监考机构的安排，也是一个难题。主要是换地区人员监考，这也有一个人员组织和交通问题；三是统一阅卷工作量大，时间紧，又在战争中。总之困难重重。

在这困难面前，不少人顾虑多多，还有的人打退堂鼓，说什么现在是战争年代，等战争结束再统招统考不迟；说什么政府在西南后方，交通不便，不便于指导；说什么沦陷区和后方的招生难以协调等等。

开弓没有回头箭。

陈立夫是改革者，他认为困难是弹簧，你弱它就强。同时他还认为，谋事在天，成事在人。在陈立夫的办公室里，研究方案落实的诸葛亮会一个接着一个地开，他们把方案做得尽量完善，万无一失。把可能遇到的困难想到前面，拿出解决的办法来应付。

万事俱备，只欠东风。在一个朝霞似火的早晨，教育部长陈立夫终于拍板施行，结束了一夜的长会。太阳又是新的，他们没有休息，又投入实施的“战场”。这年正是 1938 年。中国统招统考的施行，伴随着抗日救国的烽火燃烧起来。

陈立夫坚守阵地，兵来将挡，水来土掩。

因为理论和实践总有一段距离。实际操作过程中遇到的困难，显然比预料中的要大。比如交通方面，各考区分散在后方，试题全靠派员乘飞机专送，万一遇到类似天气、机械故障之类的阻碍，试题就难在统考那天到达。又如，战时敌机空袭频繁，万一考试的那天，有敌机骚扰，学生闻警离场，统考的筹划就被破坏了。再如试题的保密问题，因为是分区复印，增加了全过程监测的难度。

恰巧在统考那天，重庆山城有一考场被日机轰炸。消息报到陈立夫那里，陈立夫了解情况后，立即指示：“按预案执行，启用预备考场。”结果撤离后的学生很快进入预备考场，时间虽然推后了 40 分钟，总算没有影响考试的进行。

第一年统考统招工作，虽然暴露了一些问题，但总算顺利。在公开场合里，陈立夫高度评论了准备工作的“周密”，与具体办事人员的“勤谨负责”。第二年，为保险起见，陈立夫总结经验，稍作改动，把 19 省市划成几块，改为分区联合招生，看似大统一的退步，其实倒是切合实际、可用可行的局部统一。统招工作又向前迈进了一步。

第三年，统招工作已走上了正规化、制度化。然而，在贯彻过程中，有的因为早先习惯自行招生而反对统一招生的院校，眼下却因为习惯了统一招生不乐意联合招生了。听着嘀嘀咕咕的噪声，善于从生活现象中提炼人生哲理的陈立夫，顿生感慨，叹谓："惰性二字，世人痼疾，即便面对良法美意，也是难以图始，而乐于现成。真的到了分区联合做出眉目之后，他们或许又属于撑顺风船的那类了。"

据陈立夫回忆说：

"为了齐一大学生入学水准以及解除高中毕业生各处奔波参加各大学入学考试的困难，我决定在后方十九省市分区举行大学入学统一考试办法。"为此，"教育部成立了统一招生委员会，各考区分设招生委员会办理报名考试阅卷事宜。考试日期由教育部统一招生委员会主办，由部公布。"

这个制度连续试行了 3 年，陈立夫对结果比较满意，他说："对于整齐入学水准免除学生奔波之苦，并保证录取的公正无私，又可减少各院校个别办理入学考试的浪费，实属一举数得。"

对于大学考试制度的改良，似乎要简便许多，用陈立夫自己的话表述，即"改进毕业考试的办法，除学期学年考试外，增加了毕业总考"。陈立夫的这条改良设想，缘于他对欧美教育的了解。据他所知，当时的欧美大学，处理学生毕业问题，有两种不同的办法：一种是平时无成绩考核，毕业考试算总账，如德国就沿用这种办法。再就是注重平时及学期考试，考试及格，给予学分，如美国就通行这种办法。陈立夫经过比较，认为美国的方法较好，中国的大学，应采用美国模式。国联教育调查团认为美国这种模式"至不妥当"，当时曾建议改为"最终试验及格"的方式，没有被当局立即采用。

后来陈立夫又走了折中路线，也就是略改原制而另加毕业总考。

因循此法，每学期学年有考试亦是累积学分，但要求学生必须修足4学年课程，才可以参加毕业考试。毕业考试除了考末一个学期的课程外，还须举行毕业总考。之所以要这样做，陈立夫的理由是："平时有学期学年考试，对于学生之学习进程，随时有督促与考核，但不是只要求学生累积若干学分，即可毕业，而要在举行总考时，使学生对以往4年所有主要学科有一通盘复习，使其对所获知识作最后之整理而得到系统的了解，不致东鳞西爪支离破碎，有学分制之流弊。"作为一种解释，陈立夫相信它的说服力，相关的评价当然也就不低了，乃至事隔50多年以后，他仍然认为，"此种折中办法，比德国及英法两国类似的办法，也尚胜一筹。"

## "统制教育"与费氏夫妇结仇

陈立夫在推行他的统考统招工作的同时，随着时间的推进，日军炮火的延伸，中国的华北、华东已成为炮火的控制地，大片大片的山河成为沦陷地。"我的家乡在松花江上"的歌曲在国统区唱响。

一批批的逃难者，从前方涌向后方。

他们中有工人，有农民，更多的还是穿长衫、戴眼镜的知识分子。根据当时国民政府的指示，要对口安排，即文化口安排文化口的人，教育口安排教育口的人。陈立夫作为教育部长，有责任承担起教育口的安排。

开始时，从战区和沦陷区来的学生、教师还少，还好安排。可是形势发展，逃难者越来越多，他们像蚂蚁行雨般涌向国统区，一时人满为患。教师生活无着，学生无法安排，急得教育部的官员团团乱转，束手无策。

"给我一支烟。"从来不抽烟的陈立夫向部属要了一支烟提神。

接着又有两名教师带领12名学生到了教育部的门口。陈立夫说:“城里已满，那就安排在郊区吧。小王去办一下，其余人继续开会。”

这次会是难民安置会，从下午3点已到了晚上9点。中间他们只吃了盒饭。目前，难民安置已打乱了正常的工作节奏，成了教育部的头等大事。

“我发言。”顾树森向陈立夫举起了手。

陈立夫说:“好，大家静一静，听听树森的意见。”

顾树森说:“我建议把大部分中等学校教师和学生，分别在适当地区设立国立临时中学，予以收容。另外对一部分中学教师和一些小学教师、社会教育人员，设立战区中心小学教师服务团，使他们得以继续工作，维持生活。建一座学校，就能安置1000到3000人。这样既能使学生不失学，教师也能有活干，各得其所，比那就安置而安置显得主动。”

“树森的意见很好，今天的会没白开。”陈立夫立刻表态支持。

会后，他先在河南淅川上集设立国立河南临时中学，专门收容南京、上海、江苏、安徽、浙江等省市逃亡后方的中等学校教师和学生。后来，经国民政府行政院批准，各临时中学去掉“临时”二字，改为国立中学。

接着，陆续在陕西安康设立国立陕西中学，甘肃天水设立国立甘肃中学，湖北郧阳设立国立湖北中学，陕西洋县设立国立山西中学，湖南乾城设立国立安徽中学，分别收容各战区陆续退到后方的中等教师和学生。后来，陈立夫将这些国立中学，按照成立的先后顺序，分别定名第一、第二、第三、第四等中学，到1942年，共成立国立中学22所。此外还专门设有招收妇女教师和妇女学生的国立女子中学；还有专门招收华侨学生的第一、第二、第三等三个华侨中学和其他特设的国立艺术中学。

另外，还有一些大、中、小学成建制地从沿海地带搬迁后方。在搬迁中，由于日机的轰炸，人员流散，已不能单独成校。聪明的陈立夫便把这部分学校，收拢合并，采取战时措施，成立联合学校。其中以中、小学联校居多，大学也有，最为著名的如设在昆明的“西南联大”和设在西安的“西北联大”。

国立中学的设置，包括高中、初中、师范、简师、职业各科训练等。国立中学校长人选，由教育部秘书张廷休把持，经费的支配和发放，由总务司长、CC分子章益掌握。陈立夫基本上管不了各联合大学，但对各国立中学控制极严，意图防范各校教师、学生思想左转。为了约束学生，他大发国民党入党志愿书和党证，动员中学教师和学生整批入党或集体入党。为了随时观察学校动向，有的学校发展不了CC分子，他就派人强行打入，充当教师或学生。有的充当教师或学生的CC分子，既不教课也不学习，整天在学校四处乱逛，查找别人的思想问题。

对于沦陷区，陈立夫基本上根据《沦陷区教育设施方案》，制定各种管理办法。将江苏、安徽、浙江、河南、河北、山东、山西、察哈尔、绥远等9省和北平、天津、上海、武汉4市划分为5个教育指导区，每区设置专员，负责办理从沦陷区撤退到敌踪不到地区的各中等学校。1939年“教育部战区指导委员会”成立后，重新划全国沦陷区为70区，由陈立夫亲自指挥。“教育部战区指导委员会”下辖三个组，分别主管特别教育、战区教育和战区救济工作。

陈立夫任教育部长时除了安置战时流散教师、学生，恢复教学秩序外，更重要的是统制教育，也就是让教育完全成为国民党统治的工具，这也是蒋介石让他出任教育部长最重要的目的。陈立夫统制教育主要采取了两方面的措施：

首先，推行国民教育。1938年4月，国民党五届四中全会曾有《改进地方行政组织，确立地方自治基础》的决议案，1939年9月，国民政府根据此决议案制定《新县制组织纲要》，其中关于教育方面，规定乡镇设中心学校，保设国民学校，受教育者包括儿童、成年人和妇女三部分。乡镇长、中心学校校长、乡壮丁队长、保长、保国民学校校长、保壮丁队队长，分别以 1 人兼任。在教育、经济发达的地区，乡镇中心学校教员兼任乡镇公所文化股主任及干事；保国民学校教员兼任保办公处文化干事。教育部根据这个规定，于 1940 年制定颁布了《国民教育实施纲领》，同年 3 月正式施行。

其次，实施特种教育。特种教育是蒋介石在南昌行营“剿共”期间对占领的根据地，即所谓的“收复区”民众进行的一种欺骗教育，其内容可分为管、教、养、卫四个方面。

推行特种教育办法是建立中山民众学校，集中力量，把普通教育和社会教育结合起来，以弥补人才、经费不足的缺陷。中山民校分设儿童班、成人班和妇女班，根据情况，酌情设立高级班或职业班。教学内容为：宣传三民主义，揭破“赤匪”之错误与罪恶；并针对民众之思想言论，为深切之指导，教以礼、义、廉、耻与忠孝、仁爱、信义、和平等美德，表扬历史上为民族生存，为国家牺牲的伟大事迹，解说国家现在所处之地位与国际环境，授以普通文、应用文、歌曲等，注意阅读及思想发表之训练并公民生活之常识。

陈立夫未参加过南昌时期的特种教育工作，他继任教育部长后，采取了两项措施，加强自蒋介石那里继承来的特种教育：一是到原来实行过特种教育的省区视察中山民校，搜集原来中共编写的课本、教材；二是针对中共课本、教材，编印读物和宣传材料，作反宣传。三是编印统一的中山学校教科书。中国教育本来指定的教科书，朱家骅第一次任教育部长时，发起编印中小学教科书。王世杰继任后继续编辑，但各学校仍自由使用，不作为固定教科书。陈立夫担任教育部长后，先编了一部小学教科书，通令全国采用。随后，他又操纵编写了一套“固定中学教科书”。陈立夫编的这两套教科书，有两个特点：一是重视宣传儒家思想，二是注意宣传国民党的三民主义。甚至把国民党的党员守则 12 条也作为小学训练要目编了进去。

陈立夫的上述做法，当时曾引起争议，部分教师表示不满。美国学者费正清夫妇正在重庆从事新闻及文化工作，听到这个反映，对陈立夫推行的“党化教育”也表示反感。他在写给美国政府的报告中，或在媒介上撰文，都毫无保留地提出批评，认为陈立夫“统制思想”和“党化教育”的做法是违背民主精神的。

抗战将近胜利前夕，美国报纸的谴责声越来越激烈，措辞越来越激烈。蒋介石考虑到光复之后与美国建立关系的重要性，有意容忍了来自大洋彼岸的声音。据圈内人士透露，这也是促成蒋介石忍痛割爱、陈立夫离开教育部的重要原因。对此，陈立夫十分恼恨费氏夫妇。时隔 50 年后，他坚持认为费氏夫妇“所做的乃是破坏中国（当然是指国民党政权）的工作”；他们引导美国政府做出了“错误的决定”；并且“吹毛求疵，抓住我对学生严格管理的方法”，“诬我统制思想”，甚至“在哈佛大学发动倒陈运动”。这笔将近半个多世纪的恩怨，是否还有其他方面的纠葛，不得而知。

第十二章

# 重庆谈判

# 陈立夫的反共立场

1945年8月10日，这是一个可喜可贺的日子。

下午6时许，山城重庆无线电波中传出了“日本已接受波茨坦宣言”的喜讯。中央社的墙上立即贴出“日本投降了”的巨幅口号。

欢庆的鞭炮声漫过了山城的大街小巷，在人们心底炸响；欢喜的锣鼓喧天，敲出了欢天喜地的好心情。先是成队学生走上街头，贴标语喊口号，再是市民走出家门，重庆变成了欢腾的海洋。大小市街，人行道两侧，市民排列，人如长蛇。《新华日报》以“山城沉浸在狂欢之中”为题，描写“千千万万市民涌向街头，一片海涛似的欢呼，连珠炮似的鞭炮，狂热的鼓掌声，顿时掩盖了整个山城”。

8月15日，蒋介石对全国军民发表广播演说，庆贺胜利，宣布放假3天。对于抗日战争的胜利，二陈与全国人民一样，欢欣鼓舞。

病中的陈果夫，喜不胜收，在民国元老居正七十大寿这天（10月21日），以晚辈身份赠祝寿诗一首：

先知先觉居先生，
仁爱心肠广济人。
五十年来勤国事，
而今司法更严明。
在兹胜利双庆月，
举觥宜称万众心。
国泰乐成人益寿，
再加七十不为增。

# 第十二章
# 重庆谈判

这年的春节格外喜庆，陈果夫觉得余兴未减，转身回屋，磨墨铺纸，凝神思索，挥笔写下几副喜联，贴满了陈氏官邸：

胜利还乡，勿忘八年苦战；
和平建国，正是千载良机。
研究科学，必须赶上原子弹；
从事建设，不可习染旧官风。

从这些喜联，不难看出陈果夫在政治上希望和平建国，开创新风；经济上希望从事建设；在科学文化方面希望能赶上世界强国的迫切心情。

陈立夫更是高兴，他不但听到了日本投降的消息，同时还听到了蒋介石要安排他做中央执行委员会政治会议秘书长，乃是双喜临门。他找到陈果夫，还有 CC 派的几位好友，共道欣喜之情，当晚也破例喝了些酒。

酒能助兴，也能伤人。酒过三巡之时，陈立夫就感觉到不对劲，只觉头大眼花。为了助兴，接着又喝了一盅。这一盅下肚，就出了问题，他就出溜到了桌子底下，不省人事，把大家都吓蒙了。慌乱之中，喊来了救护车，拉到了医院，送进急诊室。当时血压 200，心跳 120，大夫好一阵抢救，又是打针又是输液，直到两小时后，陈立夫才算清醒过来。这真是乐极生悲。

第二天，陈立夫便出了院，好人一般。他照常接见了学生代表，并听取了代表们的发言。陈立夫像位小学生似的不时地还在笔记本上记录着学生们的发言要点，悉心倾听他人的意见。

学生们畅所欲言，面对抗战的胜利，学生们憧憬着新的未来，展望着共和国的雏形，并要为其献身。当有同学说到这里时，提到抗战胜利是由国共两党共同努力取得的，成功之日，国共两党仍需继续合作，以期和平建国，共谋开国大业。其实这话并没有错，却触动了陈立夫的反共神经，听到这里，他一下子拍案而起：

“话不能这样讲，共产党不能与国民党平分秋色！”

被斥责的学生吓了一跳。

陈立夫觉得这样训斥学生有些不妥，马上又变得和颜悦色起来，道：“你们接受党的教育多年，应该晓知我们的政策。”

“什么政策？”

陈立夫扶了扶眼镜说：“对党内只有一手执《古兰经》，一手执剑；对党外只有一手执棒，一手执肉。”

“此话怎讲？”

“日本赶跑了，新的敌人出来了，那就是共产党。对共产党只有杀，我已杀了他们高级党员二千几百几十几，普通党员二万几千几百几十几了！”

与会者面面相觑，谁也不敢作声。

陈立夫坐下了，稍缓和了一下口气接着道：“我再重申一遍，从今以后，我绝不允许再有人在我面前提国共合作。为啥？我心烦。”

接见便不欢而散。

应该说，在国民党的阵营中，陈立夫是反共的强硬派。这种强硬，不是与生俱来，而是从蒋介石那里学来的。自从西安事变站错队，蒋介石曾一度对他们兄弟疏远，兄弟二人还是像当年那样紧跟主子不掉队。

陈立夫认为，国共两党打了多年的仗，积怨甚深，对共产党只有消灭，除此以外没二话，但面对共产党军事实力的扩充，解放区的扩大，他也隐约有所担心。

陈立夫在政坛上可谓活跃分子，而陈果夫因为病魔缠身，他的大部分时间都是在卧室中呻吟，整天挣扎在生与死之间，尽管这样，他仍然没有淡化对政治的热情。

胜利来得突然，建国便提到了日程。建设什么样的国家？陈果夫、陈立夫决定搞一个方案，先于他人呈现到主子那里。要搞方案，必先座谈。于是便邀请著名学者梁漱溟来家叙谈。梁漱溟早年是北大教授，对中西文化颇有造诣，二陈对他的学问功底也深为折服。梁漱溟的“党应该改弦更张，励精图治，进行彻底的清理与整顿”的见解，使陈氏两兄弟茅塞顿开，接着又听取了元老派张静江的意见，拟出了“建党八条建议”，决定面见蒋介石。

且说这八条建议是：

一、官僚作风与军阀作风不可再留；

二、政治应有方法，使早澄清人法治之轨；

三、制度不立，无以为政；

四、为求安定，有时反种将来不安之根；

五、性格不可让人捉摸，知注重某点，而窃取其他之点；

六、党无基础，共党如来合作，则我危险；

七、多听取老同志及新同志之意见；

八、同志应培植，否则将来无可用之同志，呼应不灵，难应付意外事变。

从这八条建议中，不难看出他的反共排共的思想。陈氏两兄弟满以为这八条建议能得到蒋介石的一阵夸奖，没想到马屁股没拍成，倒拍到了马蹄子上。

这里有李西岳、苏学文的描述：

蒋介石转过身来道：“党内确有诸多不尽如人意的地方，说实话，我也有不满情绪，但你二位的批评是不是有些过重了？”

陈果夫不语。

陈立夫低下头。

蒋介石又笑了起来：“尽管言辞有过重之嫌，但这八条建议足以证明果夫、立夫的忧国忧民意识，闻过则喜嘛。清理与整顿是必要的，但我自有主张就是了。”

陈立夫接过来说：“对于国共两党的关系，委座认为该如何处理？”

蒋介石的答复却完全出乎二陈的预料，“我决定邀请毛泽东来重庆谈判。”

陈果夫、陈立夫惊诧不已。

蒋介石笑着解释道：“如果抗战一结束，我就急忙与共产党分手，那么，国共两党分裂的责任不就加在我的头上了吗，我为何要做这等傻事？”

陈立夫道：“那也不能和共产党平分秋色啊！”

蒋介石在屋内踱了几步，慢悠悠地道：“傻瓜才与他平分秋色呢。我们也要抓民心啊。抗战八年，中国老百姓吃尽战争的苦头，如今抗战胜利，人心思定，在这种形势下，我不能当中国的希特勒。”

陈果夫道：“如果请毛泽东来重庆谈判，不就等于与共产党和平建国吗？”

蒋介石打断陈果夫的话：“果夫尚不完全理解我之用意。这些年，延安对我来说一直是块心病。‘剿共’剿了十几年，‘共匪’反倒地盘更大，人马更多了，所以，我这块心病也就越来越重了。”

陈立夫道：“那为什么还要邀毛泽东来重庆呢？”

蒋介石道：“我相信他不会来，如果他不来正合我意，说明他与我党合作无诚意，我先礼后兵，日后刀枪相见，责任就不在我啦。”

蒋介石道：“我也自有主张。”

## 初见毛泽东

1945 年 8 月 28 日，蓝天无云，风和日丽。

## 第十二章
## 重庆谈判

重庆机场。

毛泽东、周恩来、王若飞的专机在空中盘旋了一圈后，像只展翅的大鹏，翩翩地滑向跑道，然后，毛泽东、周恩来、王若飞在张治中、赫尔利的陪同下款款走下专机。

机场内，人山人海，有学生、有工人，还有不少人潮水般地正在赶往机场；重庆街头，成千上万的工人、市民和学生自动游行，热烈欢迎毛泽东等的到来。整个陪都为之轰动。

民主人士柳亚子赋诗称颂毛泽东的行动是“弥天大勇。”

重庆《大公报》发表评论说：“毛先生能够惠然肯来，其本身就是一件大喜事。”

且说毛泽东的此次重庆之行，是应蒋介石之邀，商谈建国大事。蒋介石的电报发到延安后，就有两种尖锐对立的反应：一种是说，这种邀请是黄鼠狼给鸡拜年——没安好心，这里有阴谋算计。万万不能上当，不能去重庆，去重庆等于自投罗网。这种意见是普遍的；一种是说，任何事情都会有风险，风险越大的事情，成功的回报也是越高。一个人的生命只有一次，献给最危险最有意义的事情是值得的。毛泽东就持这种激流勇进的态度。他力排众议，坚持重庆之行，纵是火海刀山、纵是地雷阵，也要勇往直前。

再说蒋介石给延安的邀请信，其实也是一种计谋。正如蒋公所说，如果毛不敢来，我是做到了“先礼后兵，刀枪相见”，到时别怪我不客气啦！谁知这件事超过了老蒋的料想，毛泽东不是不敢来，而是大摇大摆地坐飞机来了，应该说让他措手不及。这在民众的心里，毛泽东走了一手上风棋。

机场上人山人海。“毛先生，欢迎您！”“毛先生，辛苦了！”的口号声此起彼伏。最叫人感动的是有人打出了一条横幅，上面书写着四个大字：“弥天大勇。”

迎接的文官武将主动上前，这时毛泽东摘下头上的帽子，在头顶挥动，缓缓举步，慈祥地向欢迎的人群答礼。

在停机坪上，毛泽东发表讲话，他说：“现在抗日战争已经胜利，中国即将进入和平建设时期，当前时机极为重要。目前最迫切者，为保证国内和平，实施民主政治，巩固国内团结。国内政治上军事上所存在的各项迫切问题，应在和平、民主、团结的基础上加以合理解决，以期实现全国之统一，建设独立、自由与富强的新中国。”

毛泽东头戴一顶灰色的拿破仑帽，身穿一件宽大的蓝灰布中山装，脚上是一双黑色牛皮鞋，身材魁伟，神采奕奕，他的简短讲话引起一阵暴风雨般的掌声。

大约半小时以后，机场上的欢迎场面才结束，毛泽东等三人被送往曾家岩桂园休息。

蒋氏官邸。

蒋介石搔搔头皮对赫尔利大使说：“毛泽东这么快地来了，要同他谈些什么，我还真没想好。”

赫尔利大使道：“你们谈什么我不管，既然毛泽东来了，蒋将军千万告诫你的部下，不得胡来，尤其是果夫、立夫等人，他们对毛恨之入骨，否则图这一时之快，反惹起全世界舆论哗然，或者更使红军奋激，那我们就不合算了。”

“你放心，赫尔利大使。”蒋介石道。

当夜，蒋介石找来陈立夫、陈果夫密谈。

蒋介石对陈立夫、陈果夫说：“毛泽东和周恩来已到重庆，想是你们已经知道了，他们到达重庆以后的安全，由你们二位总负责。不过我自己已答应赫尔利大使和魏德迈将军，绝不让毛泽东在重庆有任何意外。如出意外，我要拿你们是问。”

“我们明白！”

在曾家岩，毛泽东等人用过午餐，稍事停留以后，便驱车来到红岩村 13 号，与在这里等候多时的党内同志见面。

晚餐为毛泽东接风洗尘，由蒋介石安排。

重庆的山洞林园。灯火通明。

毛泽东的专车风一般地驶进林园，卷起落叶片片，在一处花园前停下。

毛泽东在周恩来、王若飞的陪同下走下汽车时，主人蒋介石赶紧迎了上去。当两双大手紧紧相握的时候，历史似乎又发生了某些改变。西方的一位作家，曾形象地说过一句话：中国的近现代史，实际是两位强人的争斗史。一方是毛泽东，一方是蒋介石。

蒋介石很有风度地道："润之，你好！屈指算来，我们已有数年没有见面了，上次我请你来，你没有来，你派林彪来了。"

毛泽东从容不迫地道："我这不是来了嘛。"

蒋介石双手抱在一起："来了就好，来了就好。"

毛泽东谦逊地道："我们久别重逢，实在令人高兴。"

蒋介石道："欢迎润之到重庆来，希望你能多住些日子，我们很好地谈一谈。"

毛泽东道："感谢蒋先生的好意，还请蒋先生多多赐教。"

两人再一次握手，历史留下了这一珍贵的镜头。

客人们被引进客厅就座，应邀出席作陪的有国民党政府大员张群、王世杰、邵力子、陈诚、张治中、吴国桢、周至柔等，还有赫尔利大使和驻华美军司令魏德迈将军。陈氏两兄弟没有参加，是蒋介石食言，怕他们火药味浓，担心误了别的事情。为此陈氏两兄弟还有满腹牢骚。

宴席间，气氛非常热烈，毛泽东与蒋介石相继致辞，并几次举杯互祝健康。

宴后，毛泽东等人即下榻于林园二号楼。他们在这里住了两个晚上，8 月 30 日才搬回红岩村居住。

应该看到，对于蒋介石邀请毛泽东来重庆谈判，陈果夫、陈立夫持反对态度。陈果夫重病在身，显得力不从心，而陈立夫则三番五次找蒋介石，力陈自己的主张，仍一口不变地认为：对于共产党，只有消灭，不存在和谈。

对于陈立夫的强硬态度，蒋介石从内心赞同，但对他的露骨又极不欣赏。他不得不承认，二陈搞党务是行家，但搞政治斗争就显得缺乏头脑，缺乏策略，只知道一味地蛮干。盛怒之下，取消了他的谈判资格。蒋介石重新委派了王世杰、张群、邵子力、张治中等作为国民党代表，与中共展开谈判。

谈判时间从 9 月 1 日开始。

山城陪都刚下了一场雨，雨过天晴，天空出现彩虹。雨后的空气显得格外新鲜。这一天，中苏文化协会举行庆祝中苏友好同盟条约签订的鸡尾酒会。

主持人孙科、张治中、邵力子，向在陪都的国共两党负责人以及其他党派负责人、文艺界人士、社会名流贤达发出了邀请。

陈立夫被列为邀请的人员名单，但陈立夫并不知道酒会中也有中共方面的代表。直到毛泽东来到他面前、与他握手时，他才感到唐突。

且说这天晚 7 时，陈立夫衣冠楚楚、兴致勃勃地来到中苏友协大楼。

一进门，陈立夫忽然感到气氛有些不大对头，大厅内，挤满了身着各种服装的客人。

国民党官员孙科、冯玉祥、张治中、邵力子、王世杰、陈诚、朱家骅、吴铁城等人早已到达了会场。

苏联大使彼得罗夫及罗申武官也到了。

大家热情握手，互相问候。

另一边，等候着的却是各民主党派的负责人及社会知名人士，如沈钧儒、左舜生、傅斯年、王昆仑、张申府、郭沫若、茅盾、史良、侯外庐等。

众人有说有笑，却并不入座，像是等待着什么重要人物的到来。

陈立夫感到纳闷，他胡乱找了个位置坐下来，并不时地和熟人打招呼。

忽然大厅里响起一阵热烈的掌声，陈立夫猛地抬头一看，只见中共领袖毛泽东、周恩来、王若飞等人春风满面地出现在大厅门口。

毛泽东神采奕奕、面目慈祥，他迈着巨人的步伐走进大厅，和大家一一握手。

没等陈立夫反应过来，毛泽东的一双大手已经紧紧地握住了他。

毛泽东微笑着说："如果我没有认错的话，你该是陈立夫先生吧。久仰久仰啊。"

陈立夫显得十分尴尬，他不知道说什么好，只是不住地重复着："欢迎……欢迎……"

宴会开始了，在频频的祝酒中，陈立夫才摆脱了尴尬。

毛泽东、周恩来站起来，向大家祝酒，大家一饮而尽。

毛泽东与周恩来举着杯来到陈立夫面前，毛泽东说："陈立夫先生，山城幸会，不胜荣幸之至啊，润之敬你一杯。"

陈立夫没想到毛泽东这么快就来给他敬酒，他感到很被动，忙站起来，举起杯语无伦次道："谢谢……欢迎……"

毛泽东笑着说："我先干为敬。"说着，一饮而尽。

陈立夫也痛痛快快地喝了下去。

毛泽东、周恩来正要走，陈立夫却拽住了他们，他亲自给二位斟满酒，自己也满上，端起来说："承蒙毛先生、周先生的真诚厚爱，立夫也敬你们一杯，祝你们健康幸福，诸事如意！"

毛泽东说声谢谢，又先干了。

周恩来也笑笑，一饮而尽。

陈立夫与二位相视一笑，把酒喝干。

这次与毛泽东、周恩来喝酒见面后，陈立夫心中掀起阵阵波澜。

他当天就找陈果夫，把对毛泽东的第一印象对陈果夫讲了：“我认为毛泽东无论相貌与气质，乃至举止言谈，都非常让人敬畏，这是我在委员长面前从来没有产生过的感觉。”

陈果夫没见过毛泽东，他也有耳闻，听了陈立夫的话，他干咳了几声，道：“确实令我们不可等闲视之啊。”

陈立夫接着说：“他那种随和大度、侃侃而谈、出口成章，还有他那浓厚的湖南腔，给人一种不可抗拒的诱惑。还有他那博大的胸襟和坦诚的态度，让人有一种高山仰止之感。”

陈果夫皱着眉头说：“毛泽东能够来重庆，对我党就是一种不祥之兆，他有如此的胆魄与勇气，实在出乎我之意料。”

陈立夫道：“看来毛泽东这班人，不是我们党说的山沟沟里的‘共匪’，从来重庆以后，各界人士对他们的态度来看，共产党收买人心的手段是比我们高明啊。”

陈果夫点点头。

此后数日，陈立夫又参加了一系列与毛泽东礼节性的会见，感触颇多。

9 月 2 日，蒋介石在官邸宴请毛泽东，陈立夫作陪。

9 月 5 日，晚上 8 时，中干校礼堂。

蒋介石举行茶话会，招待苏联大使彼得罗夫及其馆员，并邀请毛泽东、周恩来、王若飞三人作陪。

陈立夫出席了这次茶话会。

毛泽东仍然春风满面，操着一口湖南腔，显得很活跃。他说：“古人说得好，和为贵啊，国共两党也该以和为主，和气生财嘛。”

蒋介石道：“润之言之有理，我请你来重庆，不就是为了和平建国嘛。”

陈立夫听不太懂毛泽东的湖南话，但对“和为贵”三个字，却记得一清二楚。他内心有一种危机感，他知道，毛泽东打出“和为贵”的招牌，从舆论上已经在全国人民心中争取了主动，占据了位置。

眼观毛泽东的言谈举止，除让陈立夫从内心感到一种震慑外，他还希望能想出一个办法，说服毛泽东放弃共产主义，信仰三民主义。

同时，陈立夫还在背地里策划了一些破坏和谈的活动，他暗中指挥特务密切注意各方面的情况，只要有人与中共代表接触，当时不便逮捕，也要进行登记。

陈立夫还指使国民党各报纸对和谈尽量少报道，以降低中共的影响。他还派一个叫卜锐新的中统特务到《中央日报》任记者，专门刺探中共方面的情报，直接交陈训愈或陶希圣，再由他们面呈陈立夫。陈立夫为破坏国共和谈可谓费尽了心机，他利用控制舆论工具的权力，对和谈的消息进行多方面的封锁。

## 毛泽东三访陈氏两兄弟

红岩村，是山城的一个比较清静的村子。

毛泽东等从林园二号搬到这里后，就没有再换地方，一直住在这里。

这天，参加重庆谈判的中共领导人举行了会议。

毛泽东首先发言：“趁回延安之前，我还想拜访两个人。”

王若飞问：“哪两个人？”

“陈果夫、陈立夫两兄弟。”

毛泽东的访陈计划，令中共代表团的成员们深为不解。王若飞睁大了眼睛，等待下文。

毛泽东点燃了一支烟，慢慢地道：“应该说有两个方面的原因吧。陈氏两兄弟积极反共，且为国民党千方百计置共产党于死地立下了汗马功劳，所以我要拜访他，这是其一。不错，这些人是反共的，但我到重庆来，还不是为了跟反共头子蒋介石进行谈判吗？国民党现在是右派当权，要解决问题，光找左派不行，他们是赞成同与我们合作的，但他们不掌权。解决问题，还要找右派，不能放弃和右派接触，这是其二。”

“陈氏两兄弟是有名的特务头子，这里有危险。”周恩来为毛泽东的安全担心。

毛泽东坦然一笑：“不入虎穴，焉得虎子嘛，我毛泽东既然敢来重庆，就已经把个人生死置之度外了。再说，我相信他们也不敢把我怎么样，最危险的地方就是最安全的地方嘛。”

周恩来、王若飞说服不了毛泽东，只好执行这一计划。

9 月 7 日，毛泽东、周恩来、王若飞一行前往陈公馆，去拜访陈立夫，不巧，陈立夫正好外出了。

拜访陈立夫未成，9 月 18 日，毛泽东又去拜见陈果夫。

此时，陈果夫正在病床上呻吟，听到毛泽东来重庆的消息后，他就一直耿耿于怀，后来，听陈立夫说看见毛泽东的感受，不知为什么，他对毛泽东产生了一种敬畏心理。此时，毛泽东却来拜访，来得那样突然，他一点心理准备也没有。

陈果夫有些不知所措，尽管他对毛泽东有一种莫名的敬畏，但他还是想见毛泽东一面的，但绝对不是现在。一来自己没心理准备，说些什么呢，如果说错了，自己担当不起责任；二来自己这副病态，恐遭共产党人耻笑，想来想去，干脆以体弱身衰为由，婉言谢绝了。

又一次吃了闭门羹，毛泽东当然有些扫兴。

回到住所，毛泽东仍不甘心，他说：“刘备拜访诸葛亮不是三顾茅庐吗，我毛泽东莫非还不如刘玄德，去！”

9 月 20 日，毛泽东、周恩来、王若飞又一次光临陈公馆，拜访陈立夫。

陈立夫对毛泽东的再次拜访已经有心理准备，后来又听陈果夫说，毛泽东也曾去拜访而被谢绝，他想，毛泽东一定还会来。

陈立夫起身相迎，握住毛泽东的手热情地说：“有劳毛先生大驾，有失远迎，有失远迎！”

毛泽东风趣地道：“上次来访未遇，很扫我兴呐，怎么？陈先生，你不介意润之的痴心不改吧？”

陈立夫忙说：“哪里哪里，您是共产党的领袖，能光临寒舍，是立夫的造化。”

一阵寒暄过后，毛泽东纳入正题：“立夫先生，还记得第一次国共合作的情景吧？那可是令润之终生难忘啊。”

陈立夫一直找机会想说服毛泽东放弃共产主义，信仰三民主义，前几次都是在公共场合会面，没机会多谈，况且也轮不到他，今天是在自己家里，他终于找到机会了。

陈立夫迫不及待地说：“毛先生，立夫早就有句话想跟你说，我认为，中国人应信仰三民主义，这是孙中山先生提出来的，目前，只有三民主义才能救中国，马列主义是外来的，不符合中国的国情。”

毛泽东一听，笑了起来，说道：“陈先生，我正想就这个问题求教于你呢。孙中山先生提倡三民主义，主张联俄、联共、扶助农工，所以，我们才取得了第一次国共合作的胜利。而你们的三民主义呢，却是反共、‘剿’共、压制工农，千方百计置共产党于死地而后快，这难道是拯救中国吗？”

陈立夫听了毛泽东的话，额上渗出冷汗，他没想到毛泽东会这么尖锐，忙说：“毛先生，言重了吧？”

毛泽东立刻收住了笑容，脸色变得十分严肃，他有力地挥动着大手厉声道：“陈先生，恐怕言不为重吧，十年内战，你们对共产党进行了五次‘围剿’，迫使红军北上长征。但是，你们不知想过没有，为什么共产党不但没有被消灭，反而发展壮大了。在抗日战争中，被你们‘围剿’剩下的红军，重整旗鼓，改编成八路军、新四军，成为对日作战的劲旅……”

陈立夫接过来说：“毛先生，抗日战争爆发，我们不还是进行了第二次国共合作嘛。”

毛泽东站了起来，表情更加严肃，义正词严，凛然不可侵犯：“别忘了，是国民党的积极‘剿’共，才引进了日本帝国主义的侵略，并且险些招致亡国灭族之祸，难道这一教训还不发人深省吗？”

陈立夫被毛泽东说得满脸通红，语无伦次，不知所措。

毛泽东见陈立夫有些尴尬，便改变了语气，诙谐地说：“陈先生，看来，你们的三民主义，还是不行啊。”

此时，周恩来插话：“国民党‘围剿’了我们十几年，但抗日战争爆发，国难当头，我党还是以大局为重，不计前嫌，与国民党实行了第二次合作。”

陈立夫见说不过毛泽东、周恩来，便从另一个方面入手：“现在抗战胜利了，你们应该放弃共产党的武力政权。一国之中，怎能有多种政权存在？”

毛泽东摇摇头，反驳道：“怎么，陈先生又逼我们上山打游击，当山大王？过去我们打游击，是国民党‘剿’共逼出来的，那叫逼上梁山！就像孙悟空大闹天宫，玉皇大帝封他为弼马温。孙悟空不服气，自己称为是齐天大圣。可是你们连弼马温也不给我们做，我们没办法，只好上山打游击。”

周恩来接过来说：“陈先生，上山打游击可不是共产党人的专利啊。现在抗战胜利了，人心思定、人心思安，国共两党应该再一次携起手来，本着平等、和平、民主、团结的原则，共同建设国家，使民族兴旺、人民富强，而不是谁迫使谁放下武力，俯首称臣。”

毛泽东又说：“还是那句老话，和为贵，和为安啊。”

陈立夫从心里认为毛泽东、周恩来说的都是事实，也颇有道理，他没有更充分的理由来驳倒他们，尽管他长期在国民党内部掌管党务和宣传工作。

毛泽东说：“怎么样，陈先生，对我们的来意不会曲解吧？”

陈立夫忙道：“哪里哪里。你们这次来重庆，足以证明共产党主张和平建国的诚意，这正是民心所向，大势所趋啊。”

毛泽东道：“陈先生能认识到这一点就好，还希望你能为国共两党的会谈多效力哟。”

陈立夫也说：“那当然，那当然，我一定尽力。”

毛泽东起身告辞。

陈立夫恭敬相送。

送走毛泽东等人，陈立夫陷入沉思之中，说实话，对于共产党领袖的胸怀、度量、才华以及高风亮节，陈立夫深感佩服，这使他劝说毛泽东放弃共产主义，信仰三民主义的想法逐渐淡化。相反，有些方面他几乎被毛泽东、周恩来给说服了，所以，他显得十分被动。在毛泽东来访之前，他曾有了理论上的准备，并准备好好和毛泽东展开一场辩论，没承想，自己的理论竟不堪一击，甚至都没来得及把自己的理论全盘托出，就被完全驳倒了。

陈立夫想了一夜。

陈立夫找到陈果夫，把同毛泽东、周恩来的谈话一五一十地说了一遍。

陈果夫在病床上认真听着，等陈立夫说完，他无可奈何地说：“这正是我怕见到毛泽东的一个主要原因。”

陈立夫道：“我不得不承认，毛泽东的有些主张，是颇有道理的，也是能够赢得民心的。”

陈果夫道：“这么多年来，共产党一直消灭不掉，恐怕这就是重要的原因。”

陈立夫道：“不管共产党如何赢得民心，也不管它怎么正义，但国民党是大党，有枪，有政权，有钱，有地盘，有美国人的支持，这一点恐怕是共产党所望尘莫及的。”

陈果夫道：“你我都是从政的，搞党务内行，但搞武装斗争就是门外汉了。包括蒋介石在内，未必是毛泽东的对手，不然，‘剿’了十几年，共产党还活得那么自在。”

陈立夫道：“那是日本人救了共产党，不然，他跑到陕北又怎么样，只要在中国地盘上，早晚要‘剿’死他。”

陈果夫道：“共产党枪少，人少，又偏于穷山沟一隅，虽然民心所向，又怎能与国民党分庭抗礼呢？”

陈立夫道：“所以，我们不能改变立场，态度一定要强硬，绝对不能跟他们搞什么和谈，要和谈怎么会等到现在？”

陈果夫道：“我们要提醒委座，对共产党绝对不能手软。”

……

## 正义难敌

1945 年 10 月 10 日。

国共两党代表在重庆经过多天讨价还价的谈判，终于签署了《政府与中共代表会谈纪要》，即《双十协定》。

但是，国民党却顽固地拒绝承认人民军队和解放区民主政权的合法地位，并妄图在“统一军令”和“统一政令”的借口下，取消中共领导的人民军队和解放区政权，以至于 10 月 11 日，毛泽东返延安，周恩来则仍留在重庆。

《双十协定》签订以后，中国共产党忠实地履行自己的诺言，着手将长江以南——苏南、皖南、浙东、浙西的新四军撤往江北，再次用实际行动向全国人民表明和平建国的诚意。

可是，双方签字的墨迹未干，蒋介石就在10月13日向全国各战区将领下达“剿匪”令。

旁观者清。这时人们已经看清蒋介石假谈判真内战的面目。

这时，美国政府以救世主出现，采取了调解国共两党争端的政策。11月27日，杜鲁门批准赫尔利辞去驻华大使职务，并派陆军上将马歇尔为特使，来到中国，参加国共停战谈判。

经过商议，1946年1月5日达成了《关于停止国内军事冲突的协议》。

在停火的1946年1月10日，中央政治协商会议在重庆拉开了序幕，并邀请中共代表参加了会议。

早在会议开幕之前，蒋介石就为会议定了基调：容共限共灭共。

对于召开政协会议，陈果夫、陈立夫一直有抵触情绪，坚决反对共产党参加会议。陈立夫在向蒋介石进言中说：“委座，政治协商会议必无好结果，且无论如何，共党已得到好处，本党已受害……中国如行多党政治，照现在党、政、军均未健全之际，颇有蹈覆辙之可能。请临崖勒马，另行途径。”

蒋介石回答：“任何事情都是两方面的，有利亦有弊。”

陈立夫说：“我只是提醒委座，面对共产党想摘桃子，千万不要上共党的当！”

“我知道了，只有傻瓜才会上他们的当。”

政治协商会议在重庆的国民政府礼堂如期召开。

参加会议的代表共38人，国民党有8个名额，这8位成员是陈立夫、孙科、张群、吴铁城、王世杰、陈布雷、张厉生、邵力子。

中共方面有 7 个名额，成员是：周恩来、董必武、王若飞、叶剑英、吴玉章、陆定一、邓颖超。

由于停战协定签署的好消息已经传开，参加会议的 38 名代表和列席会议的中外记者，个个喜形于色，兴高采烈。

蒋介石穿着整洁，最后一个走进会场。今天他是开幕式的主角。

以往，凡是公开场合露面，蒋介石总是板着面孔，不苟言笑，以表示其威严。今天的蒋介石却满面春风，笑容可掬，显示出少有的随和与谦恭。

蒋介石一到，会议主席便宣布开幕。

例行的仪式完成以后，蒋介石便以国民政府主席的身份致开幕词。

蒋介石一讲话，马上又恢复了以往的威严，他以训斥的口气告诫与会代表：

第一，要真诚坦白，树立民主楷模；

第二，要大公无私，顾全国家利益；

第三，要高瞻远瞩，正视国家前途。

蒋介石的下马威，把与会人员给弄懵了。

蒋介石仿佛知道代表们要听些什么，只见他话锋一转，出人意料地道："乘此机会，我要向各位宣布政府决定实施的几个重要事项。"

代表们肃静。

蒋介石宣布了四条：

一、确保人民之自由。人民享有身体、信仰、言论、出版、集会、结社之自由，现有法令依此原则，分别予以废止和修正。司法与警察以外机关，不得拘捕、审讯及处罚人民。

二、确保政党之合法地位。各政党在法律面前一律平等，并可在法律范围内公开活动。

三、实施普选。各地积极推行地方自治，依法实行由下而上之普选。

四、释放政治犯。除汉奸及确有危害民国之行为者外，所有政治犯分别予以释放。

蒋介石的话音刚落，场内响起掌声。

不少代表为蒋介石的真诚所感动，认为这是政治协商会议成功的好兆头。

开幕式过后，政协会议便开始讨论各项议案。列入会议日程表的，主要有政府改组、施政纲领、军事问题、国民大会、宪法草案等五大议案。

五大议案一展开讨论，立刻引起了激烈争论，特别是国共两党的立场不同，分歧就更加明显，尤其对一些重大原则问题，各方代表争论相当激烈。

争论的焦点，实际上仍是重庆谈判时未能解决的重大问题，即能不能实现政治民主化和军队国家化及如何实现政治民主化和军队国家化。

陈立夫踌躇满志地参加了这次会议，上次遭到毛泽东、周恩来的驳斥以后，他内心一直窝着火，今天，他要力陈自己的观点，把面子挽回来，也给中共以有力的回击。

会议刚一组织发言，陈立夫首先站了起来，慷慨陈词道："我极力主张首先军队国家化，然后政治民主化，这本无可争议。"

陈立夫刚说完，还未落座，张群也跟着附和。

周恩来站了起来，义正词严地对陈立夫说："现在的政府还是一党专制的政府，把军队交给政府，实际是交给了国民党，人民的军队就等于变成国民党的军队。故此，中共方面坚持政治民主化是军队国家化的前提条件，政治民主化与军队国家化应同时进行，没有先后。"

周恩来的话，一些代表们表示赞同。

陈立夫和张群面面相觑，无话可辩。

通过激烈的争论，最终达成了折中的协议，确定了军队属于国家，军党分立、军民分治的原则以及以政治军、公平合理地整编全国军队的办法。

陈立夫要求中共将军队交给国民党的企图遭到挫败。

关于国民大会的问题，围绕10年前国民党包办选出的旧代表是否有效问题，一党专政还是多党专政问题，关于宪章问题等，会议也展开了激烈的争论。

陈立夫刚刚在军队问题上被周恩来等击败了，现在到了政党的问题，陈立夫感到优势在自己一方，所以，他又显得十分活跃。

陈立夫说："拿历史的眼光看，中国必须实行一党专政，如果多党专政，势必造成国家混乱，政权无核心无权威性。"陈立夫停了一下，又接着说："我认为，旧代表仍然有效，不应有争议。"

周恩来则针锋相对："陈先生，请不要言辞过激，旧代表是国民党一党创办的，是在国民党控制之下选举的，这是不合法的，更不能代表人民的利益和愿望。"

陈立夫辩解道："有人批评国大选举法有指定代表为不民主，我仍有不同意见。其实，中国要进入民主，还要相当的时间，请各位代表要正确看待。"

陈立夫刚说完，中共代表邓颖超马上站起来反驳："中国民主化进程固然要一定时间，但即使是现在的中国，指定代表本身是不民主，也是不必要的。"

陈立夫丝毫不让，继续辩解道："希望中共方面不可忽视这个问题，中国的国情是很多有能力有地位人士崇尚清高而不愿竞选，须三顾茅庐去请，故指定代表有其必要。"

这时，中共方面代表陆定一听不下去了，也站起来反驳陈立夫：

“陈先生认为，中国人民有不愿意参加竞选的习惯，这在某些老先生中或有些事实，但数量极少。相反，曾琦先生昨天就曾说，当时青年党是放弃竞选的，中共更是被迫无法参加竞选。如果中共有好环境，会不参加竞选吗？要说国情，国情主要的是在这里，许多政党都愿竞选，满足这一要求很重要。”

面对中共代表的夹击，陈立夫无话可说了，他在等待着下一个问题的争论。

关于实施什么政治制度问题，争论仍然十分激烈。

陈立夫又首先发言：“国民党以党治国是效仿苏联，今天大家以多党制的理论来批评一党制，那是什么也不能解决的，希望大家要充分认识一党制的实际情况。”

接着，陈立夫还对中共解放区实行三三制政权，提出指控：“众所周知，相信国民党代表在国大代表中比例甚少，比中共方面所说的‘三三制’还要少。”

陆定一又站起来反驳陈立夫：“国民大会旧代表的名单已经发表，据说国民党员占半数，加上当然代表与指定代表，合计起来，如说国民党代表在国民大会中的数目比‘三三制’下中共党员在民意机关中所占人数还少，这是难以令人相信的。”

陈立夫还要说什么，陆定一接着说下去：“我们认为苏联制度的特点是使无数的工农知识分子有权。国民党学习这一制度，如能使工农知识分子有权，那就不胜感激，而事实确是大家所共见的。不是吗，陈先生？”

陈立夫被陆定一驳得无言以对，他不得不胡乱为自己辩护：“学习苏联，不也是中共所推崇的吗？”

陆定一打断陈立夫的话，继续道：“苏联并不是一切事情由党包办，而是由党领导人民工作。在中国一党专政，这是办不通的，中国应实行多党政治。”

陆定一还回顾了过去国共两党合作的历史，指出：在大革命到抗战中，国民党有其功绩，但所能有其功绩，乃因实行了两党或多党合作，这一点，陈先生不能不承认吧？

陆定一的发言，得到了多数代表的赞同，陈立夫一时无言可辩，默不作声。

在中共和多民主党派、无党派人士及国民党内民主主义分子的积极努力下，政协会议就大多数问题达成了协议。

陈立夫有些闷闷不乐。1 月 31 日，政协会议举行闭幕式，蒋介石致闭幕辞：“今后中正无论在朝在野，均必本着公民应尽的责任，忠实地坚决地遵守会议的一切决议，确保和平团结的一贯精神，督促我们国家走上统一民主的光明大道，以期报答为革命抗战牺牲的先烈，完成国父缔造民国未完的事业。”

政协会议在一片掌声中落下帷幕。

陈立夫把政协会议的有关情况向陈果夫作了汇报，病床上的陈果夫气得发抖。

的确，政协会议的结果，令二陈沮丧。

尤其是陈立夫，开会前他曾踌躇满志、自命不凡，他过高地估计了自己和国民党的实力，他根本没把“民主协商”放在眼里，更没把共产党放在眼里，他自认为政协会议无非就是国民党大会的另一种形式，没想到共产党的代表个个都那么厉害，也没想到其他民主党派和无党派人士都站在共产党一边，提起来，心里便觉得有些憋闷。

陈果夫更是忧心忡忡，他抚今思昔，怅然长叹：“因党的组织不加入，致受共党甚至其他无人之党之欺凌侮辱，实在无以对前辈，无以对死者。”

这位国民党的党务专家似乎已经感到了国民党内存在的诸多问题，开始面对现实，但他又不明白国民党究竟为什么会有这些问题，更不知道该如何医治这些问题。

陈果夫希望蒋介石今后“应道之以德，齐之以礼，不宜专迫之以政，齐之以利也”。

陈果夫的弦外之音是：光靠武力镇压是不能解决问题的。

陈立夫却与陈果夫的主张不同，也许他还年轻气盛，他根本不承认国民党自身的问题，他仍然认为，对于共产党，只有动用武力消灭，他根本不把什么民主放在眼里。

国民党中央召开讨论政协决议的会议，CC 派干将谷正纲、张道藩等人大哭大闹，给蒋介石发难。

“国民党完蛋了！”

“国民党什么都没有了。”

“国民党投降共产党了！”

“共产党犯上作乱了！”

“国民党作为执政党，太软弱无能了。”

“先总理创下的革命业绩，就要毁于一旦了！”

……

有人还指着出席政协会议的代表孙科破口大骂，骂他出卖了国民党，投降了共产党。

陈立夫听了大家的牢骚怨言，坐在一边一言不发。

面对这场闹剧，身为国民党总裁的蒋介石竟听之任之，以往的威严，此时此刻，已荡然无存。

一直到谷正纲等人发完牢骚，蒋介石才慢条斯理地说：

“我对决议也不满意，但事已至此，无法推翻原案，只有姑且通过，将来再说。”

显然，蒋介石也和谷正纲等 CC 派一样，对政协决议十分不满，但他又表示，现在对此事已经无能为力。

# “二陈”发难

陈立夫对政协会议做出的决议极为不满，他三番五次找蒋介石，妥筹补救。

经过一阵密谋，他们决心撕毁政协决议，以武力和恐怖对付共产党。

实际上，政协会议召开前后，CC 特务就一直从事着破坏活动。

17 日晚，政协第五次大会举行。

李德全主持会议，安排原国民党代表邵力子、青年党代表曾琦到会作报告，因当天政协散会较晚，曾又委托李璜代讲。

李璜向大会报告了青年党在政协会议上的提案内容，希望政协会议取得成功。

这时，特务们狂呼：

“打倒异党派！”

“拥护国民党！”

“拥护蒋总裁！”

报告人讲完后，一个特务骂了一声：“民主？民主你妈的×！”

邵力子是在李璜讲话之后到会的，当时会场秩序已经陷入混乱。

大会主持人向邵力子汇报了特务公开捣乱的情况，邵当即宣布休会。

这次大会又不欢而散。

18 日晚，第六次民众大会召开。

大会由李公朴主持，请邵力子和中共代表王若飞做报告。

邵力子在报告中说，请大家不要抹杀国民党在推翻清王朝、进行北伐和抗日战争中的作用，希望国事要在和谐中解决。

中共代表王若飞指出：解决问题必须互相承认与互相尊重，有了这个条件，才能和谐地解决。

王若飞在讲话中还指出：蒋介石提出“军队国家化”的实质，就是想一口吃掉八路军、新四军，消灭人民革命力量。

王若飞的讲话，引起一阵激烈的掌声。

这时，中统专员刘俊山等人却突然敲起小锣，拿起木棍、石块向讲台上投去。

顿时，讲台上乱作一团。

特务们嗷嗷大叫，石头像雨点一般向讲台投去。

王若飞怒不可遏：“你们太卑鄙了！”

许多群众立即奔上讲台，在石子纷飞中，奋不顾身，把王若飞送上轿车，直送到沧白堂大门之外，让汽车安全行驶。

一个在会场发了言的青年，刚刚走出大门就被殴打，腹部受伤，一些群众上去搀扶，也同样遭到殴打。不少群众头部、腹部受伤，特务们哄闹着扬长而去。

……

“沧白堂事件”教育了人民，陈立夫制造这些事端的目的，在于破坏政协会议的召开，但是阴谋却未得逞。

陈立夫不甘心，又找陈果夫商量下一步的行动，经过密谋，二人制订了一个方案，在方案实施之前，他们一起去见蒋介石，在蒋介石的授意下施行了。

陈立夫亲自出马，召集国民党重庆党部委员方治、中统局副局长叶秀峰等人面授机宜。

陈立夫向特务们正式发布命令：要以“民众对民众”的办法来破坏各界人士庆祝政协会议胜利结束的活动。

方治、叶秀峰按照陈立夫的指令，经过一番密谋，做出四项决定：

一、转变会议内容，设法推刘野樵为大会总主席，派擅长辩论的国民党员参加演讲。

二、把握会场情绪，发动国民党员、三青团员及社会服务队队员共600人参加大会。

三、请警察局派警察到场维持秩序，逮捕人犯。

四、挑选干练的人担任大会司仪，控制扩音器，参加大会的党、团、队员应于10日上午8时到达会场，环立主席团前，保护主席团之安全。

经过紧锣密鼓的布置，拼凑了9人的主席团。

与此同时，恢复了早已停刊的《新蜀夜报》作为进行破坏的宣传工具。

叶秀峰也调动大批中统特务，进行了严密布置。

总队长龚景华、行动组长郑蕴侠负责调配人员，检验武器，做好了一切准备工作。

陪都各界庆祝政协会议成功大会定于2月10日上午9时半在较场口广场举行。

全市欢腾，人心振奋。远至数百里以外的学生，许多住在乡下的教授学者和各界知名人士，前一天就纷纷赶到城内。

郭沫若偕夫人、保姆等一家6人提前赶来参加。

参加大会的团体，带着各自的群众队伍，按时陆续进入会场，到会群众有1万多人。

8点刚过，政协代表及筹备会选定的主席团尚未到达，而国民党御用组织的“9人代表团”在800多名特务打手的簇拥下，提前进入会场。

这800多名特务打手以20多人为一组，分30多个组，分布在主席台上下四周。

一个未经大会聘请的军乐队坐在主席台上。

# 第十二章
# 重庆谈判

刘野樵、吴人初、周德侯等“9人主席团”跑上主席台，气势汹汹地向筹备会工作人员索取“主席团”标志。

李公朴是筹备会推定的总指挥，当他走向主席台时，刘野樵劈头问道：“谁是大会总主席？这总主席是谁选的？”

李公朴被问愣了，他不知刘野樵的来历，便说：“等主席团到齐后再共同商量吧。”

这时，章乃器到达会场，刘野樵又与章纠缠。

章乃器厉声问：“你们是干什么的，是主席团的人吗？”

还没等李公朴使任何眼色，马上窜出来几个特务，其中一个特务抓住章乃器的脖领，当胸就是一拳，还有一个特务大骂道：“老不死的，我让你凶！”

这时，台上台下的一些特务打手，趁机起哄：“开会！开会！”

刘野樵、吴人初、周德侯、庞仪山等趁势霸占了讲台，并控制了扩音器。

李公朴、施复亮与刘野樵磋商总主席的人选。

章乃器提出筹备会推定的是李德全。

刘野樵提出吴人初。

吴人初则提出刘野樵。

正在各执一词，难以敲定之中，扩音器里传来周德侯的吼叫声：“我们选占中国人口百分之八十的农会代表刘野樵担任总主席！”

周德侯的声音刚落，几百名特务齐声叫好，并热烈鼓掌。

周德侯便宣布庆祝大会进程：

一、开会。

二、奏乐。

三、唱党歌。

四、读总理遗言。

五、请大会总主席刘野樵讲话。

特务们又一阵起哄，鼓掌。

面对眼前的形势，李公朴、马寅初、章乃器、郭沫若义愤填膺。在忍无可忍的情况下，他们大声齐呼："请大会总指挥李公朴同志讲话！"

李公朴刚走到台前，一群特务马上包围了他。

李公朴厉声问："你们要干什么？"

一个特务挥动拳头咬着牙吼道："你说干什么？揍你！"

另一个特务也凶狠地说："今天我们要给你们放放血！"

几个特务一拥而上，把李公朴连推带打弄下台，一阵拳脚相加，大打出手。

台上台下，秩序大乱。

李公朴被扯着胡须围着会台转，胡子被扯掉许多，头部被铁尺打伤，顿时血流如注。

特务们一边打人一边乱吼乱叫。

"请勿打人！"郭沫若挺身而出，护住李公朴，并大声喊道。

这时，一个膀大腰圆的特务上来指着郭沫若的鼻子质问道："你是谁？"

"我是郭沫若，你们为什么打人？"郭沫若大声反问他。那特务伸出拳头对准郭沫若的眼镜狠狠地打了一拳："打的就是你郭沫若！"

郭沫若趔趄几下，差点跌倒，他在地上乱摸眼镜，幸由中国妇女联谊会负责人朱宝粹捡起，并把他搀扶到一边。

马寅初也屡遭拳脚，身上的马褂被剥走，文稿也被抢。施复亮被追打到会场附近的一家小杂货店内，特务还不罢手。

正在这时，市参议会会长胡子昂赶到，趁机用车把施复亮接走。

打得正激烈，周恩来赶到会场，目睹被打的李公朴、章乃器、郭沫若等人，他不胜悲痛，连声痛斥："这是什么国家！这是什么国家！"

当群众离开会场后，特务们仍在场上吵吵闹闹，冒充大会名义，通过了所谓“宣言”，大肆攻击《政协决议》。

特务们还把会场上的布标、旗帜、桌凳抢劫一空。

陈立夫导演的这场闹剧史称“较场口事件”。特务们扬扬得意，欢呼“胜利”。

陈立夫并没有就此罢休，2 月 22 日，他所指挥的 100 多名 CC 派特务，在光天化日之下，闯进重庆新华日报社，历时两个多小时，将报社营业部四层楼各室逐一彻底捣毁，门窗桌椅，荡然无存；杯碗炉灶，片物不留；书籍报纸，逐一撕毁；满地狼藉，惨不忍睹。

报社营业部主任杨黎原、图书科主任徐君曼及职员管俗民等人都遭到殴打，有的受轻伤，有的受重伤住院抢救。

6 月下旬，上海各界人士鉴于蒋介石已决心发动内战，联合发起组织上海人民和平请愿团，由马叙伦、胡厥文、胡子婴、雷洁琼等为代表，于 6 月 23 日赴南京请愿。

然而，当他们到达南京下关火车站时，早已被陈立夫布置好的中统特务们蜂拥而上，对代表们围攻殴打。马叙伦、雷洁琼等多人受伤，陈立夫又制造了“下关惨案”。

中共代表团当夜得到消息后，即向国民党提出严重抗议，并要求查办凶手，保障人权。

京、沪各报刊也纷纷对这一消息进行了报道，全国舆论哗然。

蒋介石见事情闹大了，对陈立夫大发雷霆。

陈立夫效忠蒋介石才不遗余力地制造这一系列事情，但事后却遭到蒋介石一顿臭骂，心里自然窝火，但事情毕竟闹大了，影响造出去了，他因此有苦难言。

人民一致呼吁国民党取消特务政治。国际舆论上也给予压力，而蒋介石又舍不得放弃 CC 派特务势力。二陈又出了个万全之策：把中统局改为“中央党员通讯局”，使中统局的原班人马全部保存了下来。

第十三章

# 余晖暮暮

# CC 派的解体

天下大事分久必合，合久必分；天下大事由弱到强，由强转亡。这皆是事物发展的必然规律，也都是历史事实，任何事情都逃不脱这规律的圈圈。二陈在政治边缘化的过程中，亲手堆砌的 CC 派壁垒，虽然森严，也被戳出了四个血窟窿，实力大大削减，一年不如一年。

先说张厉生这一员 CC 派干将，改换门庭，投靠陈诚。这着实向 CC 派捅了第一个血窟窿。

张厉生加入 CC 派，始于 1929 年春，那时 CC 派正红，他经人介绍到了中央组织部做了陈果夫的秘书。秘书秘书，主人小舅，说的就是他们关系的亲近。随后，CC 派组织“青白团”的时候，张厉生摇身一变，成为“青白团”的大拿，再后至中央常务干事，列居 CC 派大头目之列。

实际上这张厉生也是一棵墙头上的草，随风倒。他当时投靠 CC 派，CC 派正红。他现在投靠陈诚，因为他看到了“陈诚当兴”、白虎转世、九头鸟再生。

据 CC 派骨干胡梦华回忆，张厉生在筹建“诚社”的过程中暴露出颇多疑点。胡回忆说：“一个秋天的中午，张厉生用电话通知我到前门外廊房头条撷英番菜馆吃饭。我赶到菜馆，发现已有十来人聚在那里，他们是天津市党部书记长、天津市河北省立法商学院教授，以及八个学生。张点齐了菜，大家边吃边谈，议论的主题就是平津两地的合作，讨论的气氛十分热烈。”到了这一年冬天，胡梦华估计“诚社”在平津地区已发展到二三百人的规模，成立了三四十个小组，成员“大都是北方人，主要是河北人”，说明张厉生在 CC

派内部扩展北方党务，以地缘概念滚动个人雪球的野心已露端倪。再就是“诚社”名称的来历，张曾亲口对胡梦华说，取之“修辞立其诚”的古训。偏巧陈诚号辞修，意蕴相近，从而引发外间人的揣测，以为诚社与陈诚有关。胡梦华问过张厉生，张环顾左右而言他，只承认认识陈诚比陈果夫要早，“1928 年陈诚在国民革命军司令部当警卫司令时，我就是他的秘书”。另外又说：“眼下，陈诚一鹤冲天，前程无可限量，说不准蒋的继承人非他莫属。”显见，张对陈诚心仪已久。

再说陈诚要成大气候，也要招兵买马，如今张厉生暗送秋波，岂有不理之理，私下里两人一拍即合，唯独对陈果夫瞒了个严实。后来陈果夫在不知情的情况下，又推荐张厉生接替了自己的中组部部长职务，然后张改换门庭，这使陈果夫恼羞成怒：“这个张厉生，算我看瞎了眼！”

再说第二个血窟窿，是朱家骅自立山头而捅。

这朱家骅聪明，不像张厉生落了个“叛徒”的骂名。

朱家骅是二陈的正宗老乡，不但是浙江人而且还是湖州人，这叫亲上加亲。他凭着德国柏林大学堂堂正正的哲学博士、北京大学地质系教授的学衔跨入政坛。当年，陈果夫发起“中央俱乐部”时，都将朱家骅视为同辈，没有拉他参加，目的是保持朋友关系，免生寄人篱下的尴尬，对此，朱家骅感激不多，庆幸有余。因为天生的优势感，使朱自视清高，但又绝顶聪明。他左右逢源，一方面依傍二陈，一方面紧傍党国元老戴季陶。戴季陶对一表人才的朱家骅爱助有加。他曾公开宣称：“中国只有一个半人才，半个是李培基，另一个完才是朱家骅。”后来朱家骅位升国民党中央秘书长，戴季陶首当其功。蒋介石当选总裁时，心里对汪精卫的顾虑没有消除，极想找一位掣肘力量，限制汪的权力。戴又向蒋献策说：“此事好办。只要把国民党中央党部秘书长拔高一截，改称中央秘书长，具体主管中央党部的日常事务，就能阻止汪精卫直接插手党务。”蒋一听是理，遂给朱家骅戴了高帽。

国民党五全大会以前，二陈正在走红，朱对二陈的依傍和服从，并无疑义。1931 年朱任交通部长，凡是二陈交办的事，朱一一应酬，为了表示他的忠心，曾重用 CC 派骨干分子张道藩担任交通次长，就是一个例证。

朱家骅自立山头的转折，是在他登上了中央秘书长的宝座以后，自以为权大了，势高了，便不把二陈放在了眼里，于是开始了他另拉山头的准备。后来，翅膀渐硬，朱家骅便翻江倒海，毒招迭出。什么大换血、大调整、大整改，把个 CC 派整得晕头转向。二陈万万没有想到学富五车的朱大教授，居然学得了“厚黑学”的真谛，不由得连连自责，老鬼也有失算时。这段情节，胡梦华曾作描述，分析得极有层次，他说：“张厉生对陈究竟还有‘同志会’的拘束，谨小慎微，唯恐开罪于臣室。朱家骅进了中央组织部则一朝天子一朝臣，内外来了一个大换班，创立了‘朱家骅系’。对于陈果夫、陈立夫辈来说，只是前门赶走了驯狗，后门引进了恶狼。”①

郭绪印在其主编的《国民党派系斗争史》中说：“1940 年前后，朱家骅雄心勃勃，大有取代二陈之势。他到处作报告、演讲，作舆论准备。在中山大学同学会举行的欢迎会上，朱作了中山大学是党的大学的演讲，声称‘总理为完成国民革命的使命，决心培养革命干部，创办黄埔军校和中山大学’，‘中大所负的使命和其他的国立大学，是有点不同的。总理首创的大学，总理在那里演讲的三民主义的大学，本党第一次全国代表大会也是在那里举行的大学……中山大学的历史背景，使中大成为党的大学’。”该书认为，“当时代表国民党的学校是 CC 派控制的‘中央政校’。朱极力把中山大学说成

① 胡梦华，《国民党 CC 派系的形成经过》，摘自《CC 内幕》第 35 页。

'党的大学'，其目的是为了与CC派争夺党权。朱家骅曾任中大校长，如果中山大学是党的大学，那他自然是居于二陈之上的党的领袖人物了。"①

面对着这种恶况，一向持重老练的陈果夫也禁不住地跳脚骂娘。至此，朱家骅的这一刀正捅在二陈的痛处，使CC派元气大伤。

再说第三刀是众臣僚叛国投敌。周佛海、李士群是首当其冲。

先说周佛海，或许是高官的诱惑，或许是时局的变化，周佛海秘密地投入了汪精卫的怀抱。后来他在《回忆与前瞻》中坦陈："汪先生的主张，是完全和我们一致的，所以我们当时就无形中以汪先生为中心，酝酿和平运动。"1937年8月至1938年4月，随着主战场的节节失利，以汪精卫为代表的妥协路线在国民党内逐步抬头，于是谋求结束战争的另一种手段——谈判，开始在秘密的层面中进行，具体由高宗武负责。高是国民党外交部亚洲司司长，同时也是"低调俱乐部"的主要成员，他主持的谈判，有两种尺度：站在政府的立场上，他觉得日本人要价过高；站在小集团的立场上，他与日本人谈妥了由"汪精卫收拾时局"的条件，这桩买卖，让蒋介石大为震怒，一脚把高宗武踢出了局。这样一来，反而促使汪精卫下定决心，准备撇开蒋介石，单独与日本人媾和，组成真正的日伪政权。至此，周佛海就把自己绑在了汪精卫的叛国的战车上，历任伪国民党中央执行委员、军事委员会副委员长、行政院副院长、财政部长、警政部长、中央储备银行总裁、上海市长。同时被他拖下水的CC派分子，还有罗君强、梅思平、章正范、汪曼云等。

再说李士群，早年是共产党员，后变节叛变，投入了二陈的怀抱，成为真正的中统特务。1937年底南京沦陷，李士群奉命潜入敌后，住在南京中央路大树根76号。该人是有势便是爹，有钱便是

---

① 郭绪印主编，《国民党派系斗争史》，第602页。

娘。他手拿活动经费，满足私欲，雇佣了一名女佣，厮混到难分难解时，方知这女佣是日本特务，专冲着他的嗜好布网下套。李士群扑哧一声笑了，处惊自乐，悠悠然地说："正好，我是巴不得成为你网中的鱼！"这一下，反倒使女佣吃惊了："真的？"

1938年夏秋之交，李士群奉命取代甘青山担任国民党株萍铁路局特别党部主任，他利用职权，侵吞了该党部的特务活动经费，携款潜逃香港，在日本女特务的陪同下，拜见了日本驻香港的总领事中村丰一。中村丰一觉得是骡子是马，拉出去遛遛，李士群的疆场应该在上海，于是让李士群带着自己的亲笔信，到日本驻沪大使馆找清水董三。

李士群带书直奔上海，与清水董三拉上关系。清水说："欢迎李先生到来，希望能携手合作，共创大东亚共荣。"李士群连连躬身，不乏卑颜地说道："李某愿意效劳，效犬马之劳。"就这样李士群摇身一变，由国民党的中统潜伏特务，变成了日本帝国主义的鹰犬。

结局可想而知，他先是在日本人的援助下，汪伪特工组织正式成立。他与周佛海走到了一起，同时又与汪伪政权挂上了钩；接着大量的国民党潜伏组织被破获；大批的CC派分子失节附逆，速度之快，效率之著，大有奔雷之迅，屋倾之猛。据有关史料所载，中统机关被破获的最高日纪录竟达48处；附逆的CC派分子助纣为虐，还使汪伪特工组织有了汪伪"中统"的别称。

此消息传到重庆，徐恩曾气得跳脚，二陈更是又悲又痛。"痛"者，CC派力量折兵损将；"悲"者，多年的党化教育一风吹尽，为着区区性命，CC派中人可以将民族气节轻易淡忘。

屋漏偏逢连阴雨，逆舟又遇迎头浪。

再说CC派大员徐恩曾腐败丢官，东窗事发，这使CC派雪上加霜，无疑是捅上CC派壁垒的又一重刀。

在CC派营造的壁垒中，如果以二陈为中心，那么徐恩曾、叶秀峰则是二陈的左右臂。左右臂被砍，二陈岂不叫痛。这叫壁垒中出事，殃及核心。

应该说，徐恩曾是中统局的真正大老板，亦叫当家老板。徐为大，叶为次。论私论公，徐都在叶秀峰之上。徐恩曾是二陈的表兄弟，又是陈立夫的留美同学，交情非同一般。

且说1928年，徐经二陈的提携，出任中央组织部总务，有几件事干得着实漂亮。据张国栋回忆，徐恩曾在“任职期间，有几件事颇得陈立夫赏识：一是对主管的文书工作有办法，建立了多种制度，布置得井井有条；二是为中央党部新装了一套电话总机；三是为中央党部编了一套较为复杂的密电码；四是在主管经费时开支合理，使用节约。”后来，徐任调查科主任、负责特工总部，在诱降顾顺章等事件中，屡立奇功，当之无愧地成为CC派中不可一世的重量级人物。

徐取信于二陈，还在于他的忠诚。早先，叶秀峰当调查科主任，曾与陈立夫闹别扭，有一次竟撂下挑子独自去杭州休假，弄得陈立夫好不尴尬。陈临时召来徐恩曾代理，一番尽心尽职的努力，居然帮老同学解了困厄。1930年春，徐被正式任命为调查科的头儿，与其说是胜任，不如说是信任。最典型的表现，当是朱家骅图谋CC派的时候，徐的坚决抵制，成了二陈保卫中统领地的“马其诺防线”。起初，朱家骅利用职权安插亲信，徐恩曾表面允诺，暗地里却千方百计地掣肘，尽量把朱的人弄成“空心萝卜”。

徐恩曾的“铁杆”以及他在CC派中的分量，无可避免地被推到党派斗争的前沿，一个时期里，来自黄埔系、政学系、朱家骅系的揭发报告和批评意见，源源不断地输往最高领导层，诸如“中统”纪律松懈、办事效率不高、心有旁骛、反共不力的指责，都令蒋介石骂娘，要不是二陈从中缓颊，徐恩曾早就倒了大霉。然而，人毁不如自毁，大防稀松的徐恩曾偏偏小节又出了纰漏，一来二去，让人点了死穴。

说来也是无巧不成书，蒋介石免去徐恩曾“本兼各职，永不录用”的手令，最后交给陈立夫执行。亲临此景，双方的心境大起波澜。在徐恩曾看来，仕途漫漫，始亦立夫，终亦立夫，莫非天意？在陈立夫看来，兴有恩曾，衰有恩曾。好一番感伤涌出，恰似诸葛亮挥泪斩马谡，泪流满面……

徐恩曾走了，“国民党政权腐化”的话题却像清朝人的一条长长的辫子，留在身后，让人说三道四，谴责唾骂，好像 CC 成了腐化的源头。

## 陈氏兄弟抵制蒋公子

徐恩曾的出现，给国民党政权的腐败敲响了警钟。

关于国民党腐败问题，就连蒋介石也不得不承认。面对这个严峻的局面，蒋介石着实也头痛。于是他召集了一个诸葛亮会，参加者有陈立夫、刘建群、康泽等老同志。他把早在抗战之初就想创造一个“新生命”的想法全盘托出，让大家仁者见仁，智者见智，各抒己见。当时大家都顺着他的思路往上爬，说这个大组织应该包括国民党的所有派系，不仅包括国民党党外派系，还包括党外青年。过去的青年人，对国民党厌恶，不愿意参加组织。有了大组织，就能聚集全国青年，力行抗战建国纲领与联合优秀分子，充实革命的实力。康泽提议大组织的名称叫“三民主义青年团”。陈立夫则表示：不希望大组织取代国民党，以为“团”的名称前应该加上“党”的帽子，即叫“中国国民党三民主义青年团”。蒋介石说：“有你这‘中国国民党’几个字，人家就不来了。我看就用三民主义青年团来号召的好。”

## 第十三章
## 余晖暮暮

大主意拿定，众喽啰行事，结果除了曾琦的青年党、张君劢的民社党、陈铭枢的社会民主党愿意加入外，别的党派都存异议，周恩来更是明确地表示：“中国共产党不能解散。”于是，蒋介石的“新生命”未及诞生，便胎死腹中。后来，“三民主义青年团”虽然成立，目标却转到“统一国民党内各派上面来”。蒋经国便坐了这个组织的头把交椅。

有其父必有其子。蒋经国也是一位野心勃勃之人。

且说 1946 年 9 月，江西庐山，风景秀丽的地方。

三青团的第二次代表大会正在这里召开。主持会议的自然是蒋经国。

使人特别敏感的是，这次会议上，蒋经国派人散发了以中央干校名义出版的两本小册子，一本名叫《我们对团的建议》；一本名叫《团的改造》，公然主张把“三青团改造成为独立的党”。这实际上是蒋经国揣摩了父亲的意志而编写的，是有来头的。

再说陈氏兄弟看了小册子后，就睡不着觉了。凭着他们多年从政的经验和体会，一场暴风雨就要来临。他们不光嗅到了小蒋的野心，同时还感觉到这种理论的提出，对党将是一场大灾难。因为党团分立的最坏结局，就是以团代党。如果到了那一天，自己连同 CC 派都成了一文不名。

兄弟二人商量到了半夜三更，决定还是早下手为强。

不久，又传来消息：老蒋原则上同意小蒋以三青团组党。那消息说得有鼻子有眼的，不信也得信：说是蒋介石在庐山的别墅里召见了三青团的高干，一边对自己读过并且圈红的《团的改造》一书大加赞许；一边又指示三青团研究“独立组党”的纲领，要起草一个文件，送给他看。二是在大会的闭幕词中，蒋介石反反复复地谈了自己对党的失望，多次强调三青团“独立发扬革命创造精神”的重要性。随后，谴责国民党“腐化”，要求三青团独立组党的呼声一浪高过一浪，从发言的内容参详，不像即兴的发挥。

此消息证实了二陈的猜测没错，同时也激起了他们为捍卫 CC 派、不惜拼死一搏的雄心。于是，兄弟二人分头行动，陈立夫快马先行，带上一批 CC 派骨干，星夜兼程，直奔庐山，向蒋介石表达反对“三青团独立组党”的意见。任凭陈立夫详陈危害，蒋介石始终不肯表态。陈立夫没辙了，双膝一屈，跪伏在地，一字一泣地说道：

“兹事体大，总裁万万不可草率行事！”

蒋介石听了，“我草率什么啦？我行何事体啦？胡搅蛮缠，成何体统！”

说话间，戴季陶闯了进来，此佬脾气更大，措辞更加激烈，他从陈果夫那里知道蒋介石不要党了，直着嗓子便嚷：“党是总理缔造的，我不能撒手不管！”他与蒋介石理论，满口的革命辞藻，陈立夫听得暗呼痛快，说到尾梢，一声“阿弥陀佛”，又有回头是岸的感召，听得蒋介石良久无语，最后表示，自己会考虑大多数人的意见。

翌日，大会继续进行。接到陈立夫通知，火速从北平赶到庐山的黄宇人率先发言，他说：“国民党曾有光荣的历史，今日的腐败无能，怪谁呢？我以为总裁应负主要责任。因为中央党政大员，都是总裁任命的，他们直接向总裁负责，不受民意机关和舆论的监督，可见总裁的责任最大。如果青年团要组成一个实行三民主义的党，必须另选出一位领袖，才能在新环境中发挥其领导才能，否则，我们的团长以一身兼任两个党的领袖，当新党攻击国民党腐败无能时，他将何以自处？”

黄宇人是党内有名的“大炮”，以口无遮拦著称，一席话说得在理，全场为之默然。蒋介石连遇两阵阻击，心里开始明白：以团代党的风险太大，弄不好要翻船。于是凭着政治家的机巧，了无声息地将“组新党”的念头打消了。

## 第十三章
## 余晖暮暮

蒋的突然转变，与会代表并不知道。

9 月 6 日，围绕三青团的性质和地位的主题召开讨论会。会上，组建新党的调门依然高唱入云。有一个叫张其学的三青团干部，想在蒋介石面前讨好，竭力抨击“党的腐化”“党已失去人心”，大声疾呼“立即组党”，博得了全场的喝彩。

蒋介石问秘书长：“这位代表姓什么？”

张正在得意时，未等秘书长回复，便抢先自报家门，大声地答道：“报告团长，我是四川支团书记张其学。”

蒋面带愠色地点一下头，向大会发问：“张代表说党腐化了，是不是啊？”

大家齐声说：“是。”

蒋又问：“党腐化了，你们有没有责任？”

台下没人回答，只是交头接耳，窃窃私语。

蒋清了清嗓子，接着说：“党腐化了，你们就有责任振作起来，你们现在反而说，团要离开党，另外组党，这是逃避责任！这不是革命的表现，而是革命的逃兵！”蒋介石把话说得分量很重，代表们像吃了闷棍一样，有点发晕。

蒋介石目扫会场一周，目光停在张其学身上说：“张代表的发言是错误的。”

张其学暗呼冤枉，马上站起身来辩解：“报告团长，我没有错。团长在开幕词中就指示我们独立组党……”

蒋不等对方把话说完，就怒斥道：“你胡说！”接着转身吩咐秘书长，取消张代表的发言资格。

张其学像泄了气的皮球跌落在座椅上，整个会场上只剩下蒋介石的声音在回荡。他一会儿指责党不争气，一会儿批评团不成熟，异想天开地要闹独立，这不是陷党于死地么？他还说，自己的确对团寄予厚望，但绝不是要团来取代党。现在大家误会很深，有必要清理一下……

蒋介石把该讲的意思讲完，拂袖而去，会场上顿时炸开了锅，秘书长不知如何应付，只得宣布休会一天。

三青团独立组党的梦想破灭，不仅使 CC 派显示了力量，而且看到了希望。陈氏兄弟趁热打铁，频频向蒋介石进言，痛陈党团分立的危害，突出强调了一元领导的重要性。蒋介石终于同意党团合并。1947 年 9 月，三青团被宣布取消，该组织的干部与成员重新登记后，全部转入同级党部工作。看上去，二陈挫败毁党的预谋，保住了 CC 派的根据地。可实际上，以蒋经国为首的三青团高干纷纷挤进国民党中央执委会，使纯 CC 派色彩的陈家党内，有了太子爷的地盘。陈氏兄弟算算“总账”，明里赚了面子，暗里吃亏不少，于是对党团合并的局面，一直有行政机关清算的图谋。①

总而言之，蒋介石可以改变三青团独立组党的初衷，并不会放弃扶植蒋经国的愿望。实际蒋陈间的斗争并没有结束。

## 陈果夫顶撞蒋介石

且说“蒋家王朝陈家党”，这句话生动地反映了陈果夫兄弟积极卖命蒋家王朝。在政治上摇旗呐喊，在组织上招降纳叛，为维护王朝的统治，带病工作 20 年，可谓呕心沥血，殚精竭虑。

应该说在国民党五全大会以前，蒋介石并未亏待陈氏兄弟，给予了百分之一百的信任。包括职务、权力，能给予的便给予，能下放的便下放，这叫放手放脚。然而在国民党五全大会以后，随着蒋经国的成长，他似乎觉察到了陈氏兄弟再不限制，就要威胁到儿子

① 李海生、张敏著，《陈果夫与陈立夫》，第 305～307 页。

的升官道路。再加上 CC 派出现了一系列的问题，于是借口也来了，陈氏兄弟只降不提，这是蒋介石内定的大原则。可是陈氏兄弟并不知情。时间一长，二陈开始有所感觉，但不知什么原因？有人开玩笑说：“你们占了位置，小蒋往哪放？”对此，陈果夫摇摇头：“这是哪往哪放啊？”

1933 年 5 月的一天，蒋介石突然传令召见陈果夫。

作为监察院副院长的陈果夫正在找党内同志谈话，听到总裁要召见的消息，立即终止了谈话，他心里想一定有好事降临，直奔蒋公馆。

“总裁，是你找我？”陈果夫气喘吁吁。

“想让你挑担子。”蒋介石很随便。

“什么担子？”

“江苏省主席。怎么样？”

陈果夫没有置否。

蒋介石开始了攻心：“这可是京官，很多人想去的地方，我没能安排。和你现在的副院长职务相比，虽然职务有些降，可是是实职啊。你和立夫都是机关长大，没有地方工作经验，到头来总要吃亏。到地方干得好，升迁也快。”

蒋介石说到这里，陈果夫有些动心。实际他考虑更多的是职务的升迁。如果是先降后升，吃小亏占大便宜，那样他也认了，于是他立即向蒋回话说：“感谢总裁的信任，我应该下去锻炼锻炼，争取干一番事业，过总裁的考验关。”

“这就对了。”蒋介石哈哈地笑起来，“是的，就要干一番事业来，我祝贺你。”

“什么时候报到？”

“不要急么。什么时候下令什么时候报到。”

“好的。”

应该说派陈果夫到江苏省任政府主席，是蒋介石想法赶走二陈的第一步棋。从1935年起，蒋介石便对二陈起了疑心，想方设法在党内给陈氏兄弟物色对手，并不断调整二陈的职务。同时也加紧了对蒋经国的栽培。目的是搞蒋家天下蒋家党。

陈果夫在江苏省主席的位置上带病工作了5年，政绩突出，卓有成效，仍不见蒋把他调回南京。开始时，他还踌躇满志，时间一长，他不着急，别人倒替他着了急。最着急的还是陈立夫，陈立夫在蒋介石面前几次有意把话题扯到兄长身上，而蒋介石就是金口玉言，避而不谈。这使陈立夫大伤脑筋。

兄弟二人见了面，讲起这事，陈果夫问："老蒋没表态？"

"不是不表态，人家是有意回避咱们。"

"不行，我就打辞职报告。我这病也难坚持。"陈果夫说完把一大把中药药丸子直往口中倒，然后用水冲下。

陈立夫看着骨瘦如柴的兄长，眼泪一下子夺眶而出："大哥，我看就写报告吧，还是保命要紧。"

"好吧。"陈果夫不情愿地说。

再说蒋介石看到了陈果夫的辞职报告，挥笔批道：念果夫苏政五年，带病工作，政绩突出，考虑其身体状况，准予辞职。

无官一身轻。陈果夫卸任的第二天，还没有容对方来得及开欢送会，他就乘上西去的汽车前往安徽省的安庆，然后再到九江，与他先前离开南京的夫人朱明、父亲陈其业、弟弟陈立夫等人会合。他们游了九江，九江的雾大，看不清庐山的真面目。接着他们又乘船西上到了武汉。

日军轰炸向纵深推进，武汉告急，他又迁移长沙，最后到达陪都重庆，与国民政府会合。

应该说这一段时间，陈果夫主要是养病治病，由于休息较好，身体渐渐地恢复。对于离职，他曾做过将来任职的预想，他也企盼着预想的到来。话说这天，陈果夫正在林园二号与一帮朋友下棋，他的秘书走过来，把一纸命令递给他。他看了半天，怎么也没有想到，蒋介石会委任他为中央政治学校代理教育长。

又是一个没想到，他到一所学校管教育，教育长又是一个代理的。

军人天职是服从，陈果夫硬着头皮到了职。他郁郁寡欢，但又木已成舟。经过 5 年的地方锻炼，恪勤尽职，本想回中央担任要职，哪里想到，离了中央，去了无职无权无势的学校。这时，他才回过点味来，仿佛是吃了一只绿头蚊蝇一样，感觉上了蒋介石的当。蒋介石说话不算数，当初不该轻信蒋的话。越想越生气，陈果夫在教育长的位置上又住了一次院。出院后，他仍敬职敬业地工作，决心把学校工作上一个新台阶，以挽回总裁对自己的不公。

可是陈果夫错了，也太天真了。蒋介石真正把他赶出了中央，就不会也不能再回到中央。按照蒋的观点是离中央越远越好。

此时此刻的蒋介石正酝酿着一场更坏的阴谋，把陈果夫赶到更远的边省去。

时间到了 1938 年的秋天，蒋介石再次传令陈果夫，商谈任职事宜。

陈果夫怀疑自己的耳朵听错了：“到甘肃省任主席？”

“不错，是甘肃。”蒋介石说：“甘肃是个大省，又是个穷省，更需要有才能的能打开局面的人。中央研究来研究去，认为你较为合适。”

“我……”陈果夫大吃一惊：不休说上中央了，甘肃还比不上江苏呢！他实在想不开老蒋卖的什么药？对于身边这位蒋总裁，顿时他感到既熟悉又陌生。

蒋介石开导说：“越是艰苦的地方越是锻炼人，中央在考验你。”说到这里，蒋介石揭老底地说：“想当初，到江苏任职时，你不像今天啊，那时你爽快得很。”

“此一时彼一时，容我考虑考虑。”陈果夫做了推辞。

陈果夫一连想了好几天，终于找了一个冠冕堂皇的理由回敬蒋介石。他说：“现在抗战中兴，最好此时不主张更换甘肃省主席，军政仍应该统一，更要考虑新疆盛世才的猜疑。”

蒋介石知道陈果夫是不想去，但他说的又有道理，只好放弃此议。

但蒋介石赶陈果夫离开中央的念头一直没有打消，此后，蒋介石又几次劝陈果夫下去当省主席，陈果夫均以身体不好为由加以拒绝。

时间到了 1943 年的初春。

油菜花开，蝴蝶采蜜。

蒋介石再次召见陈果夫，先问身体如何，再谈工作。

陈果夫回答：“身体还可以，我的病得到控制。要彻底好，看来希望不大。因为这病不是一时半时得的。”

“身体是第一，工作是第二。”蒋介石说到这话锋一转，“最近浙江主席黄季宽打了辞职报告，不知你听到没有？”

陈果夫心里纳闷：此事与我无关，老蒋问我干什么？便说：“我是有病在床，消息不大灵通。”

蒋介石继续说：“浙江是我们的家乡。浙江好比一国，浙江的建设如何，不光是家乡的问题，也是一国的问题。我想让你挑这个担子，不知你意下如何？”

谈来谈去，还是到省里工作，陈果夫打心里很烦，立马就不高兴了，接着说：“现在可当主席之人不少，我身体尚未痊愈，此时去任此职，身体怕是受不了啊。”

蒋介石不高兴了：“果夫，你受命组织部长时，可是欣然接受的啊。”

陈果夫解释道："在中央工作，担子轻些，可以照顾我的身体。下面可就不一样了。"

蒋介石一听火更大了："你做地方事做得好，在中央做不好。"

陈见蒋翻了脸，也忍不住了，多年的积怨一并火起，他提高了声音道："中央的事我做不好，请问委座，现下中央谁做得好？"

蒋介石被问得哑口无言。

应该说这是十多年来陈果夫第一次顶撞蒋介石。蒋介石面子上过不去，拂袖道："这不去那不去，你陈家的事我管不了！"

此事不了了之。

吵了一架，也使陈果夫头脑清醒起来，蒋介石之所以千方百计地把他挤出中央，是为了扶植太子蒋经国，变着法儿地削弱 CC 派的势力，越是这样，陈果夫就千方百计地赖在中央不走。老蒋也拿他没办法。

吵了一架，心里也出了一口恶气。陈果夫觉得痛快不少。但是想起 20 多年蒋陈友谊，也着实留恋。于是一幕幕往事在他的脑海里翻来覆去……

爱子之心，人皆有之。那时，老蒋在前方打仗，他把经国从家乡弄到上海上学，并托付给陈果夫照理。陈果夫又当爹又当妈，百般呵护。蒋介石也不客气，今天写信明天写信，要这要那，陈果夫一一照办。

1923 年 2 月 28 日，蒋介石写信给蒋经国说："每月可于果夫哥哥处，挪零用钱 3 元，如果想买各种书籍，并与果夫兄商定为要。"

9 月 4 日，蒋介石又给蒋经国写信说："如有信件，可托果夫哥哥写个信封寄出，你弟（纬国）处应常通函问候。"

9 月 13 日，蒋介石给蒋经国信中说："再嘱你请果夫哥哥寄陈舜球银 20 元，给其做学费。"

9 月 14 日信中说："我上次托果夫转交你的信，想已收到了，我在这里很好，勿念。”

10 月 13 日，又写信说：“你有空闲的时候，可以托果夫哥哥拣几本小说看看。但小说不能做正项功课，只可算是解心郁、发性灵的读物。”

蒋介石把在上海的财产也托陈果夫代为保管，甚至把自己 1000 多两银子的一个存折，也交给了陈果夫。

1926 年，蒋介石第一次东征后，编写《曾朝治兵语录》，邮寄上海，托陈果夫付印。

由此可见，这些年月，蒋陈可谓相交莫逆，情同手足，陈果夫也不负蒋之重托，对蒋经国关怀备至，体贴入微，尽了义务和责任，蒋经国也常表示感激涕零。

蒋介石不忘陈果夫照顾蒋经国之恩，对陈果夫的身体也倍加关心照顾，这一点，陈果夫当然心里也十分明白。

1943 年夏，陈果夫肺病加重，蒋介石每天派人送去牛乳两磅，供陈果夫营养身体用。

1948 年 7 月，陈果夫去上海为吴倚沧治丧，由于连日辛劳，以致肺病发作，吐血不止。蒋介石又派人专程看望，并嘱咐他悉心静养。

陈果夫的病情加重，吐的多是淤血，新药国内少，他打听到有一种叫牛儿海蒙柏拉斯丁的止血好药，四处托人买，怎么也买不到，蒋介石听说了，让宋美龄到中美陆军医院去想办法，又派蒋纬国向美军索取。对此，陈果夫当然感激不尽。

1948 年 10 月 9 日，陈果夫过生日，许多人送来了生日蛋糕和花篮，人来人往，热闹非凡。

9 时许，蒋介石和蒋经国也来了，在陈果夫家待了一刻钟才走。一是来祝贺陈果夫的生日，二是来看望陈果夫的病。

蒋介石说：“果夫今日面色尚好。”

# 第十三章
# 余晖暮暮

陈果夫说："面色好是因病中特别维护肠胃。肠胃之消化系统，犹之国家之经济机构，经济健全，所以虽有病，气色仍好。"

蒋介石笑笑说："果夫真是久病成医啊。"

陈果夫听了也苦笑起来。

蒋介石又询问："用中医治，还是用西医治？"

陈果夫说："现在用西医，将来培补时需要中医。"

蒋介石说："还是西医可靠。"

陈果夫说："就是西医不能做整个计划。"

从中，不难看出蒋、陈的亲密关系。

且说蒋介石为了修补他与陈果夫的关系，早在"顶牛"的第二年，也就是1944年春，组织部长朱家骅下台，留下了空位，蒋介石为了安抚陈果夫，让他暂任组织部长，由于陈果夫身体不佳，年底便由其弟陈立夫改任。卸任后的陈果夫便去担任一些无关紧要的虚职。用他的话说：顾问顾问，能问就问；代理代理，光代不理。于是抱病投入他的桃花源中续写他的新桃花源记了。

到1948年时，他的新桃花源记就写不下去了。因为我解放大军的炮声隆隆，打破了桃花源本来的宁静。

夜黑如墨的这一傍晚，阴森的天穹下着秋雨，宛如大自然的乐曲，如歌如诉，美妙绝伦。位于林园中的陈果夫的别墅，正好处在这种大自然音乐的包围中。

陈果夫对沙沙的秋雨声常有亢奋感。可是今夜的雨声已使他亢奋不起来了。陈氏两兄弟围着一台老式落地收音机，静静地收听着来自中国人民解放军的前方战场报道……

我人民解放军在辽沈战役结束、淮海战役正在胜利发展之际，东北野战军和华北野战军第二、第三兵团共计100万人，联合发动了平津战役。平津战役历时64天，共歼灭和改编国民党军队52万余人，基本上解放了华北全境。在绥远，保存下的一部分国民党军队，经过相当时间，在董其武将军率领下通电起义，接受改编。这样，对今后如何解决国民党军队便有了天津、北平、绥远三种方式。

辽沈、淮海、平津三大战役，无论是战争的规模或取得的战果，在中国战争史上都是空前的，在世界战争史上也是罕见的。这三大战役从 1948 年 9 月 12 日开始，至 1949 年 1 月 31 日结束，历时 4 个月零 19 天，共歼灭国民党军队 154 万人，使国民党赖以维持其反动统治的主要军事力量基本上被摧毁，为中国革命在全国的胜利奠定了基础。

三大战役的胜利，是人民战争的伟大胜利。

又有消息说，当人民解放军渡江作战的时候，侵入中国内河长江的“紫石英”号等 4 艘英国军舰先后驶向人民解放军防区，妨碍渡江，双方发生武装冲突。英舰开炮打死打伤人民解放军 252 人。“紫石英”号被人民解放军击伤停搁在镇江江面，其余 3 艘英舰逃走。事后，英国政府声称“英国军舰有合法权利在长江行驶”，保守党领袖丘吉尔甚至主张派出航空母舰到中国海上“实行武力的报复”。中国人民解放军总部立刻发表声明，严正指出：“中国的领土主权，中国人民必须保卫，绝对不允许外国政府来侵犯。”这个声明，表达了中国人民不怕任何威胁、坚决反对帝国主义侵略的正义立场，使长期以来饱受帝国主义欺压的中国人民扬眉吐气。它表明，外国侵略者依仗他们船坚炮利在中国领土上横行不法的时代已一去不复返了……

由于形势所致，陈氏兄弟时常有收听“敌”台消息的习惯。他们在时刻关心着全国的局势。新闻一结束，陈果夫起身把旋钮关上。两人坐在客厅，又是一阵沉默。

陈果夫神色沮丧。

陈立夫说：“大局已定，全国赤化只是时间问题。”

# 第十三章
# 余晖暮暮

陈果夫道：“我也有这种预感。”

“我想大哥先撤一步，我随后就跟上。”

“往哪撤？”

“按老蒋的计划，去台港呗。”

“好吧。”陈果夫叹了口气，“屋漏偏遭连阴雨。最近我这不中用的身体也大不如前。”说完他剧烈地咳嗽起来。陈立夫慌忙给他捶背，一口痰喷吐出来，竟带有大片血丝。

“大哥，你得看病啊！”

“是的。”接着又是一声剧咳，便是血浆。

也许是耐不住疾病的痛苦，也许是不忍看到共产党的大炮打到上海，1948 年 11 月 15 日，“不能打算私事”的陈果夫，终于拿起笔，给蒋介石写信，提出离开上海到台湾养病。

蒋介石见陈果夫确已到了苟延残喘的地步，况且也好借此机会把他踢出政界，没加任何犹豫，当即批准。

陈果夫经过一段时间的清理财产，于 12 月 6 日晚上，登上“中兴”轮，前往台湾。

前来送行的有弟弟陈立夫和 CC 系的头头脑脑们。

陈果夫望着上海滩的万家灯火，望着上海城参差巍峨的楼宇，禁不住涌起一阵悲凉与酸楚，此次离开上海，何日再返回呢？10 年？8 年？也许是一辈子也回不来了。

陈立夫见陈果夫满脸的凄凉，也禁不住触景生情，想到了自己的命运，他强装笑颜地对陈果夫说：“上船吧。到台湾后好好静养身体，免得小弟牵挂。”

陈果夫长长地叹了一口气，无限惆怅地道：“人生如梦，往事如烟啊，曲直是非，自有后人评说，人命天定，何必自寻烦恼，还是自我珍重，颐养天年吧。”他朝陈立夫双手一抱，轮船启动了。

望着远去的轮船，陈立夫心中也涌起一股无名的惆怅。

1949年10月1日，毛泽东在天安门城楼用他那浓重的湘南口音庄严地宣布：中华人民共和国成立了！誓与共党为敌的陈立夫，看不到一丝希望，在蒋介石先他而逃的情况下，一个黄昏，他也匆匆忙忙地上了飞机，还没有容他落座，飞机已经发动升空。别了，大陆！别了，故乡！

## 陈氏兄弟双双“出局”

1950年3月，共和国迎来了第一个艳阳春天，而龟缩在海岛的蒋介石是一脸的沮丧。痛失大陆，使他痛下决心，绝不食言，重新规划台湾的明天。要建设好明天，首先要总结经验，加强党的改造。一旦提到党务，蒋介石就要骂娘。在一次党的改造动员大会上，他公开点名批评陈氏兄弟，辜负了党国的希望。

他的批评要点有二：一是国民党在大陆的失败，本质上是党本身的失败，而党的失败是二陈直接造成的，必须承担应有责任。二是党的改造就是告别过去，刷新政治，“不能再见党内派系倾轧、人事纷争的现象。我们党员不能再有败坏纪纲、藐视组织的行径；我们不能容许过去招致大陆沦亡的一切观念、行为和作风，用到台湾来，瓦解我‘中华民国’最后的基础，使其重蹈大陆各省的覆辙”，而要做到这一点，清算历史、改变现状、创造未来是贯通的。

会后，二陈也挂不住脸面了，感到了问题的严重性。二陈一商量，认为是老蒋赶走他们的信号。人贵有自知之明，于是二陈萌生了引咎而退的念头。据萧铮回忆：“某日总裁曾单独召见立夫兄，谈及党的问题，立夫兄谓大陆之失败，党政军三方面均应有人负失败责任。党的失败，伊与果夫先生应负其责，故嗣后改造，伊与果夫先生不宜参加云云。总裁闻之默然。”

# 第十三章
# 余晖暮暮

1950 年 7 月 26 日，蒋介石在台北宾馆举行茶会，会上宣布了酝酿已久的中国国民党改造方案，以及由陈诚、张道藩、谷正纲、蒋经国、沈昌焕、连震东、张其昀、陈雪屏、胡健中、袁守谦、崔书琴、谷凤翔、曾虚白、肖自诚、郭澄等 16 人组成的“中央改造委员会”，8 月 5 日，“中央改造委员会”正式接替原“中央党部”职权，挂牌办公。自此，控制、操纵国民党党务长达 24 年之久的陈氏兄弟，首次双双出局，并且随着撕落的日历，被丢入了旧朝遗老的行列。

应该承认，蒋介石为了争取民心，取悦舆论，确实惩治了一些党内的腐败分子，但充其量是抓获了几条“小鱼”，像孔宋这样的大鱼，响屁颠颠地跑到了美国，安享清福，蒋的动静再大，也鞭长莫及。

其实，醉翁之意不在酒，整肃本是个幌儿，明眼人在说，目的在于为儿子蒋经国清除路障。1950 年 6 月，即改造运动开始的两个月，蒋介石以“勾结匪党，煽惑部队叛变”的罪名，枪毙了二级将军陈仪，用血腥的方式，拉开了“整肃”失职的党、政、军高级官员的帷幕。随后，黄埔、CC 派的大佬们一个个成了刀下鱼肉，任人宰割。1952 年 10 月，整党工作大功告成。蒋经国的党内地位迅速抬升，一跃成为国民党内仅次于陈诚的巨擘，而向以主持党务为荣的 CC 团，却几乎全军覆没。

## 陈果夫之死

1951 年 8 月 25 日 16 时 52 分，当时间的秒针在这刻停留的时候，陈果夫经过痛苦的挣扎，终于闭上了双眼，享年 59 岁。

先是传来妻子朱明的哭声，继而是儿女们的哭声。

不甘入地狱的人入地狱了。

不甘寂寞的人寂寞了。

不甘人后的人后了。

他身后留下了妻子儿女，留下了无限的遗憾：为什么不早不晚，偏偏死在来台后的今天。如果再早两年，他可身葬故乡，如今却是另说了。

他的死，留下了可供人们回忆的历史。

陈果夫从政20多年，虽然也从事过金融，搞过合作，则是家徒四壁，两袖清风。晚年的吃药看病都成了问题。妻子朱明流着泪在诉说，说起来谁也不相信，我们家老陈干净，干净得晚年吃不起药。我们的积攒全用在了老陈的药罐子上去了。我们初来台中市时，住房还借租台中市长的，想搬出来找大一点儿的房子，竟怕交不起房租。

因为医疗费太高，在台中时竟拮据到无钱住院吃药的地步。

死神却一步步向他逼来。万般无奈之中，陈果夫只好给台湾交通银行总经理赵棣华写了一封信，向他要交通银行董事应付给的车马费。

陈果夫的经济状况传到了CC派大将洪兰友的耳朵里，他很同情陈果夫的遭遇，无奈之下，自己手中又不掌管经费，便及时向蒋介石作了汇报。

蒋介石得知此事，遂命令俞鸿钧从台湾农行支付5000银元给陈果夫作医疗费，才算解决了困难。

陈果夫虽然得到了蒋介石的资助，但毕竟是杯水车薪，无法满足陈果夫长期医治病症的开支。

迁到台北以后，陈果夫又面临经济拮据，但是不论什么人来看他，问他是否需用钱，需不需要资助，他一概说不用。

陈果夫在生命有限的时间里，仍然坚持读书与写作，3天内看完

《现代科学丛刊》30余册，除写了《老爷歌》《太太歌》聊作消遣以外，7月30日在病床上完成了《老病人谈中西医》，这是他最后的著作。8月，编辑《求是集》，内载最近作品及早年著作，共66篇，为短篇文集，尚未完稿，原定于66岁生日出版文集，已组成编辑委员会，也得到了陈果夫的允许，谁知，他却没有等到出版这一天。

据《陈果夫日记》载：7月15日这一天，体温高，而且“脓愈多，以及亦兼弱，自12日起，自吴迪、林茂生商定用PAS，一面服，一面由旧创口射入，每针药水原为10CC。但初次仅打2CC，约3分钟后，咳嗽味苦，可见其入空洞矣。14日注射4CC，约10余分钟，咳嗽甚烈，吐出苦水苦痰，有时几乎转不过气。”

8月18日，经医生用X光拍照，证实结核杆菌已由左肺浸入右肺，并由右肺浸入血管，再由血管进入脑后，其生命已经处于垂危之际。

这天，陈果夫仍坚持写日记：“今天我的肋膜炎原与骨不通，故外面可以封口，自三十七年大吐血之后，内外相通，致封口有影响于内部。今后的确比以前为难也。”

陈果夫知道自己剩下的时间越来越少了，一种“自觉死生忙”之感悄然而起。

临死之前，陈果夫仍然关心着国民党的前途及台湾的政局，他将自己长期思考的对政治、社会、人生的各种意见集中起来，挣扎着起床，由人搀扶着，写在纸上，名为“诤谏之文”，派人呈交蒋介石，以表明他对国民党和蒋介石的忠心。

“人之将死，其言也善；鸟之将亡，其鸣也哀。”病入膏肓的陈果夫不顾死神一天天靠近，不遗余力地倾吐着他对国民党对蒋介石的“善言”。

8月25日上午，陈果夫病势急转，体温骤然增高，口中发出呓语，好像要说什么，但什么也说不出来。

到下午2时后，便进入昏迷状态，体温高达摄氏40多度。

陈果夫面色蜡黄，呼吸微弱，口吐白沫，手向空中乱抓。

朱明把身子探过去，抓住他的手，问他："果夫，你想说什么就说吧，我在这听着呢。"

陈果夫喘着粗气，他死死地抓住朱明的手，朱明把脸贴近陈果夫的脸，再一次问他："果夫，你有什么话要说吗？你的儿女们都在跟前，有话就说吧。"

然而陈果夫抓住朱明的手，嘴张了几次，没说出一个字，又陷入昏迷状态。

应该说打从入台以来，他就觉得"老太太过年——一年不如一年"。他强忍病痛，赶着著书立说，诉出心中的苦闷。应该说1950年是他最难挨的一年，官场上的失意，生活上的窘迫，精神上的打击，再加上陈立夫去了美国定居，真是寂寞无助，孤岛冷月。

不久，又传来了张静江纽约病故的消息，这对他打击不小。想起自己初到上海滩闯荡时，身无分文，是张老的一个烧鸡救了他的命，然后又给他理发、洗澡，买上新衣，后来就搞证券交易所，让他就一夜暴富。大革命时期又来往甚密，如今竟先他而去了。

陈果夫陷于极度悲痛之中。

陈果夫强忍悲痛，支撑起身子，写了一篇《纪念静江先生》的短文，交给国民党《中央日报》发表。

那篇文章见报之后，陈果夫又撑起身子反复读了一遍，读着读着又落起泪来。

医生劝他不要过于悲痛，不然，身体就更加虚弱。

然而，就在此时，又有噩耗不断传来，陈果夫的故友赵棣华、张简齐、俞松均相继离世，有的年纪比自己还轻，却走在他的前面，这就更增添了几分惆怅。

陈果夫知道自己在世的时间越来越短了，便夜以继日地写作，

# 第十三章
# 余晖暮暮

无论医生怎么相劝，他也不听，甚至有时跟医生发脾气，说自己已经是要死的人了，不用再治了。

1950 年底，陈果夫终于完成了回忆录之一《苏政回忆》，他似乎轻松了许多，自己觉得精神状况好一些，准备第二天再写其他方面的回忆录。

除夕之夜，爆竹声声，万家灯火。

陈果夫独坐床头，静思默想，许多往事一起涌上心头。

往事不堪回首。

然而，人老了，特别是感到自己已在世不久的时候，越容易怀旧，他想自己的童年，想从政几十年的坎坎坷坷，风风雨雨，想自己的恋爱、婚姻与家庭，想与立夫的手足之情和患难与共。

多少年来，陈果夫早已养成了岁末回顾一年工作的习惯，他有记日记的习惯，不管再忙再累，也总要把一天的事记下来。到了岁末，要写成文字总结。

对于 1950 年这不平常的一年，该总结的东西太多了，他简直不知该从哪些方面开始着手回顾总结。

回首往事，他给自己做了一个大致的总结：

一、住繁华都市多年，尚未入妓院、舞场、赌场之类，为无聊之消遣。

二、管钱始终不将钱作为私有，或为金钱所管，反之愈爱钱。

三、读书未尝为书本所囿，或自以为知足。

四、管人事不作弄人，不私于人，更不自用私人。

五、做官未尝作福、作威、营私或运用政客，作固位之想，及幸进之图，我始终保持平民本色，接近商业工作，自己做到不做生意，不与人谈私利。

六、办党务工作植党之想，办教育亦然。

七、生病能摆脱烦恼，始终报乐观与进取之心。

为便于延医购药，改善治疗条件，1951 年 1 月 15 日，陈果夫决定从台中迁至台北市。

台中市各机关长官，于这天晚上在小北楼三楼礼堂为陈果夫宴饯。

1 月 22 日，陈果夫乘车到台中市车站，送行者约百余人，下午就到了台北市，接站者也有 100 多人，场面很壮观。

陈果夫下车后，高兴地和大家握手问候，此时，他的病好像减轻了许多。

陈果夫在台北，住青田街一幢公寓楼，到台北后，医疗条件确实比台中好多了。

然而，来访的客人也比在台中时多了，这又不利于他的休息。

台北是台湾的政治中心，陈果夫在政治失意中，觉得不可以像在台中那样随便说话。

友人苗培成等来见。

老朋友相见，格外亲切，话也投机，气氛很热烈、和谐。

苗培成善开玩笑，在这个时候，更爱逗陈果夫开心，他说："台中天高!"

陈果夫心领神会，马上答道："可惜皇帝太远!"

众人大笑。

接着几个人又谈了一些别的话题。

陈果夫突然说："离开政坛，各位感觉如何?"

苗培成是个聪明人，怕引起陈果夫心中不快而加重病情，忙接过来说："咱们今天不谈政治。"

大家都附和着说不谈政治。

陈果夫也跟着谨慎起来。

送走客人，陈果夫卧于病榻之上，为使女梅花作《老爷歌》与《太太歌》以资消遣。

《老爷歌》写道：

老爷老，脾气好。
日日夜夜困在病床上，
看书、会客、做文章，
脱衣着衣忙勿了。
有时眯眯笑，
有时嘴巴翘。
揿铃叫我来做事，
还有给我吃糖了。
讲起故事来，
三天三夜讲勿了。

《太太歌》写道：

太太，太太，
难喜闹喧。
性子急，脾气大。
吃饭吃得快，肚子常常要吃坏。
发起火来我顶怕，
高兴起来给我买个洋娃娃。

陈果夫似有返老还童之感，无聊之中变得有聊，这样，确实能够减少一些痛苦，也能帮自己打发一些时间。

4 月上旬，他的《苏政回忆》出版，此书以随笔的方式而著。

陈果夫在自序中说："我写这本小册子的动机：一则个人从政的经验，也许有可供今后从政同志参考之处；二则以后我和同志见面时，省得再讲，没有见面的同志，一编在手，亦如和我谈话，尤其从前允许向中央政校同学讲话，正可以此代替，惟延持十年，殊为遗憾。不幸此十年中间，中国政治进步甚少，此册虽陈旧事迹，或仍可供参考之用……”

《苏政回忆》的出版，确实给病入膏肓的陈果夫带来了许多安慰，此书能在他生前出版，确是幸事。

然而，也有诸多不高兴的事萦绕着他，给他雪中加霜。

6 月初，他得知叔父陈英士（陈其美）的坟墓被捣毁，深为惋惜，并大哭一场，悲愤难平。当天，他在日记中写道：

“二叔墓顶之党徽，是我的设计，当时配合角度等颇费周章。民国十七年，中央常会讨论统一党、国旗格式时，我将我之设计提付讨论，并参照自绘之明信片，乃得确实格式，此有历史价值之建筑，今竟无法保存，殊为可惜。”

陈果夫与叔父陈其美感情颇深，他能追随蒋介石，在国民党政坛生存 20 多年，应该说倚仗的是陈其美，蒋介石之所以不能轻易踢开二陈，也在于与陈其美的交情上。

一生风雨坎坷，功过自有后人评说。

国民党蒋介石虽对陈果夫已不再信任，但人死万事休，生前虽未红得发紫，但死后也让他备享哀荣。

蒋介石下决心要为陈果夫厚葬，以慰在天之灵。

陈果夫去世的当天，国民党“中央改造委员会”便成立了治丧委员会，推定员 73 人，又委派 CC 系骨干洪兰友任总干事。

8 月 26 日，81 岁高龄的陈其业从台中专程赶到台北悼丧，见儿子先他而去，白发人送黑发人，老人几次昏厥过去。

陈果夫寓所陷入一片悲痛之中。

蒋介石于 26 日、27 日两次到枫东殡仪馆吊唁，他望着陈果夫的遗体，脸上浮现出极度哀痛的神情并几度鞠躬。

人死如灯灭，尚在世间的人们恩恩怨怨将一笔勾销。

蒋介石似乎要求陈果夫的在天之灵对他宽恕。

## 第十三章
## 余晖暮暮

蒋介石为了表达对陈果夫的哀悼之情，亲手书写“痛失元良”匾额一幅。

27日下午3时，陈果夫遗体入殓。

9月15日，蒋介石特颁“褒扬令”：

> 前国民政府委员、监察院副院长陈果夫，资性弘毅，志行纯笃，缵承革命家风，效忠三民主义，越四十年如一日。溯自民前加盟，先后参与武昌起义暨讨袁、北伐、抗战、勘乱诸役，赞襄缔创，卓著勋勤，中经办黄埔军校，主治淮河水利，敬恭将事，均彰懋绩。嗣更外膺疆寄，内佐权衡，肃政培才，弥宏实效。对于“共匪”倡乱，尤能灼识机先，襄力防杜，冒险犯难，弗渝初志。至其匡维礼俗，研考卫生，改革地政，倡导合作，盖画良谟，有裨建国，乃以忧劳，触发旧迹，赍志溘逝，追怀政迹，轸怀弥深！应予明令褒扬，从优议衅。生平事迹，存备宣付史馆，用彰政府笃念动庸之志意！此令！

陈果夫生前曾受到蒋介石的冷落，死后却备享殊荣，对陈氏家庭的死者和生者都是莫大的安慰。

9月16日，各界借台湾大学法学院礼堂为陈果夫举行公祭典礼。

下午3时，陈果夫灵柩被安葬在台北市郊观音山西云寺右侧的一块山地里。这里青松翠柏，云蒸雾蔚，环境幽雅，景色秀美。

选择了这块墓地，似乎满足了陈果夫的遗愿。但陈果夫最理想的地方倒是他的家乡——浙江湖州，他生前十分喜欢自己的家乡，曾写过一首名为《故乡》的诗：

> 我希望我的故乡，
> 山河无恙；
> 我希望我的故乡，

人文发扬；
我希望我的故乡，
腥膻洗尽，
从此无人敢侵略；
我希望我的故乡，
爱我如慈母，
不让我漂泊他乡，
我爱我的故乡，
我永远不愿离开，
我的故乡。

诗行中，跳跃着他爱故乡的故乡情结，诗韵里，寄托着他对故乡的思乡之情，只可惜，就像他不能选择自己的生与死一样，他已没有权利回到自己的故乡了。

这对陈果夫来说，不能说不算一件值得遗憾终生的事。

但是，茫茫的海峡却将观音山隔为天山一隅、水天一方，尽管如今的湖州已是陈果夫诗中描述的“山河无恙，人文发扬，腥膻洗尽，从此无人敢侵略”，而陈果夫却只有抛骨异乡，含恨长眠了。

第十四章

# 海外拾零

# 陈立夫定居美国

且说蒋介石在龟缩海岛后的日子里，他以党的改造为名，大开杀戒，剪除异己，搞得人人自危，鸡狗不得安宁。这时，不少人跑了，有的人从地球上消失了。陈立夫的命运也不例外，他和长兄不但被挤出政坛，同时还受到责难。

与其长兄陈果夫相比，陈立夫毕竟还是位少壮派。对于自己的政坛出局很是想不通。他躺在床上不吃不喝，只是唉声叹气，到了第三天，可急坏了他的爱妻孙禄卿。孙也是大户大家出身，吟诗作画，描龙绘凤，样样皆通。她见丈夫三天不吃不喝，可急坏了她。大哥果夫有病，不便行动，她便请来了大嫂朱明，来到了家里，好一阵开劝。

“大弟，你这不吃不喝可是病啊。你大哥可不像你这样，人能进也能退，人家可想得通。天底下的事，哪能事事如意呢，就像自己的五指一样，伸出来也不一样长。让我说啊，你是一辈子没受过委屈，受一点委屈就不行。那老百姓天天受委屈，日子就不过啦?”

朱明一阵机关枪似的打去，立夫翻了个身坐起:“大嫂，不是我们男人受不了委屈，事情不是那回事。”

“反正我是看你们陈氏兄弟失落了，心里有气不成。要我说，你们优哉游哉惯了。”朱明又道:“天天管人，不能叫人管你一天。”

“好，今天我受嫂嫂管。”

“管，就要听我的，是吗?”朱明问。

“是。”

“人是铁，饭是钢，先吃饭再说。”

就这样陈立夫算是进食了。夫人孙禄卿却对嫂嫂充满了敬意。

# 第十四章
# 海外拾零

当晚，孙禄卿对丈夫说：“我知道你要强。你是鹰，有时候鹰比鸡飞得还低，但鸡永远飞不过鹰高。”

陈立夫点点头会意地笑了，“把那话写出来，供我借勉。”

孙禄卿笑了：好，我为你写首诗吧。陈立夫称道。

于是，在陈立夫展纸的情况下，孙禄卿挥笔写道：

争名夺利几时休，
起早眠退不自由。
身骑驴骡望骏马，
位居宰相望王侯。
不愁衣食担劳禄，
哪怕阎王就取钩。
续子荫孙图富贵，
更无一个肯回头。

陈立夫细细品来，正润心田。陈立夫感激地望着夫人，使他熟悉又感到陌生。

孙禄卿见陈立夫情绪好转，及时开导说：“我们都是身埋半截土的人了，什么看不透，何必为名而活、何必为名所累，一切都是身外之物。”

“身外之物？”陈立夫有些激动了，“我为党国呕心沥血 20 余载，没有功劳也有苦劳吧，到如今却被蒋一脚踢开，公理何言？”

“事到如今，你应该看破红尘了。既然你知道蒋家的为人，还争一席委身之地干什么？有人说，少年气盛要争名，中年养老要挣钱，老年长寿要保身。我只求我俩一个好身板，安度晚年。”

“夫人言之有理。”陈立夫叹了一口气，“唉！安度晚年？如果在台北，恐怕不会有好的晚年可度哇。”

孙禄卿说：“你觉得这里不好，那咱们远走高飞啊！”

陈立夫展眉一惊："远走高飞？"

孙禄卿道："对，咱们远走高飞。你想想，宋子文走了，孔祥熙走了，他们是发了国难财以后，在国民党危急时刻走的。我们一生清正廉洁，上不愧党，下不愧民，中间不愧自己的良心，而且我们一直追随着党，最后是蒋家抛弃了我们，我们走到哪儿都心安理得，踏踏实实。"

"是啊。"陈立夫眼睛一亮。

孙禄卿又道："我已订好了机票。"

陈立夫再次睁大了眼睛："真的？"

"我还能骗你。"夫人的口气很肯定，"我是想开了，为了你的身子，必须躲老蒋远远的，这叫眼不见心不烦。"

"我才服了，知我莫如妻。"陈立夫由衷地笑了，"什么时间的机票？"

"两周后吧。"孙禄卿给陈立夫整了整衣服领子，又帮他理了理蓬乱的头发，"所以，用不着愁眉苦脸，茶饭不思，也许我们后半生过回老百姓的日子，更有趣味呢。"

陈立夫点点头。

孙禄卿高兴了："今晚你可以睡个好觉了。"

陈立夫笑笑："是的。夫人想得太周到了。我想到的夫人想到了；我没想到的夫人也替我想到了，我嘛，还有什么后顾之忧呢？"

两周后，陈立夫和家人登上了飞往纽约的航班。恰在上机前的一个小时，蒋介石派秘书送来了 5 万台币。这叫陈立夫不知是感激还是拒绝。据有人风言风语，说是老蒋怕陈立夫出走犹豫不决，才故意送来的，实际这是买路钱。成也萧何败也萧何，陈立夫此时此刻不知说什么才好。

机场上没有鲜花，没有人送行。

天空中，有一块乌云，遮住了明媚的阳光。

机场上空，有一只掉队的大雁，扇动着双翅向南飞去，同时还不时地发出“啊啊”的叫声。

触景生情。陈立夫感到自己多如那只南飞的孤雁啊。这时飞机升空，陈立夫望着机场中的指挥塔尖，然后整个台北尽收眼下，泪水夺眶而出。先前他从大陆飞往台岛，今天又从台岛飞往大洋的彼岸，故乡越来越远……

## 养鸡专业户

陈立夫到达纽约后，在朋友们介绍下转车到了美国新泽西州的湖林镇。

这是个美丽的地方，依山傍水，山水相映。当时的湖林镇还未开发，生态原始，不是桃花源胜似桃花源。陈立夫和家人用了平生积蓄，再加上蒋氏送来的那5万元钱，买下了一个山头，再建房子，便定居了下来。

随着房子的突起，不久人们便发现这里出现了一家私人农场。农场主是一位很斯文的老翁，他头戴鸭舌帽，一身中山装，英文口语虽不大熟练，但能把意思表达出来。他每天开着一辆老式汽车，悠然自得地跑来跑去，一天到晚不得闲，脸上还老挂着笑容。

## 斩不断的“蒋陈情结”

陈立夫回到台湾后，蒋介石点将让他担任中华文化复兴运动推行委员会副会长：“看了你的《四书道贯》，我感觉你在文化方面有独到的见解，你就当我的副手吧！”

陈立夫推辞道："谢谢总裁好意，我早已说过，不问政事，回台湾是为了安享晚年。再说我年纪已大，已过血气方刚之时，不愿再去多想麻烦的事。"

蒋道："你是党国的元老，曾立下过汗马功劳，同时也积累了丰富的治国经验，过去我让你开革命矿，今天又让你开文化矿，一文一武，都是为党国。你身体尚好，说实话我不用你用谁呢？再说这个职位，不叫官啊，你就不要再推辞了！"

"立夫追随总裁近三十年，虽为党国做了些工作，但也有'失蹄'的地方，每每想起我就很痛心。在美国这些年来，我一边养鸡，一边读书著书，面壁思过，总结经验教训。"

蒋介石也动了感情："立夫言重了。要说失误，首先是我的失误。你不必事事自责啊！人非圣贤，孰能无过。"

陈立夫心想，自己跟随蒋介石多年，要让蒋介石与人认错还没有听说过，今天能让他当面认错，也很不容易了。陈立夫也就不再坚持自己的意见了："好吧，让我试试看。"就这样陈立夫走马上任了。

应该说台湾的阳光和人情味都带给陈立夫在美国时少有的欢笑。同时也给蒋介石带来舆论上的好评，抑或最高分。

且说台湾的大报小报，不厌其烦，连篇累牍的宣传，文章的标题一个比一个好看：你说是"日久人心见"，我说是"年老还童趣"；你说是"友谊天地长"，我说是"蒋公是好人"；你说是"安抚陈家党"，我说是"重振台湾心"。总之，仁者见仁，智者见智。最大的获胜者是蒋介石。且说陈氏兄弟功不可没，蒋介石的高明又超于此。

当初，蒋介石看出了陈氏党的强大，根深叶茂，如不伐此树，必遮阴于自己的公子。于是他便来了一招，砍树还阳。这一下就动了陈氏兄弟的内脏，结果是一亡一走，等于给蒋介石去了一块心病。如今威胁已无，他又念起了旧情，情真真意绵绵，叫谁也动容。

# 第十四章
# 海外拾零

先是陈果夫下世，蒋介石是又吊唁又赠挽联，更是声嘶力竭地褒奖，让死者都动情，曾在党内党外引起轰动。如今又盛情邀请陈立夫回台定居，真可谓打一巴掌揉三揉，蒋介石等于“仁至义尽”了。不久，又委任陈立夫“总统府资政”“中央评议会委员”等光彩头衔。虽然这些都是有名无实的虚职，但又是一个人政治生涯的荣耀。

陈立夫虽然修身养性这么多年，还是没有抵挡住蒋介石名利的诱惑。他是一名实干家，没有当成虚职做，在这虚职的岗位，笔耕不止，老有所成。1999 年 4 月《财讯》周刊采访陈立夫，谈到文化研究方面的贡献时，陈立夫说，自己一共写了 30 本书，编了 70 本书，翻译 15 本书，“这是很少有人做到的”，并且表示：“以后看我活多久，也许还要写。”

1982 年 3 月 21 日，这是收获的日子，陈立夫获台湾当局颁发的“国家文化奖”。获此殊荣的只有两人，陈立夫为其中之一。此是后话不说。

再说蒋介石，为了子承父业，早在 1966 年 3 月，就搞了一场“国民大会”选举“总统”的闹剧。他恳切期望国民党中央另行考虑“总统”候选人人选，让他专心负责党务和军事。但真正了解老蒋的人都没有上当，不了解老蒋的人，纷纷报名竞争。殊不知这是一场弥天大谎。报名者不但当不成“总统”，反而都成了有野心、被整肃的对象。不少少壮派在这场闹剧中纷纷落马。这是继整肃 CC 派以来的大整肃。这再次为太子登基铺平了道路。

1969 年 3 月，国民党召开“十大”，蒋介石再次利用这次会议之机，替小蒋物色好替身。

在这次会议上，蒋介石继续任“总裁”，而其他一些国民党元老，都选进了“中央评议委员会”，引进了一批新“中央委员”，这些大多是蒋经国的人马，使蒋经国在“国民党中央”有了自己的班底，使其地位得到巩固。

1972 年 2 月，台湾召开“国民大会”。这次大会上，蒋介石也不再谦虚：“‘行政院长’严家淦请求辞职，以勉循所请，予以照准。兹拟以蒋经国继任‘行政院长’。”

蒋介石接着说：“蒋员坚韧刚毅，有守有为，历任‘国政’要职，于政治、军事、财经各项设施，多所建树，其于‘行政院副院长’任内，襄助‘院长’处理院务，贡献良多，以之任为‘行政院院长’，必能胜任愉快。爰依宪法第五十五条第一项之规定，提请贵院同意，以便任命。”

“立法院”岂敢怠慢，马上召集当时出席院会的委员，开会结果，“立法院”以 381 票通过。

在蒋介石的努力下，蒋经国终于荣登“行政院长”宝座。从此，台湾全面进入了蒋经国时代。

这时的蒋介石终于可松一口气，但是他的身体却已是一天不如一天了，不久就住进了“荣民总医院”。

人老了总是怀旧，于是陈立夫便成了医院的常客。他常陪蒋介石谈心，谈童年谈故乡，尽是一些逸闻趣事，他们开怀大笑，忘记病痛。他们已从过去的恩恩怨怨中解脱了出来。有时，陈立夫有事几天未去，蒋经国便打电话询问，并派车接陈立夫过去。就这样两位老人度过了他们人生中最难忘的日子。

1974 年年底，台湾地区盛行流感，免疫力下降的蒋介石又染上流感，并发肺炎，呼吸困难。元旦过后，又出现持续的高烧不退，病情急速恶化，医院已发出了病危通知书。

家人日夜守护在病房。这天下午，处在半昏迷状态的蒋介石，突然醒了过来，张着大口，喘着粗气，说：“……我看到一个人，是立夫，让他不要走，我，我有话要给他说……”

在旁的蒋经国忙上前问：“你是唤立夫？”

蒋介石点头。

“他马上就来。”

蒋介石闭上眼睛。片刻他又睁开眼睛，问：“立夫来了没有？我怕等不及他们了，我要上车了……”

说着话，陈立夫已经赶到病榻前：“总裁，立夫在这。”

蒋介石眼睛一亮，挪动了一下身子，吃力地说：“立夫坐近点儿，立夫坐近点儿，我，我有话说。”

陈立夫朝前移了移位置，把手伸过去，握住蒋介石枯瘦如柴的双手，感慨万分地说：“总裁，立夫听着呢，你说吧。”

蒋介石顿了顿，口喘粗气说：“你要扶助经国，你和果夫都是总理的好学仔，亦是我的左膀右臂，过去虽有些误会，彼此都能理解。你们对党国忠贞不渝，挑了我半壁江山的担子，功不可没。”

陈立夫心受感动，此时他掏出手绢不断地擦眼睛，并对蒋介石说：“蒋陈都是一家人，一家人不说两家话。立夫之所以有今天，全凭着总裁的提携和恩赐。至于我们的功劳，还说不上。如果说做了点儿工作的话，全是总裁的指导。”

说到这里，蒋介石又喊蒋经国：“经儿，蒋陈两家是一家，我走了，你们兄弟要互相照顾，我有对不住陈家的事，你要来补。”

“父亲，我已记住了。”

“总裁，你放心吧，经国的事也是我的事，我们会互相照顾好的。”

蒋介石点头：“蒋家天下陈家党。这话应说不假。我党有许多久经考验的元老，果夫、立夫当数首指。从上海证券所开始，到黄埔军校，每一步走来，我们都是荣辱与共，风雨同舟，互相支持，相濡以沫，实乃知我冷暖者非果夫、立夫莫属！”

说得陈立夫也眼泪横流：“总裁不要说了，立夫心知肚明。再说你的病需要静，不要激动。”

“好，好，我不激动。”

宋美龄替蒋介石擦拭了眼泪，说：“立夫来看你，是希望你的身体康复。我们都应该高高兴兴。”

蒋经国也凑过来说：“父亲，你安心养病，不要胡思乱想，你会好起来的。”

蒋介石点头后，一阵干咳，上气不接下气地又昏迷过去了，医生马上过来抢救。这时陈立夫趁机退了出去。想不到这成了他与蒋介石的最后诀别。

4 月 5 日晨，进入弥留之际的蒋介石竟回光返照，他竟起身坐在椅子上，面带笑容，与儿子交谈。

当天下午，蒋介石感到腹部不适，泌尿系统失灵。

晚 8 点 15 分，蒋介石病情恶化，脉搏转缓，血压下降，经抢救无效，当晚 11 时 50 分停止呼吸。时年 88 岁。

当日子夜，台湾党政军要员皆赶到蒋介石在台北市郊的草山别墅，在别墅中举行了蒋介石遗嘱签字仪式。

宋美龄、严家淦、蒋经国、倪文亚等人在遗嘱上签了字。

蒋介石死后两小时，台湾当局“新闻局”发布死亡公报，把死亡改为“驾殂”。实为不折不扣的历代皇朝记录帝王死亡的笔法。

蒋介石生前希望葬在南京中山陵一侧，因此台湾当局将其灵柩暂厝桃园县大溪镇慈湖，以待将来运回大陆实现其遗愿。陈立夫作为国民党元老，并以“总统府资政”和“中央评议委员”的身份，参加了蒋介石的丧葬仪式。

陈立夫参加完蒋介石的丧葬之后，一连几天都在哀痛中不能自拔，虽然对蒋介石他也曾怨过恨过，但在此时此刻，他念得更多的却是蒋介石多年来对自己的栽培，没有蒋介石让他来“开采革命之矿”，他也不会活跃在政坛若干年，更不会建立辉煌的业绩。

陈立夫感到，自己的这种无限悲哀，也有条件反射之感，此时，他想起了自己过世的哥哥和父亲，这样，使他于哀痛之中不能自拔，直到数日后才作罢。

## 致力于统一大业

1988 年 7 月 15 日一大早。

位于台北阳明山的陈氏的庭院里，小孙女阿琳像发现什么新大陆似的惊叫着跑过来，向爷爷报告，她发现院落后面的那棵铁树开了花。是啊，打种下来，已经有十三四年了吧，几乎与阿琳的年龄一般大，就没有看见它开过花。今天开花，着实稀奇。它那高高的枝上，靠近尖处缀满了花蕾，一嘟嘟的，像是白色的绒毛球一样非常好看；顶上端的三个花蕾已经绽放，淡淡的清香，引来几只蜜蜂在上空翻飞，时落时飞，嗡嗡地叫个不停……

这时读大学的孙子阿春也放假在家，正在看报，《中国时报》上的一则新闻标题吸引了他。新闻的标题是《枯树发芽，铁树开花》，讲的是世纪老人陈立夫把“海峡两岸统一案”抛向国民党第十一届中央评议会，可称为枯木发芽、铁树开花。

听到妹妹阿琳的喊声，阿春也手拿报纸跑了过去：“真的，铁树开花!”阿春说完又道：“爷爷，你看，这报纸上说你是铁树开花哩!”

陈立夫接过报纸，戴上花镜一看，哈哈地笑出了声：“这记者真会形容，我也成了铁树开花啦。”

且说在国民党的阵营里，陈氏兄弟可以称得起铁杆的反共派，这是人人皆知的事。几十年的恩恩怨怨，使他与共产党不共戴天。今天他要提出两岸统一案，不但是铁树开花，还是奇闻。

这则新闻在台湾飞传。

再说这个提案，是陈立夫联合蒋纬国等 32 名“议员”提出来的。主要内容是：“以中国文化统一中国，建立共信；以投资共同实行国父实业计划，建立自信，并以争取大陆民心，以利和平统一。”

在这个提案中，陈立夫明确指出：“中国之统一为台湾海峡两岸及海外全体同胞之共同愿望，故仅为时间问题。”

陈立夫等还提出：“中国的统一必须以由中国人以自力达成之，非第三者所愿成能助成者。谋求统一，必先建立共信，有了共信，自信乃生。自信生，自会团结统一。”在这方面共信是重要的。因为“中国文化为建立共信的最佳条件”，所以陈立夫等人明确提出以中国文化作为实现祖国统一的基础。

关于实现祖国统一的进程，陈立夫等人认为，在自信的基础上，以台湾的科技潜力，与大陆的人力、物力资源，“共同成立国家未来计划经济委员会”，开展两岸的经济合作，进而双方在各方面之敌对行为全部去除，在此基础上，通过“政治整合之协商”，实现两岸经济、政治、文化的全面合作，从而达到海峡两岸统一。

为了建立自信，陈立夫等人主张：“唯若统一有望，有限度的接触，则不可避免。”

从这项提案可以看出，陈立夫等已经放弃了原来“以三民主义统一中国”的主张，首次公开肯定国、共两党可以通过中华文化同根的认同，经济合作互惠，消除敌对，建立互信，并在此基础上实现政治合作、和平统一。

陈立夫的提案对国民党长期坚持的“三不”政策是一个有力的冲击。然而，陈立夫等人的提案，却遭到了台湾当局的否定。

陈立夫又一次感到了失落，尽管他知道自己的“中央评议委员”的头衔是虚的。

但是，陈立夫等人的提案公布后，在台湾岛内外引起了强烈反响。不少报刊发表专文，表明对这一提案的看法。台湾的《新闻》

周刊刊登陈杰夫的署名文章《反共老人要做联共先锋》，更是引起了轰动效应。

在大陆，中国共产党对陈立夫等人的提案表示欢迎。《人民日报》为此发表社论，认为该提案是“顺应两岸人民强烈要求和平统一，振兴中华的历史潮流的……这种谋求祖国统一的积极态度令人感佩”。

社论认为如果该提案能付诸实施，“必将对两岸关系的发展和祖国的和平统一事业产生积极影响”。

一石激起千重浪。所有这些都对陈立夫是一个很大的鼓舞。此后，陈立夫在多种场合，对海峡两岸的统一问题发表多次谈话，希望国共两党不计前嫌，再度合作，以诚相待共同携手。希望两岸进行接触，希望统一之日早早到来。

1988 年，已是垂暮之年的陈立夫，在海峡两岸再次成为新闻的焦点人物。

这一提案后，陈立夫等又提出向大陆提供 50 亿到 100 亿美元的长期低息贷款，以支持大陆的改革开放和经济建设。但“台独”者李登辉却置之不理。面对着李登辉的种种“台独”表演，陈立夫迎头痛击，他千方百计在一些公共场所或报刊上发表演说和文章，揭穿“台独”的阴谋诡计，极力宣传“用中国文化统一中国的主张”。他曾理直气壮地说：“蒋介石一生反共，但也没有提出台湾要独立，不论过去、现在和将来，台湾应该始终在中国的版图上。”

陈立夫时刻关心着祖国的统一，也时刻关心着大陆的建设和发展。

1991 年，为了挖掘和开发传统的中华中医学，中国第三届唯象中医研究会于 1 月 7 日在深圳举行年会。

陈立夫收到大陆邀请信后，十分高兴，他本想参加会议，顺便到大陆观光，但通过多种努力，未能如愿，他感到十分遗憾，在大会开幕之际，他从台湾发来了贺电：

唯象中医学研究会邹伟俊先生暨全体会员公鉴：

中医学原于易理，在天成象，在地成形，人生于天地之间，象与形在变，人亦受其影响而变，变而失去中和则病，使之恢复中和曰医。

……

谨此祝大会成功，与会诸公身体健康。

陈立夫

贺电中，表达了陈立夫希望祖国中医药学发扬光大的愿望，也表露出他对祖国的向往之心。

与时俱进。1992 年 9 月 5 日，为打开海峡两岸新闻界双向交流的大门，首批大陆记者代表团访问台湾时，陈立夫十分愉快地接受了大陆记者的专访。

9 月 9 日。风和日丽。

下午 3 时，大陆记者团驱车来到台北郊外风光秀丽的阳明山下，一幢白色二层小楼便出现在面前，这就是陈立夫的住宅。

记者们下车后，兴冲冲地进入客厅，宽畅的客厅充满着高雅之气，孔夫子的画像、三凤开屏的壁雕，几尊古董器皿，一幅“铁肩担道义，妙手著文章”的对联，还有置于高几之上的兰花，把客厅点缀得幽雅别致，充满了书香气息。

3 时 30 分，93 岁的陈立夫准时步入客厅，这天他穿一身黑灰色西装，配着碎花领带，白皙而清瘦的面庞上浮现出自然的笑容，虽已年过九旬高龄，但背不弯腰不弓，步态稳健，气质不减当年，从他的步履和神态看出，他是一个精神旺盛且会保养身体的人。

陈立夫和来访者一一握手，显得热情、大方而真诚。

陈立夫让大家入座，并让家人给客人端上饮料和水果。

陈立夫说：“我和毛泽东先生、周恩来先生的交往，至今记忆犹新。第一次合作，我们的共同目标是北伐，打倒军阀。第二次国共合作，我们的目标是抗日，要打倒日本帝国主义。”

陈立夫喝一口茶，接着说：“国共两党当时目的一致，平等合作。现在，我认为我们的目标，是用中国同源同根的文化迎接 21 世纪。从某种意义上讲，这个目标更为伟大。我们应该抓住机会，争取在文化、经济方面为世界做出贡献。现在苏联解体，美国又有经济问题，这是中国发展唯一的机会。”

陈立夫接着说：“等中国站起来，不仅在文化上帮助全世界，也可以在经济上帮助全世界！”他说着，有力地挥动了一下右手，精神十分振奋。

有记者问：“陈立夫先生，你倡导用中国文化来统一中国，这是一个新鲜的命题，特别是由你这样一位国民党党务专家提出来，就更难能可贵，那么，你认为要实现海峡两岸的统一，应该采取哪些步骤呢？”

陈立夫坦然地说：“我主张国共两党应先坐下来谈判，要走出第一步，真正从民族的利益出发，在文化、经济上互相帮助，共同合作，促进海峡两岸的经济、文化繁荣。”

有记者问：“陈先生离开大陆 40 余年了，又曾在美国定居多年，请问您想不想回大陆看看？”

陈立夫非常感慨地说：“很可惜我和邓小平先生没见过面，若为了国家统一，只要两岸人民需要我，我就会去大陆，我最大的心愿就是国家强盛，人民安乐。在世界上，有些强霸不愿意看到中国的统一，说明他们不愿意让中国强大，而越是这样，我们就越盼海峡两岸统一，使中国成为世界的强国。”

1993 年，陈立夫又长了一岁，越是盼祖国统一，越是思乡情浓。他常做回故乡的梦，那里有他童年的伙伴，那里有他童年的追求。往事的记忆，历历在目，想忘也忘不掉。这年的夏天，他的长子陈泽安应邀到大陆讲学。临行前，儿子问老爸：“爸爸，你不是做梦都想家吗？要不，咱们一块儿去吧，中途也有个照顾。”

陈立夫道：“我现在还不想回去。”

儿媳反驳道：“不是你不想去，是你的官太大了，人家不让你去。”

陈立夫只是笑，道：“北京那边已经正式邀请了我三次，都让他们给谢绝了。”

儿子又道：“爸，你去不了不要紧，我会摄影，全拍照下来，回来让你分享。”

陈立夫连声赞成：“这个办法好，这个办法好，也让爸爸回一次大陆。”

儿子要上路了，陈立夫唠叨起来没个完，千嘱咐万叮咛，生怕儿子漏掉一个景点。

风儿送儿走，心儿随儿行。

儿子回到了大陆，陈立夫的心也回到了大陆。儿子从大陆回来时，陈立夫第一句说的是，把照片拿来让我看。

为了满足老爸的思乡情，儿子拍了近千张照片，让老爸大饱眼福。

面对一幅幅照片，陈立夫看得认真、看得仔细。在每幅照片上，他都留恋很长一段时间，眼下的现实与脑中的历史交织在一起，看到绝妙处，他禁不住拍案叫好：“只要大陆的经济搞上去，中华民族就将无敌于天下！”有时他把儿子叫回来，让讲述大陆的所见所闻，他像个小学生一样，听得如痴如醉。

面对爸爸这般痴情样，儿媳说：“爸爸，你一定要活到祖国的统一，亲自回大陆看一看。”

陈立夫点点头，道：“我就盼着这一天的到来，这叫‘两岸统一是潮流，不返故里誓不休’。”

2001 年 2 月 8 日，陈立夫在台中市病逝，享年 101 岁。